The Essentials of Celestial Travel

Tracing Tan Swie Hian's Artistic Pursuits

天行心要

陈瑞献的艺踪见证

潘正镭　著

上海人民出版社

李有成

教授，台湾“中央研究院”
欧美所特聘研究员

陈瑞献是当代新加坡最为杰出的多媒体艺术家，创作力充沛，勇于突破，因此在艺术上每能开拓新境。本书所收包括访谈录、特稿、诗及散文，面向多元，内容丰富，详细记录了过去数十年陈瑞献的艺术经历与成就。作者潘正镭本人就是一位著名诗人与资深编辑，他与陈瑞献并肩同行，一路见证，他观察敏锐，笔触真诚，为我们打开陈瑞献既深邃而又辽阔的世界。这毫无疑问是陈瑞献研究极为重要的一本书。

周维介

新加坡作家

《天行心要》是一座现代艺术的婆罗浮屠，每一座浮雕都扎实刻记陈瑞献在艺术果园耕收的心迹感悟；是诗人兼报人潘正镭与多元艺术家对艺术课题广泛对话的积累——30年的拾珠串链，陈瑞献对种种创作项目开疆拓土背后的理念，对国际文化角力的细致观察以及对艺术环境逆势而上的勇往追求，在正镭笔下，凝聚出一道撼人内心的艺术强光。

张锦忠

副教授，台湾高雄中山大学外文系

这是一本关于陈瑞献的文集。其中最早的一篇是《摆着石子回家》，原刊《南洋周刊》的《窗》版。彼时瑞献来吉隆坡集珍庄开个展，我执编的《蕉风月刊》推出《关于陈瑞献》专号，也收入正镭此文。那是 1980 年的事了。此后 30 年，瑞献作艺媒介，从油彩、水墨、舞美、雕塑，到摄影，堪称变化多端。而瑞献之于正镭，可谓亦师亦友，正镭对其艺术自有与众不同的观察，故此文集副题“陈瑞献的艺踪见证”再贴切不过。

我在 1970 年中叶即与正镭交往，之后也因编务南下星洲拜访瑞献。我在中学时即读《学生周报》《蕉风》与《南洋周刊》的《文丛》版，作为“牧羚奴”与“陈瑞献”的读者，我从瑞献那里汲取艺文养分，迄今仍受惠不尽。正镭从瑞献游三十余载，更能从瑞献的文学与艺术那里体会静观之道，故此卷文字，是他以诗文向瑞献致意之书。

雨霖铃

陈瑞献

白雪达沃斯——致正镭

炊烟飞出，雪花飞下，雪山飞入。寒松静静守素，冰晶万点，同心之属。特小身盈巧步，印迹满长谷。涉万里、边镇白尘，隐入空白去投宿。

临窗朵朵来祈福，慰征人，苦鹤原单独。雪花汝等生命，纷放下，沃田埋璞。内蕴清莹，色露、兼怀彩丽如烛。解秘密，灿放虹光，耀眼旋天幕。

潘正镭像 / 陈瑞献毛笔画（1983）

雨霖铃

白雪莲沃斯一钵正禱

炊烟飞出，雪花飞下，雪山飞入。寒松静静守素，冰晶万点，同心之属。牦牛身盈巧步，印迹满长谷。涉万里、出镇白塞，隐入空白去投宿。临窗朵朵来祈福，恳征人，若鹤原单独。雪花汝等生命，纷放下，沉田埋璞。内蕴清茎，色露、兼怀彩霞如火焰。解秘密，火山放虹光，耀眼旋天幕。

8.2.2005

序

花开两枝

谢春彦

丁酉六月春彦于沪上浅草斋灯下

献公坐思，风云来会。
吾今写之，神龙其背。
丁酉梅雨春彦漫笔

久不见瑞献，亦久不见正镭。未必因为吾或将老去，星洲严厉禁烟，遂难行之也。

然想起前三十许年来，却是常到的地方。那里的朋友朴厚多义气，真如热风热雨中奇姿昂扬的椰树和蕉林，各各吟唱令我亲切心暖的热歌，足以交心，足以和鸣也。

瑞献则是更复元气淋漓，天衣无缝，天花飞扬。迷我心目，诸诸不可能者，在他那里成为了一种真率的喷薄。生命原来如此煦丽、奔放，宇宙真可以在一个点上光芒万丈。在古楼，我又亲见他打坐，却是静如老僧，安若处子。

二十年前吧，他来上海，开令人惊艳的个展，又送我一大摞著作。令人叹为观止，他之多才多艺，让我切切实实地见识了先贤之谓六艺之学集于一人之身的奇迹。三代抑或汉唐耶？东方还是西方？东亚还是西亚？南洋兮抑或以远？似乎不可能，却真是实实在在被这个小个子壮实的大

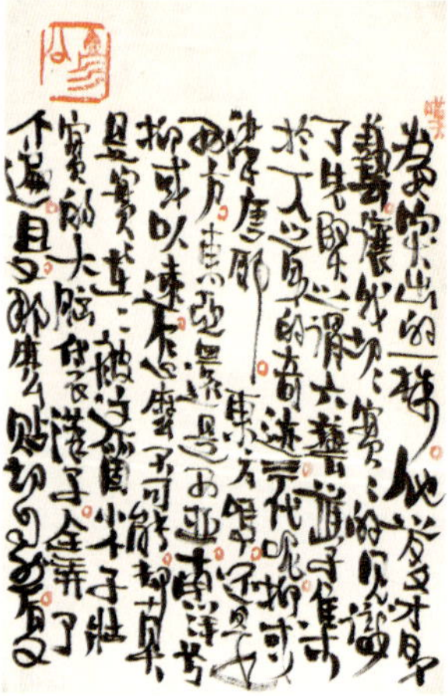

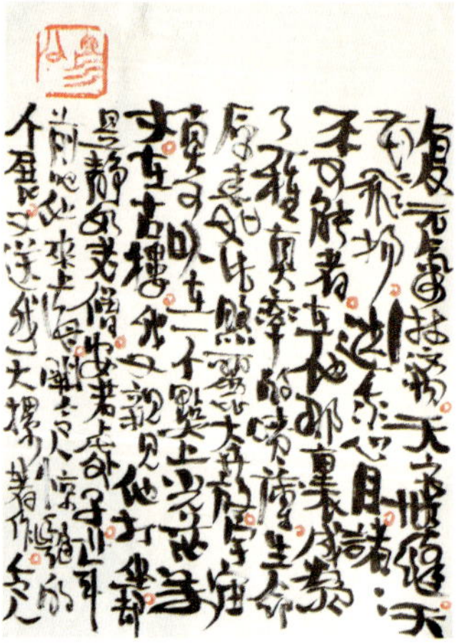

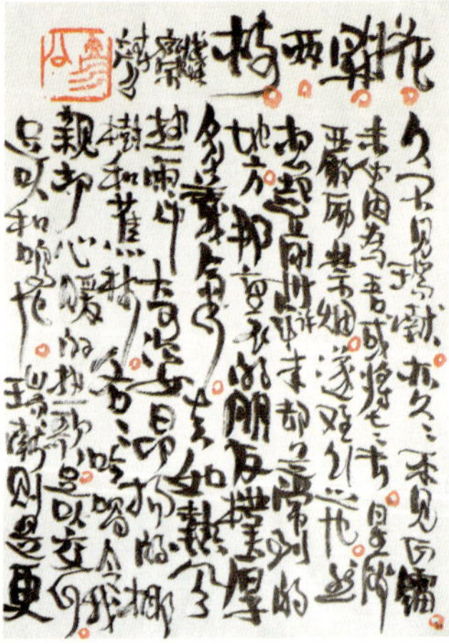

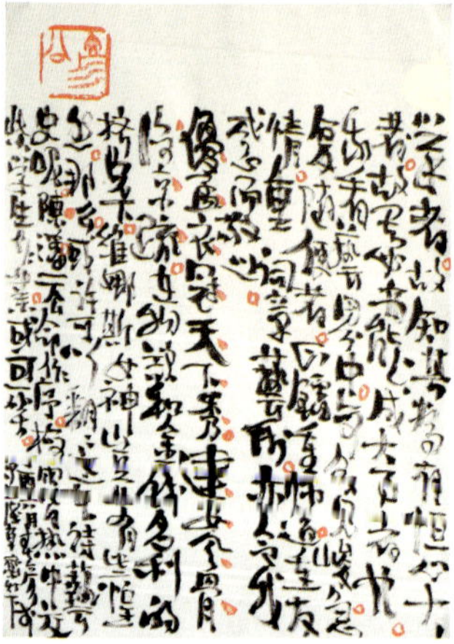

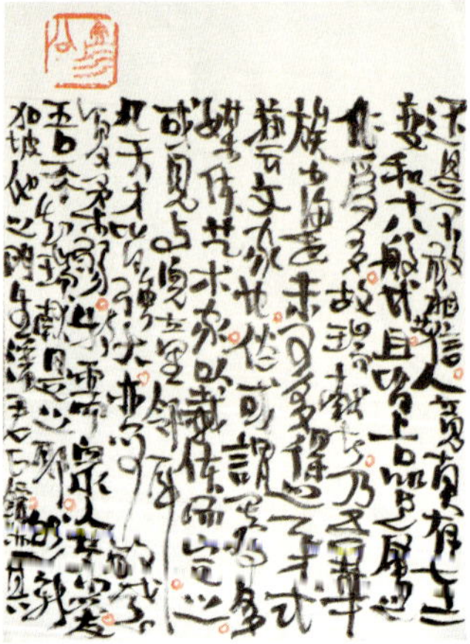

脑袋汉子，全弄了个遍，且又那么贴切自然，复还是不敢相信。人竟真有七十二变和十八般武艺，且皆上品、上乘之作为多。故瑞献者乃当世未可得之天才式艺文家也。俗或谓其为多媒体艺术家，以载体而定之，或见与儿童邻耳。

凡天才皆强大，亦每敏感复柔弱，特需众人恭爱。吾不知瑞献是之耶，然新加坡他之门生潘君正镭，亦其卫护者也。

今由上海人民出版社引进其所著，此《天行心要——陈瑞献的艺踪见证》即明证也。在这个“苦鹤原单孤”之世，确实可以且应该既生瑜也生亮也。叹，叹！正镭记者也，诗家也，其复有太史公之质资。

此册及其三十多年间对乃师陈瑞献一切艺术之纪录和评品、推介亦大善举者，故知其为有恒心大者，故其必亦能成大事者也。

我看艺界中，每多见峻急复随便者，正镭重师道、重友情、重词章艺术，亦令我感而敬之。在金钱名利的挤兑下，维纳斯女神恐亦有些惶然，那么或许可以翻翻这本诗艺史呢。陈潘二公命作序，梅雨昏热中交此小学生作业，或可一笑。

序

林任君
《联合早报》前总编辑

《天行心要——陈瑞献的艺踪见证》是潘正镭穷 30 年的精力，追踪陈瑞献多元艺术发展历程的 份原始而珍贵的记录。

正镭是一名新闻从业员，也是一名文学创作者，他的文艺生命孕育于 20 世纪 70 年代初。那时的新加坡，华文天地的阳光雨露仍然充沛，生态盎然，移植到热带的中华文化经过一番沉淀积累，在新加坡特有时空下与东南亚及西方文化交流碰撞，焕发出新的生命力，而战后蓬勃发展的华文教育，从小学直到大学的完整华校体系，更给这个生态系统注入了源源活水。

那是个华文生机蓬勃，本土文化蓄势待发的年代，召唤着怀抱文学理想的年轻人。正镭正是在那一方丰沃水土茁壮成长的众多文艺少年之一，年方十六就和几个同学计划搞文学报了。那是 1971 年，他刚中四毕业，慕名去找陈瑞献。虽然当时的瑞献也只不过是个刚崭露头角的文艺青年，但以他在新加坡报章文艺版和马来西亚《蕉风月刊》发表的作品所产生的影响，在现代文学的推介及创作方面，已隐隐然是个领航人，拥趸不少，他的芽笼住家也因此常有文艺同道去串门。芽笼是瑞献心目中的“新加坡首都”，他的寓所却是一些年轻文友心目中的洛阳。在正镭去敲门之前的两三年，另一批搞杂志的青少年也曾上门找他——那是《猎户》一族，而我适在其中。文学虽然只是这份综合性杂志的一个部分，但同人还是认为应该去拜访这位前辈，当面请教约稿。我们当时多少是带着文学粉丝的心情赴会，没有抱着什么期望，没想到和他一席之谈获益良多，大家都觉得不虚此行。

可惜文学并非我的专长，那次见面后就没再上门，与瑞献的“重逢”竟然要到 20 年之后。但正镭就不同了，他与瑞献的那次初会，标志着两人至今数十年不渝的友情，以及在艺术道路上漫长的相知相惜的开始。

正镭在南洋大学毕业之后加入报馆，从事的是繁忙的新闻工作，但文艺创作从未中断。他左手写新闻，右手写文学，双剑合璧，左右逢源，很快就在同侪中脱颖而出。新闻专业的准确公正原则与文学创作必需的丰富想象力及生动感性的文笔，在他身上融合交汇，相得益彰，使他能够在事业上双轨并进，既成为一名出色的新闻工作者，也是一位优秀的文艺作家。加入华文报这个文化重镇，也让他有机会参与和组织一些大大小小的文化活动，从学校和社区层面到全国性甚至国际性的高层次集会，他都活跃其中，例如金狮文学奖 、国际华文文艺营，以及汇集海内外名家的各种文化论坛、座谈等，大大拓宽了他的见闻视野，也帮助他在国内外文艺界建立起广泛的联系网络。

兼具新闻和文艺才华又有领导能力的人才本已不可多得，何况他还有高瞻远瞩的文化理念和组织大型活动的能力与经验，绝对是主掌副刊的理想人选。因此，加入报馆不过8年，正镭便于1988年被提拔为《联合早报》的副刊主任，担负起提升及发挥早报“软实力”的重任。

正镭领导早报副刊组20年，后面的15年是在我主持早报任内。他是个有愿景和创意却又能够脚踏实地解决问题、实现目标的主管，对副刊进行了让人惊喜的革新，将早报副刊带上了一个新台阶。有这么一位得力助手替我看住副刊，我就没有后顾之忧，能够集中精神去应付复杂多变、地雷处处的“硬新闻”。

在他主持早报副刊这些年，我看到他如何展现高难度的动态平衡，既不断求新求变以满足新一代读者要求副刊内容时髦多元的口味，又努力维持华文报副刊重视文化艺术的悠远传统；看到他如何有意识、有规划地利用早报推动文化，尤其是发扬本地的文化艺术；看到他如何以副刊作为平台，通过各种专题系列，创造了让艺术家通过早报走向读者，也让读者认识艺术家的文化氛围。早报副刊就这样有系统地介绍了数以百计的本地艺术家和他们的作品，凭着其巨大影响力将他们的声名在国内外传播开来。正镭除了策划统筹这些重大文化工程之外，也亲自执笔，参与写作，贡献了其中许多篇章，而瑞献就是他的一个重要写作对象。

文艺创作的经验及文学鉴赏能力，加上新闻工作的历练，成就了正镭评断艺术家的“慧眼”。他很早就意识到思维非常超前的瑞献绝非池中物。因此在进入报界掌握新闻能力之后，就开始通过采访及访谈的方式，报道瑞献的艺术活动，记录他的艺术成长过程。值得一提的是，正镭是在瑞献尚未振翅高飞、晋身国家以至世界级艺术家之前，就开始点点滴滴进行这项“记录工程”，这可以从本书第一篇文章写于30年前看出来。

这是一本未经策划，在报上自然累积而结集成册的书。它在相当的层面上，记录了一位从写诗和小说开始的青年作家逐渐蜕变并崛起成为一名蜚声国际的多元艺术家的过程，也见证了一家主要报章跟一位艺术大家的互动历程。

本书分三辑，第一辑是访谈，作者以记者的身份采访瑞献，翔实记录了这位艺术家的思想、艺术、人生观点；他尽量采用“问答”和笔谈方式，原汁原味保留了艺术家的语言，准确传达了他的思想。第二辑是特稿，正镭以记者及作者的角度，用介乎访问和个人观感之间的笔触，对艺术家及其作品做出了深入的刻画。第三辑为诗文，以文学的笔触描绘瑞献其人其艺。

在瑞献成名之后，以他为对象的著述和评论这些年来并不少见，但像本书这样，通过作者作为一名新闻从业人员的客观视角和作为一名亲密文友的近身观察，从他酝酿起飞之前，就开始细水长流的采集，与大艺同行，直到他翱翔万里长空，终于水到渠成，完成了对这位大师跨越30年的艺术成就和心路历程的珍贵记录，却是前所未有的。这是本书最大的价值。

作为一名特立独行、性格鲜明、主见强而又不畏战斗的艺术家，陈瑞献无疑是个颇具争议的人物，但放眼古今中外，有多少卓尔不群、成就非凡的艺术大家是不具有争议性的呢？争议与否，他作为一位将新加坡旗帜插在法兰西研究院和中国文学馆这类世界文化殿堂，作为在长江三峡留下刻石纪游序碑，在黄帝陵书写摩崖石刻，在青岛小珠山创造一座大地艺术馆，在本地拥有私人艺术馆和创作了“正云楼”的国际知名艺术家的事实，却是不容置疑也无可辩驳的。这么一位成长于新加坡却立足国际，被季羡林形容为“代表东西文化发展未来”的艺术家，是无论如何值得这个憧憬“文艺复兴城市”的国家及其人民所重视的。

陈瑞献在新加坡短浅的艺术历史上已经留下深刻的足迹，为这样的人物留下新闻及文学记录，对于本地新闻工作者和文学工作者来说是责无旁贷的。正镭正好跨越媒体和文学两界，又与瑞献相识相知，因缘际会，适时扮演了这个重要的文学记录角色，对本地的文化发展作出了宝贵的贡献。

目 次

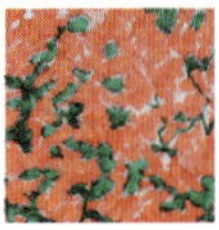

辑一 | 访谈

辑二 | 特稿

辑三 | 诗文

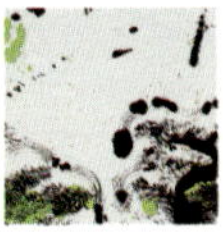

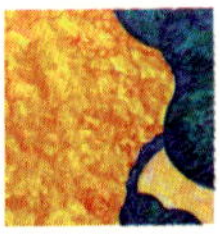

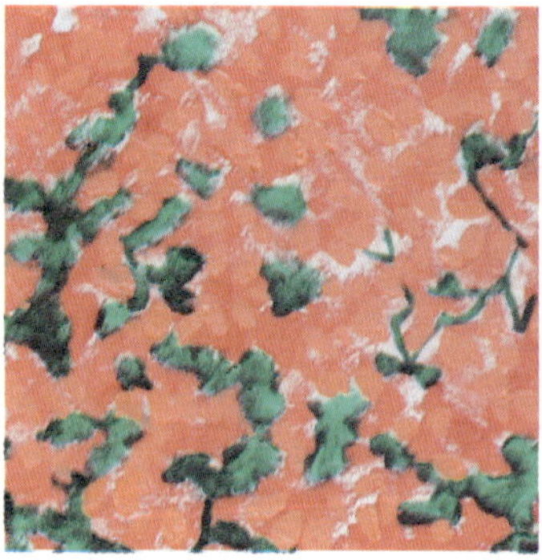

辑一 | 访谈

Q：潘正镭

A：陈瑞献

心识中的花朵与晨露

陈瑞献与罗马尼亚结缘

1994年，国际大诗人马林·索列斯库（Marin Sorescu）以罗马尼亚文化部长的身份访问新加坡时，结识了新加坡文化奖得主陈瑞献，赞赏这位艺术家的成就之余，决定把他介绍给罗马尼亚的人民。

1995年，陈瑞献个展在罗马尼亚首都布加勒斯特举行，主办当局刻意安排在8月9日开幕，以便庆祝新加坡国庆。

开幕日，“自由欧洲”电台向全东欧国家播送陈瑞献的现场访谈。罗马尼亚电视台也向全国播放开幕实况。

陈瑞献也参加一年一度在迭斯千举行的国际美术营，在另一城市巴克乌，罗马尼亚艺术家与诗人也为陈瑞献举行欢迎茶会，大家从各自的花园里采来了鲜花。

1996年在斯民艺苑举行的“陈瑞献在罗马尼亚——艺术家近作欣赏会”，便是一个由友谊与鲜花交织而成的画展。

《联合早报》1996年3月27日

造化何其灵巧，将其不可思议的古远的每条皱纹都藏在玫瑰、紫罗兰以及晨露之下。
1996，98 x 124cm（画布油彩）

Q　自1992年你从法国大使馆职位上退休后，专治艺事，但你好像不认为自己是个“专业”艺术家？

A　一位太太给我打电话，要我给她画9匹马。她的店就快开张，风水先生建议挂9匹马。我一心在编书，只好请她找别的画家，她又问没有马那你有现成的帆船吗？不巧我也没有帆船。假如我是专业艺术家，多半得放下工作，来画9匹马1只帆船。

Q　近年来你在国内外十分活跃，从艺术馆的设立、三峡刻石、舞台创作、出版专著……我归纳为这是你艺术“一体多面”的呈现。你如何平衡选择恰当的形式问题？

A　印度诗人迦比尔（Kabir）说浪打起时是水，退下亦是水。波涛或雨滴，是水不同的面，或是其本体不同的“用”。翻滚如云和坚净似冰，都不离水如如静寂的本性。至于形式，水到深坑为井泛，到悬崖为瀑布，到峡谷为江河，到窄口为喷泉，遇到大风，就成为希腊诗人亚历山大（V. Aleixandra）笔下大力量之海：“海不用翅膀就升起来爱人。”

Q　这是你间隔了6年才开的一次个展，为什么是6年？这个个展的内容重点何在？

A　我采用的创作媒介多样，各媒介的成品量都不多。这当然也是选择，比如画人像，要找个像济欧诺（J. Giono）在《种树者》中追求的人格上画布很难。我一共开了15次个展，9次在国外，在国内6次，相隔都好多年。这次展出的内容是在罗马尼亚个展的部分水墨，加上回来后画罗马尼亚风景的油画新作。

Q　索列斯库与陈瑞献相碰，闪烁出的火花，在你们之间是友谊，在两国之间，却是互以对方的艺术作文化的实质交流。你怎样看这一层关系？

A　索列斯库让我看一本书，扉页上一行蓝墨水题款："喜见青年作家索列斯库，海德格。"字体端正，索列斯库惜之如玉。来到大哲人海德格面前，即是来到了一座巨大的精神宝库。我也以同样的心情接受索列斯库的邀约到罗马尼亚去看他。

Q　罗马尼亚似乎离我们很遥远，想听一听你此行所带回来的讯息。

A　一架直升机从布加勒斯特的天空撒下许多传单，预告一家报纸的创刊，报名《丈母娘之眼》。在文化部长的画室，流弹在一张大画上边添了许多"笔触"。大独裁者用民脂民膏建造的世界第二大建筑，仍像一个噩梦那样立着。一个吉卜赛人说："我死后请把我站着埋下，因为我一生都是跪着。"在展览局局长办公室，罗马尼亚的国旗中间挖了个洞，一个暴政终于被挖掉了。我离开巴乌克前夕，主人请来一位"交响乐人"，他手拉自制的接有喇叭管的小提琴，脚踩由箱子改装的鼓，口中衔一片鱼鳞，一边吹奏，一边唱歌。罗马尼亚令我想到一口钟，在钟最厚的部分刻着一行字："假如我历经了恐怖，那是为了宣传喜讯。"

Q　你的作品常给人心头一亮的欢愉，你近期的作品，喜悦感益发浓郁。比如踏花的马，圆滚滚的，即使那只黑豹，这回画它会转过头来，背景也添了色彩。更不用说那幅《童话屋》。是色彩、生气、意义灌注了你的创作，还是你的作品因应你的生命探索而呈现如此面貌？

A　在散步时，有时心态一转，便走入别的空间，四周的景色变幻，更亮，更多色，更香。汉代马踏飞燕铜雕，唐三彩马在我眼前奔驰。那间“童话屋”是罗马尼亚东北部古老的修道院，我当时看到满天紫色的露珠。我于是把在那里生长的色彩最多、花朵又大的玫瑰全部集中到心识中来，组成一个万古常青的画面，也正是美国诗人爱默生（Emerson）的诗境：“造化何其灵巧，将其不可思议的古远的每条皱纹都藏在玫瑰、紫罗兰以及晨露之下。”

Q　作为一个小岛国的艺术家，你认为我们的局限在哪里？我们要怎样突破局限？

A　小国池塘小，由个别艺术家的点组成的面，一般比大国的小，这是唯有的局限。房子大并不意味住户的心智一定大，或者祖宗心智大并不等于子孙心智大；国再小，一样能产生杰出的点，而最后能面对时间的还是杰出的创作。在国际艺术政治方面，小国艺术家一般得不到大国艺术家所得到的待遇，但是小国艺术家要是真有能耐，也可能在牌局中平衡过来，重要的是别再妄自菲薄，更重要的是应该开始重视人文。

一位柔心而有灵见的人

附 录

马林·索列斯库／文

潘正镭／译

在新加坡共和国国庆日（1995 年 8 月 9 日）的今天，我很高兴和大家在一起出席陈瑞献画展开幕礼。陈瑞献是第一个在罗马尼亚举行画展的新加坡艺术家，我们可以说他是一个探路者。我也认为他是第一个——自东南亚这个广大区域——不以旅客身份，而是以一个大创作者的身份挟带着他的艺术意蕴前来罗马尼亚的艺术家。

在本画展开幕之前，我想用几句话介绍他这个人。陈瑞献是个画家，也是个雕刻家、书法家、作家和翻译家。他用他的母语中文写诗、小说及散文，名响亚洲文艺界。由于他在巴黎的活动，这个伟大的国际化的欧洲都会也发现了他。

生于印尼，陈瑞献所生活的区域里，中国、印度、泰国、印尼和马来传统相掺和。他将命运转变成使命，如今成为了身具一种了不起的“交汇点”精神特质的现代人，正是这位新加坡知识分子与艺术家。

他翻译亚洲名家的作品，让它们从一种语文过渡到另一种语文，像大亚洲的真正公民。同时，他也用中文翻译欧洲诗人的作品，给它们补给一些他的精神素养。他的文学作品的精神和他的绘画是相关联的——他是一位柔心的有灵见者，他运用文字为人类心灵的福祉写作；他把文字转换成为一只神的眼睛，凝视着我们内在的神性。

眼前这个画展，把我们转变成奇异的岛屿，在一个拟似新加坡海峡的世界里。在这里，我们可以认识三个不同的陈瑞献。

首先，他是一个山水画家。他的山水画既抽象又具象。它们音色兼备——一个波浪是鸟的世界；一个显示色彩的美妙韵律几乎变成声音的世界。这些画响着绫绢的装饰性音乐。我称它们为内心世界的景观，揭露深层的内蕴，深入整个宇宙。

我也应该提一提一系列的人像画，充分展示了他的素描才华。或许可以说，画家敏感的手，

索列斯库（左三）为陈瑞献 1995 年在罗马尼亚首都布加勒斯特举行的画展主持开幕。

在中国墨的大块黑大理石上雕出意味十足的雕像。它们似乎在走动说话，它们和布朗库西一同向印度与中国走去。那是一张我们熟悉的脸孔，但我们又从中发现至今仍隐藏着的特点。那是一个属于全人类的布朗库西，他眼角和嘴唇的皱纹里挂着类似佛家圣者的一丝微笑。

另一个陈瑞献是动物画家。我们不仅在此认识一位创作诗歌、寓言的载道者，也发现了这样的一个人：为我们的还是说出话来的哑巴朋友着迷。陈瑞献遛蹄的马，可告诉我们多少有趣的事！有两匹老远地不停蹄地来到了国家剧场画廊。瞧！那马蹄！它们好像是用陶土烧制的，不是吗？

我在这里简介了三个陈瑞献的特长，这些特长都不是单一存在的，我将之分开，只是为了方便说明。它们体现在同一画作上，在山水景观中显现一位了解自然心感状态的心理学家，美妙的人像画是他探寻事物本质的具体呈现，他又是一位杰出的动物寓言作家。

陈瑞献译《索列斯库诗选》封面。

这就是为什么每一幅画作都各具特别的魅力，这是多种功夫和天赋结合的成果。

我有幸在新加坡参观了陈瑞献艺术馆。这个画展，让我再次经验我此前的感受。这更加确定了我最初的看法，即，作品带有意蕴的创作者罕见，这位作者是其中一人。

这个等待已久的展览，给我们带来了难得的作品。当我在新加坡时，我想陈瑞献是用神奇的毛笔当桨，在墨海里航行。现在，我们则在他的画作群中航行——画轴徐徐展开，有如波浪，挂在墙上——尝试在自有中国纸墨以来，中国绘画传统所表现的博大精深里寻探一些东西。

他的艺术秘诀在于他深信，人类的创造力总是知道如何取得通向宇宙之钥，直接诉诸我们周围的事物的心髓。

我们感谢画家与我们同在一起！

以世界为腹地

陈瑞献获首届“新加坡卓越奖”

本文与林仁余联访

1996 年 8 月获得首届“新加坡卓越奖”的艺术家陈瑞献有座花园，他常骑脚踏车到这个“秘园”去，看看他的朋友：猫、狗、小鸟和鲜花。

这座“秘园”其实是加冷公园的一角，只是他把它当成自己家以外的“腹地”。

在艺术上，他也以世界为腹地，超越疆界，跨文化、种族，跳跃于不同艺术形式间。这个小国艺术家如何在艺术上拥有这么多的“秘园”？

“新加坡卓越奖”的颁发旨在奖励在各自的领域内，在亚洲或国际上跻身最佳行列而为新加坡取得荣誉的两个人或团体。

陈瑞献在专访中，跟我们分享他的艺术观与艺术家超越疆界的宝贵经验。

《联合早报》1996 年 9 月 8 日

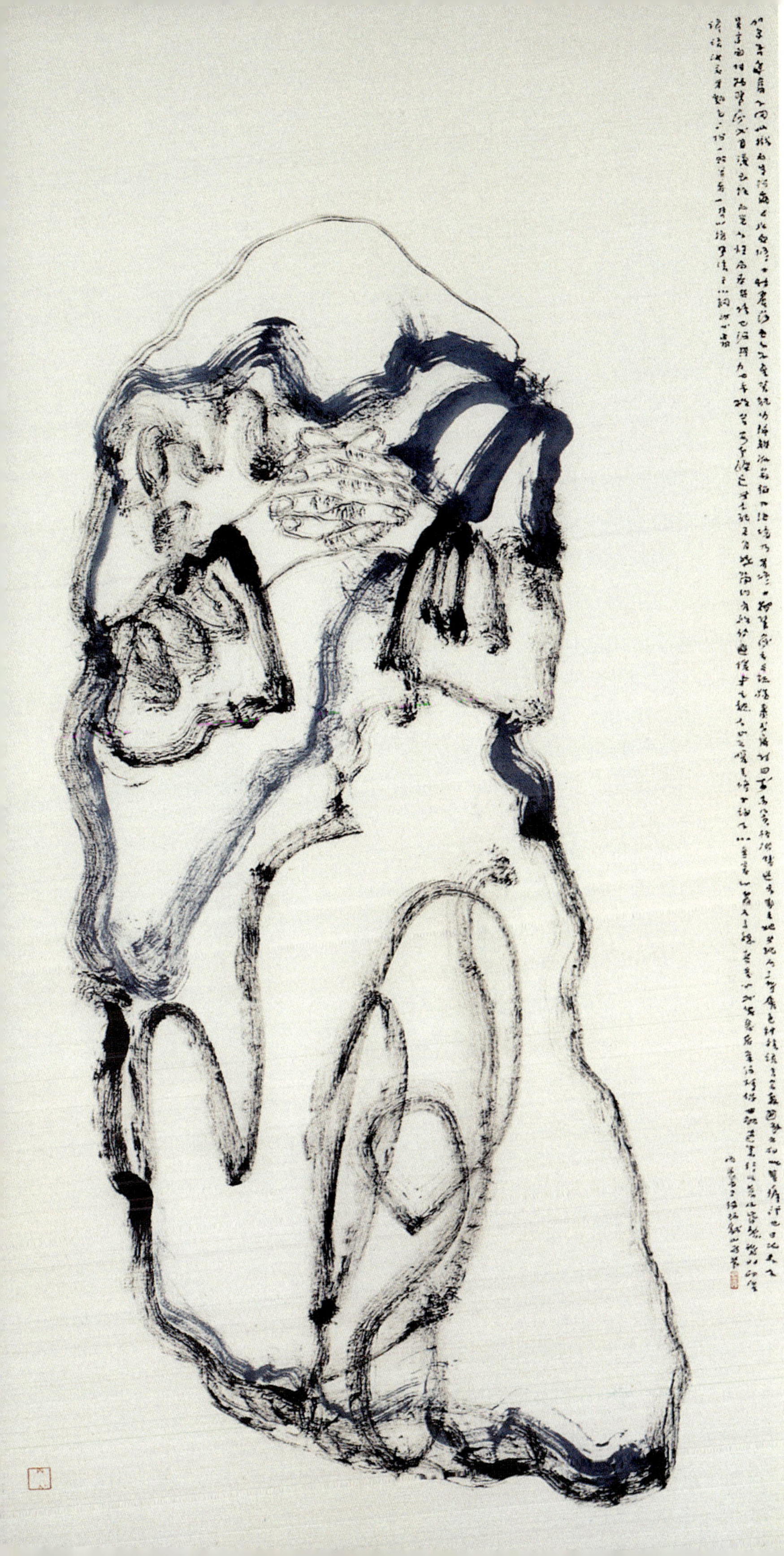

Q　有人说，新加坡是小岛，却出了你这个大艺术家，你怎么看这“大小”问题？

A　人生最大的幸福是心灵得以解脱到达自由之境。一个艺术家也只有在心灵完全自由之时才能灵感不断，不停创造新天地，完成艺术的大千世界。这种自由的获得与国土的大小没有绝对的关系，印度虽大，尸利奥罗频度（Sri Aurobindo）却在狭小的牢房开悟；荷兰虽小，从布雪（Bosch）到艾雪（Escher），大艺术家成列。这完全取决于是不是有通往自由之境的好因缘，所谓宁静致远，心净，国土就没有了疆界。

其次，这也牵涉到一个艺术家如何有意识地去扩大知识、表现语言和媒体的范围和应用，扩大个体活动的空间，扩大人际交流。

所以，除了阅读、苦练技法，我到处走，世界各地都有朋友，罗马尼亚的诗人画家索列斯库（Sorescu）、法国画家兼莫奈艺术馆馆长奥德里夫（d'Hauterives）、中国画家吴冠中、中国台湾诗人痖弦、韩国画家重光和尚、日本福冈书法家石田仙峰、泰国画家柏拉衷（Pratuang Emjaroen）等，走进他们的世界，等于是走进世界艺术发展史中几个精彩的篇章，一定会有丰富的收获。

去年我到罗马尼亚参加国际美术营，在已故大音乐家恩内斯库（Enescu）于迭斯干村的大别墅举行。恩内斯库夫人是位公主，她过世后照意愿把这座堂皇、拥有很多房间的别墅捐给艺术界作文化活动用途。主人善待，把我安排在恩内斯库的房里。有一种时空交错的感觉，我想，恩内斯库当年是怎么生活创作的？这里的安静圆满，很适合冥想的人。清早，一只蜜蜂来到窗口，提醒我：“你还活着。”周围的树林里传来恩内斯库演奏莫扎特的乐曲。在他的纪念室观看文物，我发现他也是法兰西研究院的驻外院士，我们竟然还是同仁的关系，一时感到非常亲切，好像在朋友家里一样；我再想一想，我现在离家很远呀，我多半是第一位到这个小村的新加坡人，可是罗马尼亚并没有令我感到生疏，世界原来是那么小呀。

新加坡是我的出发点，整个世界是我的腹地。

Q　你指定把“卓越奖”的1万元奖金分给一个马来团体、一个印度团体，谈谈你跨文化、种族、语言方面的经验。

A　1973年我与梅淑贞翻译了马来诗人拉笛夫（Latiff Mohidin）的诗，那是他的第一本诗集，华巫文双语本。1969年编《蕉风》时，搞了一个大型马来文学专号。当时在翻译马来诗时，在街上走，一看见马来人就发问。新加坡著名马来诗人画家嘉尼（Abdul Ghani Hamid）是我的老友。

新加坡马来多元源流艺术家协会奖章是我在本地荣获的第一枚艺术奖章。印度朋友就更多，翻译的印度文学与哲学篇章不少。这也是印度纯美术协会颁给我“艺术瑰宝”奖的理由。不久前，学者兼作家斯莉尼瓦山夫人（R. Srinivasan）与舞者毕雅（Priya）及阿吉（Ajit）三个人搞了个舞剧《圣旅》，我是晚会的贵宾。我和拉玛克利斯那教会（Ramakrishna Mission）关系密切，我是他们儿童填色比赛的常任总评判。他们是兴都教徒，我跟他们一齐唱赞歌。

跨文化、跨语言、跨种族，就是扩大文化活动与其他种

陈瑞献在加冷公园一角的“秘园”。

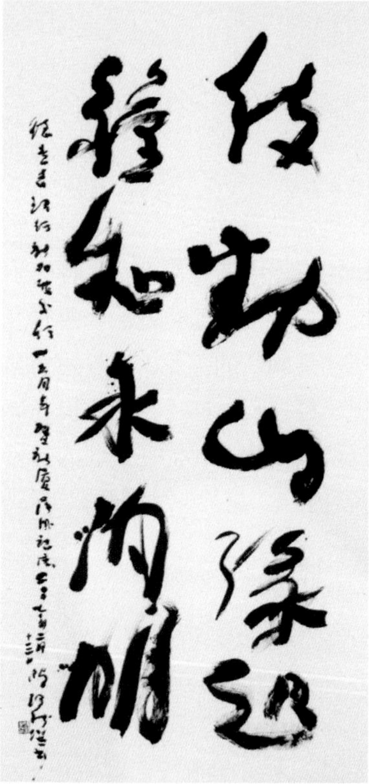

鼓动山缘起 / 钟和水内明
（草书书法）
2007，245 x 123cm

未来诗人
（画布油彩）
1997，97 x 123cm

族交流的空间，对艺术家的成长大有助益。文字、语言、音韵，对我有很大的诱惑力。我不懂西班牙文，听人朗诵洛卡的诗，从西班牙文的音韵转而发觉马来文的音韵之美。马来文音韵之美又使我在转译外文为中文或用中文写作时，对音韵和格律十分注意，对我用文言文创作也影响很大。

音韵、色彩、气味，对我有天然的诱惑。

印度人吃的巴斯玛地米，颗粒长，颜色、弹性和香味都不一样，尝一尝，绝对是我们华人吃米的一种新经验。我也品尝别的米，比如美国的野米，甚至是意大利人用面粉制的“假米”。

我觉得整个世界应该是你追求的怀抱，为什么要把自己局限在一个小火柴盒里？我从小就有这种好奇心和兴趣。法国诗人米梭（Henri Michaux）说过：未来的诗人一定是多语文的。

多语文好像有多个胃，自然更帮助消化。和多语文平行的是多吸收营养，以文言文为例，我最近写的《三峡刻石序》，便是吸收了佛经古文译风，中华古文传统，以及西洋哲人康德与诗人惠特曼等人的思想与修辞，综合转化而成。我总觉得，文言文有一天要回归，成为一个新时代的新拉丁文式的语文。

Q　你跳跃在许多艺术形式之间，这是很特殊的，谈谈你的心得。

A　艺术形式间的跳跃，跨度不大，它们是相通的，不像绘画医学之间的跨度大。就算是达·芬奇，艺术的成就还是比科学成就高。苏东坡不是书画诗文兼通的完整艺术人格吗？人把艺术的圆体分隔得支离破碎，然后发明各种身份标签往身上贴来限制自己。

1989 年我被派去日本福冈参加亚洲版画作坊，此前我从来没做过版画。我立刻读书，尽量吸收版画知识。我能掌握的技法如刻印与纸刻，与版画某些类种的技法有相通之处，只是材料不同。我把新得到的版画知识放进原有的经验网中，去交流碰撞。纸刻只有一张原作，如果换个材料，能印出多张原作就是版画了。版画种类很多，我选了铜版直刻与蚀刻，因为它跟在石上篆刻或在纸板上镂刻很接近，然后向搞版画的庄淑昭与蔡月珠等位朋友请教，做实验，便根据题目开始构思制版。虽然以前没做过，到福冈时却已经充分做好准备，结果我是第一个完成作品的参与者。作坊结束时，我才说那是我生平第一幅版画。

油画笔扁，毛笔蕊尖，可是都是笔，必有相通之处。我从西班牙油画家少拉（Saura）的快笔，得出毛笔所能达到的更快的速度，而形成我的水墨人像的快笔法。

Q　国外交流是不是都一帆风顺？

A　小国艺术家出国门，没有强大国势当后盾，人家自然把你当小代表看。在福冈，新加坡、菲律宾与孟加拉三个文化小国的代表被分配到九州产业大学工作室，一看地图，45 分钟巴士车程，气候酷热而没有冷气，可是中国、印度等大国的代表却全在博物馆的冷气工作室里，这就是文化政治游戏中的大小眼现实。

在福冈的开幕礼上，主办者也邀请参加国家的外交使节出席，不是大使就是文化参赞和艺术家组成代表团，我却独自守着我们的国旗。那种“文化孤儿”的感觉，是伤心的。

在这种情况下，你一定得把创作做得出色，然后希望有客观条件的助成来扭转游戏局面。

福冈的大书家石田仙峰以前曾托人找我的刻印与书法，他知道我在福冈，竟然为我开个盛大欢迎会，场面之隆重令圈内人侧目，接下来的发展就大不相同了。

在我为答谢石田夫妇而设的午宴上，着和服的石田夫人怀揣着锦囊。饭后，她把锦囊打开，文房四宝都在眼前。石田谦说是代他的外甥求字，实则他要看看我这晚辈的笔墨。我提起笔就写字了。这还是小礼节。在国际性的雅集上，挥毫是夹杂着炫耀试探角力多种因素且与创作毫无关系的一种游戏，它可以是个陷阱，你除了实力，还得懂得自救之道。不论到哪里，小国艺术家一定要面对"晏子"的际遇。你一定得有能耐通过全部的杠杆作用，让大国的文化人清楚了解，国势大最终也只能给艺术家造势，但绝对无法给他们造才情。

Q　当艺术家成名之后，你如何自处？

A　少年人向往拜伦型的美好形象，梦想成为诗人，这是名气早期的诱惑。然后你必须认识到，拜伦的气质显自内心，而他的名气是杰出诗歌带来的成果，你追求的必须是艺术而不是名气。当你慢慢发现有人欣赏你的作品，你的创作有一定的价值，人家珍惜，有好口碑，这时名气来了，实实在在的。这样的名气是成就，是美事，是社会人群对你的嘉许，是无形的奖章，提醒你"你做得不错，要好好做下去"。

那年在巴黎，我跟菲尼（Leonor Fini）见面，感到荣幸，这个名字代表一个艺术大千世界。那天在新巴刹，一个陌生人在上梯时停下跟我说他很高兴见到我，我深深跟他道谢。

仔细看清用意后继续创作

Q　这两年来，你进行相当规模的文学作品整理工作，你怎样回头看自己的作品？

A　由徐锋编在中国出版的5部选集，约100万字，是相当规模的整理。除了美术那1部，其他4部是：散文与评论、诗与寓言、小说与剧本，还有翻译。回头看自己的作品，透过时间的望远镜，我把它们当成别人的作品，冷静客观严格看待，以历史、文评家和编辑人的态度来筛选，筛掉好些篇章，那些能通过我现在的眼光的，相信可以耐到我终年，百年之后则让时间去定夺。

选集中的作品以编年为序，年代日期作了考核，这样可以看出我的创作轨迹与风格转变。在编选过程中，有的篇章我看了都吓一跳，比如在小说上做了许多实验，迷幻、魔幻、小小说等方面我很早就下了不少苦功。

Q　你的艺术，从出道以来就备受争议，你怎么看？

A　那些学识深厚眼光锐利态度客观见解独到的评论，多是鼓励的，也就最值得参考珍惜。早期文坛上那些自命“现实主义者”曾对我采取霸权式的谩骂，那时候我年轻力壮，只想用拳头和他们理论。

有一种口头意见，画水墨画的人说我的油画好，画油画的人说我的水墨画好，写诗的只谈我的小说，写散文的只谈我的翻译，依此类推，似乎都在寻找一个心理平衡点。我就说：“你们说得对。”最卑下的是那些藏头缩尾含沙射影之作，我根本不去理会。

不管是褒是贬，我先问谁在说话，为何说话；在仔细研读看清用意后，继续我的生活与创作。

先人创作才让后人卖门票

Q　你对新加坡的艺术发展有什么看法？

A　把文化艺术的发展与经济挂钩看来是有关当局在政策上的重要环节，就是说把新加坡发展成为一个偏重市场的文化艺术中心，这从《宝藏：国际古董艺术展》以及几个大拍卖行的活动，还有有关当局和媒体对拍卖会的重视约略可以看出来。我们提供一个空间，让世界各地的艺术品商人来进行买卖，成为很大的文化艺术交易市场。

从这个角度看滨海艺术中心这样的硬件设施，就好似我们的电影事业还没建立起来，就先造出世界一流的摄影棚一样。我们所需的更多软件绝对无法在一夜间成熟，到时如何去骑这头大象呢？除了百分比一定不高的本地作品的呈献，唯一的办法是到国际艺术商品市场去选购时尚名牌产品，例如《剧院魅影》《悲惨世界》与《阿依达》等，来给本地或本区域的观众消费。

我们要问一个问题，这样的艺术消费和民众的关系怎样？它对本地的文化发展与艺术创作会产生怎样的影响？艺术节的 9 万张门票不等于有 9 万名观众，一个人可能看很多场，再扣掉一部分外国人，真正欣赏的只是一小层面的有心人，这些人在我们有了那么大的硬件后，在时间、经济与精力上能否长期地支持那么多的活动？而由本地人创作的演出，像舞集《如此》，在票房的推动上，往往惨烈得像一场竞选拉票运动。

如果这不是我们的目标，那要怎样去大量吸引周围国家的游客观众，又是一个很大的挑战。

至于美术馆，一般美术馆都是把收藏重点放在本国创作，依次兼及区域性甚至是国际性的收藏。如著名的福冈美术馆，它标榜的正是亚洲收藏，可是它先有一流的日本收藏，他们也有一小部分的国际藏品，但这只供教育用途，让学生有机会看原作；他们很清楚：没有人会去福冈看毕卡索或米罗；要看这两人的作品，只有去欧洲。

我们的美术馆因为是旧建筑物改装，空间上已先天不足，又把很大的空间留给东南亚收藏，以及很大比例的国际展览，陈列本地作品的空间就小得可怜了。我们的专才缺乏，对东南亚艺术发展了解多少？再加上购画预算小，我们有多少钱可以用来买东南亚的一流作品？

在美术馆我们看不到像柏拉衷或塔丸（Tawan）这一级大家的代表作。

我们只能说，在这种市场先导的情况下，希望也能多多照顾本土艺术创造，先有艺术创造，才有一个真正能惠及本土的文化艺术市场的产生，本地艺术工作者需要更多照顾是显而易见的。世界上能靠文化艺术赚钱的，都是历史深远累积千百年创作资产的国家，都是先人创作，才让后人去卖门票；罗浮宫每天有上万人排队，《蒙娜丽莎》却不是昨夜画成的。

而一个国家的艺术教育一定是从小开始的，老师带学生在艺术馆或博物馆里待半天，是很普通的事。我们这方面还没做到。我们的大学里没有艺术系，应该开始作一点调整了，否则新加坡只能成为文化艺术上的中间人而

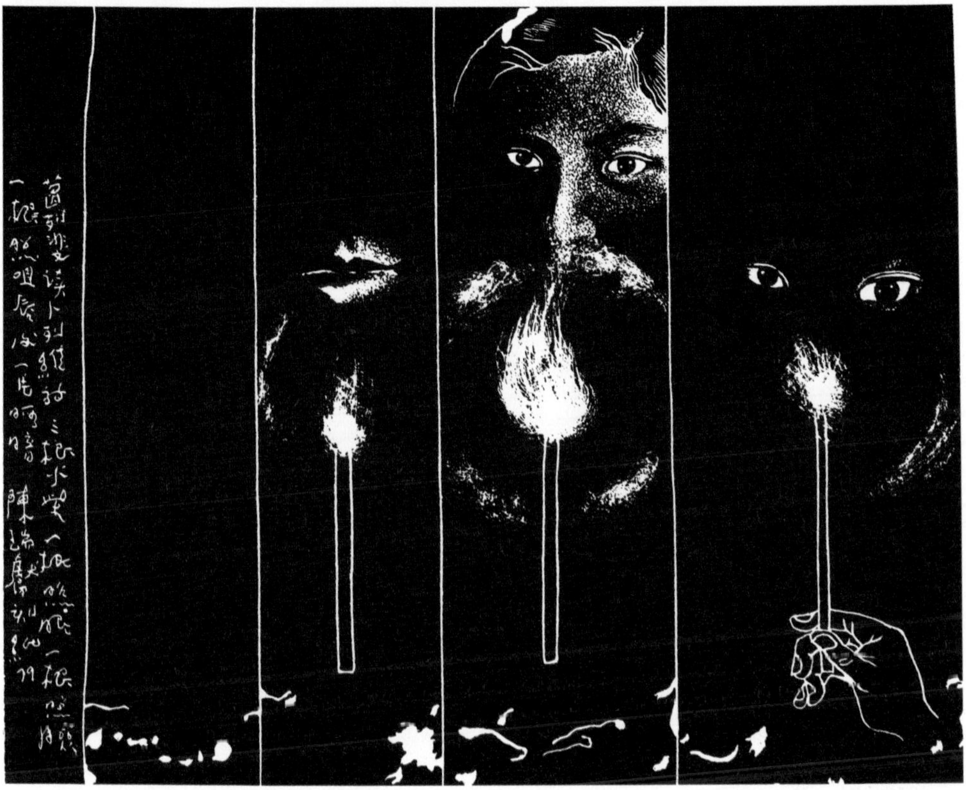

三根火柴四行诗（纸刻）
1997，11.5 x 14cm

已。

至于创作者呢，我想说的是，每个时空都会有人像夏加尔（Chagall）所说的带着强烈的颜色感出生。这些人一往情深热爱艺术，不论是科班如达利（Dali），或者自学如培根（F. Bacon）；不论是早熟如席里柯（Gericault），或者晚成如齐白石；不论是有人赞助如米开朗基罗，或者落魄如梵•高；不论是专业如赵无极，或者业余如马歇·马叟（Marcel Marceau），这些人无论如何都要冒出头来，拼命地为一个时代创作。对于他们，艺术的大空绝对光明。

Q　你对时下风行的“后现代主义”的看法如何？

A　“后现代主义”一词在 20 世纪 70 年代初期在西方文艺理论界引起注意。英国建筑评论家詹克斯（Charles Jencks）宣布现代建筑在 1972 年 7 月 15 日下午 3 时 32 分在密苏里州圣路易城死亡。1973 年巴黎装置艺术家把一整座一

青年宋庆龄（画布油彩）
2010，140 x 206cm

塔尖上
（油彩胶彩）
2012，140 x 206 cm

2006 年新加坡邮政公司发行“陈瑞献艺术系列”邮票，包括 11 张套票和一面小型张。图为其中的首日封。

整座坟墓搬进“国际当代艺术展卖会”的展厅里。

“后现代主义”是现代主义式微、一代的焦点人物全都过去后产生的文艺“安那其”现象。从发轫至今，从理论到实践，它一直处在一种众说纷纭、东筹西借、里外不拢、表现平平的状态中。詹克斯在厘清划分“后期现代”（late-modern）与“后现代”（post-modern）时显得十分吃力忙乱，而只要能借火的，像结构主义人类学家列维–斯特劳斯（C. Levi-Strauss）这样的学者几乎都可以被理论家拉到“后”营“后”幕里来。

在表现手法上，它其实还是现代主义某些流派如达达、波普的伸延，亦即是美国著名文评家休依森（Audreas Huyssen）所谓的现代主义加大众文化等于后现代主义。

从《时代周刊》大艺评家休斯（Robert Hughes）在上届“威尼斯双年展”的拂袖而去，又宣称在展厅外威尼斯那处处具永恒价值、值得珍赏的名胜古迹，比双年展中那些装神弄鬼的玩意儿好看多，可以看出作品表现的平庸。威尼斯双年展绝对是西方艺坛上具有代表性的展出，甚至光州双年展的国际展部分也大抄其展出作风。

全世界都在西方这种强势文化的传染中盲目大搞装置，而忘了最了不起的装置艺术正在峇厘岛这样神人自然融合无间的土地上，日夜不停展现在全岛人民的生活中，藏人的密宗坛城装置，以及华人的盂兰胜会的祭坛摆设都是更震撼人心的仪轨艺术。

“后现代主义”的特征如由人类中心观反趋于自然中心观与环保意识，他异并生历史观的合理性；由个人中心观转而承认他人之存在；怀古思旧寻根；宗教、神话、主题和形象的回归。这些情绪的与现象上的特点其实是自20世纪60年代的敲打、嬉皮、迷幻等，以迄今日的“新时代”的一个西方向东行沉默革命的牙慧。加以“后现代主义”者只是在纸面上吸取这个运动的灵感而缺乏像赫胥黎（A. Huxley）、列利（T. Leary）以及雅尔柏（R. Alpert）等心智大师在心识扩展上的实际经验，因此他们只能止于情绪的表现，而没有一个充实的内在，其表现恰恰是灵感的干旱。

以前是流行“前”（前卫），现在是流行“后”（后现代），然而这些都是过渡。另一个大时代还未到来。

他们的平静是精神支柱

Q　你每天的作息？

A　每天醒来后第一个感觉是感恩：啊，我还在人间。昨晚上床时并不知道是明天还是来世会先来临，生命可贵是一种福报。同时，我也把“死”字写在额头上，希望能把这个最严格的艺术问题搞清楚，便随时可以安心离开人世。

吃了小菲每天特别给我准备的一碗粗粮后，便开始最重要的日课：三小时的走禅、颂经、持咒。一直走着，把意识之流化为一念，一念化为一位菩萨的名号，一篇短经文，一串梵文或藏文的语音。

之后，我最希望的是没有别的事情等着我去做。我便骑脚踏车到我的“秘园”去，那里的鲜花、小鸟和猫狗，都是我的朋友。

久久坐着，久久才睁开眼睛，草又长高了，便有五六个工人来修草，而我背后轰轰然是一条永远没有了结的车流，我静静告诉自己：“就在不久前，你还是车流中的一分子。”

朋友听到我有一座花园，羡慕之余，心里一定嘀咕着：“多半已经有300万元身家了！”其实那是加冷公园里一个少有人迹的角落。

从“秘园”回家，才是阅读、听音乐听电话、跟家人在一起，跟朋友出门等等一连串该做的事情。

少画画写作，但是一坐下来就可以画画写作，以前是苦苦经营，苦不堪言，现在是灵感涌动，一样苦干但活脱自在。

Q　你是苦干型的艺术家，请谈谈默默支持着你的家人。

A　吴冠中曾经来我们家做客，后来他写道：主人家好像是刚搬进来，或者刚刚要搬出去的样子。他的描写是够朋友的了。有两位中国访客，我在楼梯口就听到他们在楼下笑出声来。我一画起大画，厅上那几张破旧的桌椅立刻变成别的用具，整个大厅好似一场天灾现场，生活起居的不便难以形容。看看门外，那是永远的神女时装大汇演，一到晚上，又是永远的圣诞节。我能给家人的就是这么恶劣的生活环境，但是，我的亡母，我的妻子小菲和两个孩子都平静过日子。他们的平静是我最大的精神支柱。他们更是我第一批的读者和观众，时时就创作提出难得的意见。

Q　接下来有什么计划？

A　出更多的书，到更多地方展出。还有，我想创造一种香水，名“东边”，可以单闻，或者装饰，且男女通用，也可以供佛。它的基调是莲花香，一种找寻时含蓄幽远、获得时饱满如一支大幢幡的香味，这种香，至今西方无法化学合成。

陈瑞献的法国接触

2006 年 5 月，当我得知陈瑞献获法国政府颁授法国国家最高荣誉——拿破仑创设的荣誉军团军官级勋章时，我脑海中浮起的是一座至今犹坐落在格洛路（Gallop Road）5 号的原法国大使馆馆址所在的战前老建筑。

这幢我曾经多次造访、东方情调点染着西方韵味又融合南洋风格的别墅，其地下室设有法国大使馆新闻秘书办公处的“一个诗人的房间”。陈瑞献在 1968 年 25 岁大学毕业后到此工作至 1993 年 50 岁时退休，而法国大使馆也在 1999 年搬离。瑞献退休后就没回去过。然而，离开大使馆 13 年后，恒在劳作的大艺术家又获法国政府授予荣誉，酷似两个老朋友从没忘怀记挂彼此。

当我心中随意轻点艺术家在此度过的四分之一世纪的时光时，看到纵向有艺术家创造力的开拓与迸发的精神标记，横面有他由小岛挥向洲陆的出航旗语。

《联合早报》2016 年 8 月 1 日

图中建筑是曾为法国驻新加坡大使馆的馆址所在。陈瑞献生平唯一的一份职业“新闻秘书”，时长25年，就在这里度过。建筑属于混合式：具有马来浮脚楼的形体，即主要居住空间高离地面，屋檐宽广；底层建筑语言含着回教建筑多瓣拱、马蹄拱的特色，上层则散发都铎木框房子的风情。

勤恳的工作，非凡的友情，不一般的碰撞，灵源如泉的创作，伯乐知遇的牵引……在我拼凑着平日听瑞献谈过、也偶在访问文字中点滴提过的人、物和事之时，这幢建筑的内涵便像捷克波西米亚作曲家德沃夏克的《新世界交响曲》奏响起来，也自然而然明亮丰富了起来。

陈瑞献的法国接触与这位新加坡艺术家的成长——我作出决定，这是一个采访方向。

一个早晨，我重访这座于今犹空置的建筑，原为红白色调，红色已褪成暗黑，白色也变成灰白。建筑基部带有阿拉伯色彩的拱门，上身木制的方格，屋顶的沙厘剥落了……唯天蓝云白草坡葱绿依旧，鸟鸣在耳，画家作品《大中直正》的原身大树长得苍劲如昔，看守人说这儿有很多眼镜蛇，而诗人在《一个诗人的房间》一诗里不就写着“书架上一盘眼镜蛇在午睡”。

我散步到邻近的植物园，陆续拟定了我的“十一问陈瑞献”。

1. 奖励包含着赞美和激励

大中直正（宣纸水墨胶彩）
1995，138 x 69cm

Q　35 岁时，你获颁法国国家文学暨艺术骑士级勋章，44 岁时获选为法兰西艺术研究院驻外院士，46 岁获法国国家功绩勋章；就在今年，你 63 岁，法国总统授你以拿破仑创设的荣誉军团军官级勋章。对于一个新加坡人，即使对于法国国内的艺术家而言，在人生的不同阶段，四次被授予持续的荣耀，也是罕有的吧！

A　当米特朗总统把法国国家文学暨艺术勋章别在好莱坞巨星伊莉莎白•泰勒的胸前后，泰勒对媒体发表的感言是："这枚勋章是我所拥有的最美丽的珠宝。"这枚珠宝，在我 35 岁那年，我的知音戴文治（M. Deverge）便为我争取到。在推荐当时，文治最大的担忧是我还不够老。我 44 岁获选为法兰西艺术研究院驻外院士，入选消息叫大使馆的同事都感到很惊讶，推荐人是著名画家暨法兰西艺术研究院院士奥德里夫（A. d' Hauterives）。我在巴黎"法国艺术家沙龙"获颁的那枚金奖章，也是奥德里夫的支持所带来的收获。多年来我跟奥德里夫只匆匆见过几次面，每一次只是一顿饭的工夫。法国国家功绩勋章则是戴高乐将军所创设，其重要性仅次于拿破仑创设的荣誉军团勋章。

我 46 岁那年，一位年轻法国部长巴利雅尼（Bariani）访新，由于我的工作表现，他要大使葛磊侠（F. Grasset）提名我得这枚勋章。我今年 63 岁，离开法国使馆已 13 年，从未回去过，却跟现任大使雷欧（J.J. R é au）伉俪特别投缘；承蒙雷欧大使的赏识与大力推荐，我终于获颁这项最高的荣誉。

奖励是一种赞美和鼓励，在古希腊奥林匹亚山上那几片月桂叶，就让每位竞技者都充满激情和力量。佛是最懂得赞美的艺术家，他在推介果位比他低的诸位菩萨时，都是全心全意地赞美，并把他身边最美的璎珞都献给他们。拿破仑作为军事战略家，也深谙奖励的软力量，他说："一团彩带就打了好几场胜仗。"

新加坡大外交家许通美教授的不凡处，从他的善颂善祷这一面反映出来。他每说一番话，都娓娓动听，让人如沐春风。据许夫人说，他每番话都是长时间钻研、力求做到恰到好处的成果。他常对值得他激赏的人说："我就只有这几分钟的时间，但我一定要好好地赞美你。"

一个文化大国，它的欣赏才情的眼神，顾盼全球。

2. 法国象征诗是现代诗的源头

Q　你好幸运，你在法国大使馆工作。我说这话，只能反映事实的一面。从头说起吧，南洋大学现代语言文学系毕业后你即到法国大使馆工作，这是你走进法国文化世界的起点？

A　影响 20 世纪现代诗创作最深远的大诗人是英国的艾略特，写现代诗的人都敬奉他为一代大宗师。艾略特的诗创作，源头可以追溯到法国。艾氏在哈佛毕业后，在 1910—1911 年间，在巴黎修读柏格森（Bergson）哲学，而法国象征派诗人波德莱尔、拉福（Laforge）和魏尔伦的巴黎，让艾略特深深受益，拉福的诗行甚至被艾氏引进作品中。华文现代诗的发祥地在台湾，台湾先驱诗人覃子豪通过日文与法文接触法国象征派的作品，以吸取营养。我开始创作现代诗时，自然也深受这些先行诗人的影响。梵乐希的《海滨墓园》像一座大建筑，散发出庄严神秘深沉气氛，感染我至深，是我后来在 1967 年孕

1993 年 7 月 14 日法国国庆日，陈瑞献正式离开法国大使馆“诗人的房间”。法国当任大使孟斐弘 (B.de Montferrand) 在盛大的国庆典礼上跟他惜别，赠送他一面刻有国家象征的玛丽安侧面像的银质纪念章。

1987 年，陈瑞献在奥德里夫的引介下，正式进入法兰西研究院。

育创作长诗《庵罗树园》的灵源。两首诗虽然没有雷同之处，但最早的启发不能磨灭。也在同样的感染下，蓝波的《醉舟》那无边的想象与爆发力，启发我去描写出一张多齿多哭声多暴乱的海图，谱出一首低音的数不尽黑人大嘴巴齐唱的歌，也就是我在 1967 年完成的《海歌》。跟《醉舟》一样，诗表达出一种心识旋走的咆哮。而作于 1968 年的《雨点笺》，是我刚到大使馆上班的作品，诗在旋律上完全是魏尔伦《秋歌》中大提琴音似的忧郁。

显然的，在进入大使馆前，我已经通过英国现代文学的学习而间接进入法国的文化世界。我在翻译方面的第一首译诗是英国 19 世纪浪漫诗人柯勒律治的《忽必烈汗》。这首诗是柯勒律治在止痛剂的影响下在睡梦中所得，与蓝波的《醉舟》的巧合处，正是潜意识的狂舞之作。而第一篇译文则是摘自法国医生作家兼哲人施惠泽（A. Schweitzer）在《在原始森林边》一书中的片断。在华侨中学中上世界文化史课时，历史老师说“法文是世界上最美丽的语文”。这话一直萦绕我心，最美丽？那肯定是吐气如兰的女子了。南洋大学毕业后，应征去投考法国大使馆的工作而被录取，我感到像是投入梦中情人的怀抱。

3.“我在法国大使馆留学”

Q　陈瑞献是留法的？这其实是一个美丽的误会。几个世纪以来，巴黎是艺术家的麦加。在新加坡，你怎样跨空拉近个人和“巴黎”作为一个象征的距离？

A　海明威的名言：“如果你有幸能在年轻时在巴黎生活过，那么余生你不论去哪里，巴黎跟着你，因为它是一个可以移动的盛宴。”在1973年我30岁那年，对我倍加关爱的法国大使傅洛利（M. Flory）先生带我来到巴黎。1973年是我生命中的分水岭：我在这一年获得新加坡公民权，开第一个个人美展，得到宗教上的开解，第一次看到了秋天，巴黎的秋天。承风自由，灵思辽阔，建筑盛美，人文丽天，巴黎叫我心旌摇动。那时我身上浪人的伤痕依旧，但多年的寒窗之苦已经翻过了新页，同时我带着憨山大师的“忽立定不见身心，惟一大光明藏湛满圆寂如大圆镜”的初步心感，来到普天下所有诗人墨客艺人歌女梦寐以求的花都，虽心旌摇动，神识在天上飞，却脚跟立定。

在好友安敦礼（C. Anthony）与美泰里（G. Metilier）等人的带领下，巴黎让我有缘把关于它的平面知识，通过立体的接触，重新温习一遍：在圣日尔曼大道的“芙罗咖啡座”（Café de Flore），大哲人沙特曾经在那里坐过；几百家电影院中永不休止的镜头，古希立的《发条橙》，安东尼奥尼的《中国》，布纽尔的《安达鲁之犬》，贝纳多·贝托鲁奇的《巴黎最后的探戈》；圣米谢喷泉是拉丁区的标志，塞纳河两岸交接的入口，约会在圣米谢喷泉，喷泉看着人们在聊天，读传单，接吻，经历一场心灵的鲲鹏大暴动，看着大口咬着香肠三文治在青春人

熊猫（宣纸水墨胶彩）
1993，136 x 67 cm

2006年6月5日，法国驻新加坡大使雷欧代表总统颁授予陈瑞献法国“荣誉军团军官级勋章”。

流中前进的学生们以及世界性的人种；我也第一次接触到巴黎双年展，世界最大展览“文件展”的小翻版，看到青年艺术家把坟墓搬入展览场；在罗丹纪念馆，我用间谍的快门拍下那尊《巴尔扎克身像》，又在展柜中看到一尊手拎芒鞋两腮虬髯状似踏苇正在渡江的石湾达摩陶像，看出那简直是巴尔扎克身像的“化身”。

这是海明威式的巴黎，在这个层面上的我，把巴黎这个可以移动的盛宴，搬到我在新加坡的生活学习创作空间里来。在大使馆我的办公室的壁上挂着一张海报：那是夏加尔画在巴黎歌剧院圆顶的壁画的一部分：在诗的色调中，艾菲尔铁塔，相拥的罗密欧与朱丽叶，公鸡，驴子，都在天上飞翔。

而在憨山大师式的巴黎，在那层面上的另一个我，则随时随地都可在内空的心感中穿入一个气氛自由、有灵思像烟花星宿那样不停涌现的城市，像虚云长老立定而上兜率天那样，到巴黎只是进入一种心感状态。当你自由

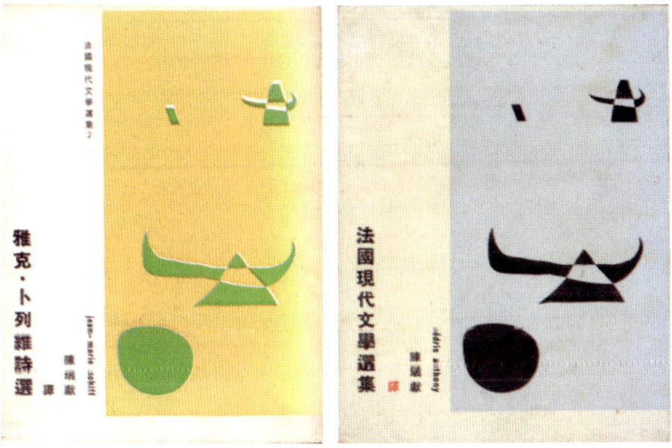

1970 法国驻新加坡大使馆出版陈瑞献和两名大使馆同事合作的两本译著。

心生，灵思不断，你在哪里，哪里就是巴黎，它只是一个象征。为了深化这种心感，我也在 1973 年决定放下诗笔画笔，深入禅定，前后达 4 年之久。

所以我是留学法国驻新加坡大使馆而不是留学法国，或者说是另一种留法的方式，大使馆是我的课堂。在这课堂内，每隔三五年便换来一批由法国顶尖学府，如国立行政学校，政治科学院，巴黎大学东方语文学院培养出来的精英。这一批批同事，个个精通数语，才高八斗学富五车，足迹遍五湖四海；在工作与志趣各方面，我跟他们不断切磋，碰撞，较劲，25 年下来，对我自身的成长起着关键性的影响。

4. 诗人先于一切的坚持

Q　我访问过你的岳父郝毅民医生，郝先生也从事文史研究。他说，瑞献其实可轻而易举地到国外拿个高级学位。法国，你没想过吗？

A　我岳父母一生在医学方面的成就都很大。我岳父除了是位杰出的胸腔外科医生外，他到晚年还在精神分析学，文史研究，乃至现代诗的创作与解析等领域，作出很好的成绩。所以，他完全能理解我当时的选择，或毋宁说是认清我的天职：那就是我注定得当一位诗人。情形就像我辜负了我父亲的百般期望，要我回去印尼掌管他的庞大的商业王国，而最后我让他失望那样，因为我要作诗；但今天我父亲在天之灵，也绝对能理解我的选择。

1968 年我到法国大使馆上班，当时的文化官基玛（P. Guillemard）是著名史学家亨利・基玛的儿子，他立即要官费送我到巴黎继续深造。虽说当时的大使傅洛利力劝我留下，最后留下的最大原因还是：我要当诗人。当诗人，就像达尔文笔下雄孔雀带着能量颤动的尾羽和雄狮带着飘拂的长鬃毛，虽华而不实，但却不妨碍雄孔雀和雄狮的世代生长，可见诗人生命的基因是另一种排列，他们的行止看来吃力实质上却十分自如又显得十分性感。

《8 人诗集》的八友中只剩下你和英豪还在舞动那无用但美丽的鬃毛，让生命像过大宝森节那样是人要化为雄孔雀自我美化的一场祭礼，实在说，在我眼中，这才是我偏爱的生命现象，像庄子笔下生长在无人知晓之处的铺天盖地的樗树。这也就是我为何选择让你收藏那幅我十分喜欢的法国大诗人兰波画像的原因，我把兰波的头发画成了长鬃毛。兰波和雪莱的形象，甚至对进化生物学家也充满魅力。每当你看到兰波和雪莱那美好的形象，你一定也庆幸自己手中握着的是同样的一根羽毛。魏尔伦看兰波，看到他有风的脚跟，兰波更自称是个“必定要走，走得很远的波西米亚人。”一个行人，一个诗人，他不可能被困在讲堂或商场。

禅修是陈瑞献年轻时便开始的
功课(摄于1989年瑞献书房)。

5. 把字典翻成一块黑石头

Q　一句话说："凡不清楚的就不是法文。"这说明法文是严密的语文，自然也是难学的语文。在荣誉军团勋章的授勋仪式上，你以流利的法语发表受勋词，观礼的嘉宾莫不惊动。你的法文，据我所知，是矢勤矢勇"土法炼钢"的成绩。请你谈谈你学习法语文的心得。

A　一个日本政客故作惊人语，说一种连数目字 80 都无法说出来的语文，应该从地球上消失不见。他指的是法文，因为法国人说 80 是四个 20，90 是四个 20 加 10。世界上各种语文都有其非逻辑的特点。美国语言学家乔姆斯基（N. Chomsky）在论造句结构时写了一句比现代诗更晦涩的句子："无色生意念狂暴地睡眠"（Colorless green ideas sleep furiously）。这种语文用法已接近法国残酷剧场作家阿尔托（A. Artaud）所谓"一切真语言都像乞丐牙齿的震颤作声那样不可解"。所以，我们不必去效法那名日本仁兄那样的"壮举"，也来挑剔日文的"一条三四郎"，或去追究为何在法文中"茶杯"是母的、而"酒杯"是公的语文规矩，而只一心一意矢勤矢勇去学习。我的方法呢？你说得一点没错，就是"土法炼钢"，也就是死背。拼命死背，是最犀利的扎马功夫与猛练套拳，没有这种积累，绝不可能有日后在应用上的千变万化。我学法文的暖身阶段在南洋大学，每星期 1 小时，念了 2 年。当时的老师全用法语教学，创造一种幼儿学语的状态与环境。"因为在每个孩子身中都有一位苦心的老师，他那样能干，能在世界各地所有孩子身上取得相同的成果。"（教育家 Montessori 语）。我更是整个人"住在"法文中，一如焦兰（Cioran）所说："人不是住在一个国家之中，人住在一种语文之中。"这样的

1979 年，陈瑞献与挚友戴文治合著《瑞献之印或内心刻石》。

状态与环境一直延伸到法国大使馆。任何人在讲法语时我都尖着耳朵偷听，然后死记；阅读方面则与同事安敦礼，史孚，石巴胡等位交换语文的学习，共同搞文学作品的翻译工作，并在私底下像吴冠中学法义那样，把一部字典翻成一块黑石头。

有一位学德语的教授，由于心理因素，一直默默学习，不敢开口说德语。一次他到德国旅游时丢了护照，慌乱之余，为了解决问题，便自然开口说德语了。有一年，巴黎派来一名法籍越裔官员，由于她的办公室未建好，暂时跟我在一起办公。这太太只说法语，我便从此只说法语了。新近在“法语区大使奖”与“荣誉军团勋章”的颁奖礼上的两次法语讲演，我都准备了好几个星期，天天对着加冷河朗诵十数遍。到真正发表那时，便像诵《心经》和《尊胜陀罗尼经》那样一如流水的了。

6.“一会儿再来吧，瑞献还在床上。”

Q　在我初当记者时，到过坐落在偌大草地和老树围绕中央的法使馆红白建筑地下室的你的办公室。天！文件，报纸，书堆，那看来更像是艺术家的空间。现在还不时听到你的回味之情。或者请你从法国大使馆在 1970 年出版的《法国现代文学选集》和《雅克·卜列维诗选》说起。

A　法国大使馆旧址坐落在植物园后边格洛路的小丘上，风景优美，古木参天，在广袤的草地上，常有大学建筑系的学生在描绘这栋漆上孛根地红和灰白的山庄别墅型建筑，而大使官邸则在一箭之遥，在同一个园地中。我开始上班那时，工作时间是从早上 9 点到下午 2 点下班，没有午餐时间，星期六到下午 1 点。当时，有好几位在大使馆服兵役的青年如安敦礼和史孚（J. M. Schiff），都成了好友。我们几乎天天工余聚首交换语文的学习，同时也合作搞法国文学作品的翻译，成果便是 1970 年由使馆文化部出版的两卷译著。

初到使馆，我在楼上办公，跟在使馆兼职的李星可先生一起。李先生于 20 世纪 70 年代初由《星洲日报》转入《南洋商报》当主笔，他一直要我跟他到商报工作。80 年代初莫理光先生任商报总编辑，一度也希望我能加入商报。我都婉谢，觉得这座在大花园中的山庄别墅，比较适合一个诗人的作息。在这里，用诗人博尔赫斯（Borges）的话说：“人不能跟萤火虫、文字、花园、水流、落日为敌。”我的诗《一个诗人的房间》写的是文件堆里的壁虎，窗口的八哥，书架上的眼镜蛇以及在叶间筑巢的白眼圈。后来我的办公室搬到楼下，那是将浮脚的拱形廊柱围封起来的一个大空间，饶有地下室的味道。它除了是使馆的资讯中心，也是一个全球化的小论坛：外交见习生，如非洲象牙海岸和苏丹的年轻外交官，各国通讯员记者，如《世界报》的特派和《费加罗报》的摄记，和尚，如

齐白石像（宣纸水墨胶彩）
1992，180 x 97cm

德国籍比丘舍利弗，艺术家，如巴黎歌剧院芭蕾舞团的舞者，诗人，如你和英豪，以及其他范畴人士的聚散点。我早上上班，下午学语文，晚上创作，有时，我的同事开门进来，看到我趴在办公桌上睡着了，他就轻轻把门关上，并告诉也要来找我的其他同事说："一会儿再来吧，瑞献还在床上。"

7. 与一代宗师的历史性相聚

Q　托法国驻新现任大使雷欧之福，我们在 2004 年有机会和 82 岁高龄的法国新小说鼻祖阿伦·罗布－格里耶见面。那个晚宴的场面是令人感动的。70 年代初，我和许多文艺青年一样，是从你的译介里读了罗布－格里耶。在 20 世纪六七十年代，你是张锦忠教授所形容的新马文坛推介西方现代主义的主要"当事人"。在这个过程里，相比于其他英美文学艺术，法国给你怎么样的影响？而那个晚宴又如何概括你以中华美食为根基，通过南洋的味蕾，遍尝法国美酒佳肴后的心得？

A　法国哲人帕斯卡（Pascal）说："假如（埃及妖后）克里奥帕特拉的鼻子长短一点，地球的面貌必定改观。"只惜妲姬偏偏长得倾国倾城，历史偏偏都在假设之外。历史的发展走向常是不可预知的因导致不可预期的果，我们没想到会结识雷欧大使伉俪，也没想到跟他们的因缘会导向跟罗布－格里耶的会面。但那个晚宴确是历史性的，正如我在席上说的："没想到这位我崇敬的文学大宗师，今晚会出现在我身边跟我们一起晚宴。"更动人的是你完全以罗布－格里耶的"新的法则"，以他的一个短篇《归来》，通过秀惠夫人典雅的法语通译，来跟罗布－格里耶进行一场新小说式的"对弈"，而最精

1973 年，首次到巴黎罗浮宫看《蒙娜丽莎》。

1978 年，陈瑞献与法国
大诗人纪亦维会面。

1985 年，陈瑞献与法国大画
家赵无极在法国大使馆相会。

彩的是你最后以苏东坡的“万物静观皆自得”的感悟，把新小说的观瞻也包含在东方的精神境界之中，使在座嘉宾莫不心领神会，叹为一个好棋局。

这个文学与友谊的晚宴，自然也可以跟新马现代主义文学运动的历史挂钩。当年，如果我不选读现代语言文学系，便不能像梁明广那样直接由英美现代文学经典取经；又假如我不受雇于法国大使馆，我便不会在英美文学之外，再进一步吸收法语文学系统的营养，也就可能得不到罗布－格里耶的感召与启发，而不能在理论与创造上有十分实在的借鉴与依据。这是锦忠梳理得最清楚的一段历史。

我当年的主张是：文学创作除了应该深入民间，也可以深入林间，或深入无人地带，亦即梁明广的你喜欢怎么写就怎么写的主张。所以鼓吹现代文学创作实际上是鼓吹自由创作。这跟罗布－格里耶的新小说不是什么流派而只是一种探求的看法不谋而合。

罗布－格里耶的新小说在英美的心理分析小说止步之处再向前推进，其新锐与创见，完全是法国人对前卫艺术的永恒向往的精神表现。这种求索精神对我当年的不畏时艰坚持立场起着决定性的影响。在英法现代文学的经典人物如乔伊斯，艾略特，伍尔芙，萨特，加缪，纪德等人之外，罗布－格里耶是恒在求索的典型精神代表，他以理论与创作展示他的才情，就连川端康成也十分佩服他。

法国剧作家阿努依（J. Anouith）说：“在法国一切都是以此为终结：婚礼，命名仪式，决斗，葬礼，骗局，国事——一切都是一顿丰美晚餐的借词。”所以，当晚那么难得的相聚，尽兴宴饮，是必然的事。我在“华厅”与本地顶尖厨师陈国研讨多时开出来的菜单以及我费尽心思配搭出来的酒单，立刻证实罗布－格里耶夫妇的内行并得到他们的欣赏。当雷欧大使伉俪对我在饮宴方面的计较多加赞许之时，我只能告诉他们说，一名新加坡人有幸在中华美食与法国美酒两方面作长期的拿捏，有机缘便从两边取得最佳的元素加以凑合，然后让它在友朋的舌上开花结果。像一颗熟透了的果实，这一切都是自然的流露。

在 200 多年前的诺曼第的一个小村卡孟培（Camembert），有一个名叫玛丽亚的农妇一直在做一种无名的软乳酪。有一年，一名教士因政治问题避难到小村来。教士对牛奶发酵素有研究，他教玛丽亚 10 个工序，就做出一种有特别香味与口感的软乳酪。这种可口的乳酪后来被拿破仑三世发现，叹为神品，便命名为“卡孟培乳酪”。如今“卡孟培”年产数亿盒，是法国名闻全球的乳酪。不可预知的因导致不可预期的果，但“卡孟培”的产生是历史性的水到渠成。

8. 法国拥抱全世界的才情

Q　福克纳在美国被认可前，曾抱怨道：“在法国，我可是某个文学运动之父了！”法国给我的认知是很能居高又宽大地发现在世艺术家的普世价值。有两位法国人，是你的伯乐，又在推展你的艺术上，远超伯乐的层次，一个是戴文治，一个是奥德里夫。请谈谈跟他们的因缘。昆德拉也说：“法国人一向不习惯区分民族和国家。”

A　法国史家米什莱（J. Michelet）说：“英国是个帝国。德国是个国家，一个民族。法国是一个人。”这个法国人若是加缪，那么，加缪说："我有一个祖国，那就是法文。"由于历史原因与全球化的影响，法国民族多元，而团结各族的主要元素，是法文。1929 年爱因斯坦在巴黎大学演讲时说："如果我的相对论被证明是正确的，德国会认我作德国人，而法国会宣称我是一位世界公民。如果我的理论错误，法国会说我是德国人，而德国会宣称我是犹太人。"这段话有助于我们更好地去理解昆德拉为何认为一个以自由、平等与博爱为立足点的民族不善于区分民族和国家的原因。即使从文学出发，法国残酷剧场作家阿尔托（Artaud）再残酷无情，还是说："我们必须从我们身上洗掉文学。我们要先做人，做人类。"美国的福克纳的态度则完全不同：有一次福克纳在公园中闲坐，一个小女孩在他眼前跌伤，他叼着烟斗，无动于衷。他曾说："作家唯一的责任是他的艺术。如果他是个好作家，那他就完全是无情的……如果作家必须抢劫他的母亲，他会毫不犹豫去干；济慈的《希腊古瓮颂》值过任何数目的老妇人。"法国人对自己的语文文化无比自豪，但自豪的另一面，是面向全人类普世价值的宽大。

所以，雷欧大使说："在法国有一项认可并称颂全世界艺术家的传统。"20 世纪法国艺坛上的"巴黎画派"只是一个泛称，在 20 年代，从世界各地涌向巴黎的艺术家不计其数，日本的籐田嗣治，意大利的莫迪格利安尼，俄国的夏加尔，都聚集在蒙巴拿斯山上的"蜂房"画室苦干，后来在巴黎叱咤风云的毕加索、达利、米罗、贾可梅提等一行列的大艺术家，也没有半个是土生土长的的法国人，但全都在法国的怀抱中。

米梭原籍比利时，如果没有纪德的《发现米梭》讲稿，法国文坛可能就没有米梭；赵无极是中国人，如果没有米梭为赵无极的8幅石版画作诗，法国艺坛也许就没有赵无极。这种知遇的胸怀，其宽大温馨正是民族自豪感与自信心的另一面。

正如雷欧大使指出的：法国是最早嘉奖我的国家。我的第一面勋章，便是戴文治的提名推荐的结果。1973年我决定放下文笔画笔，潜心禅修。1975年戴文治抵新加坡任文化官，我们立即成为好友，不但常常一起午餐，我更在饭后常去他家的游泳池边习静。是他把我从禅趣的“无所事事”中拉回“现实”中来。我在他的坚劝下于1977年重拾画笔，并与他一起到他在Poitou的家乡旅行。

从1978到1989年他退休前，他在大溪地、百德内、台北、阿尔及尔及卡萨布兰卡，事无巨细全部包办为我举办5场个展。他为我的篆刻集写诗，书法集撰文，我们总共合著3部书，他收藏我的多张作品，写作一系列评介我的诗文，是我的一位超伯乐的知己。文治的专业训练是数学，通法文、英文、西班牙文、意大利文、中文、泰文，又食不厌精，是位大美食家。他现居巴黎，我于2005年初特别飞去巴黎看望他。

另一位知音是奥德里夫。1985年，在同事兼好友佩雷（P. Pere）的邀请下，奥德里夫以法国艺术家协会会长的身份来新加坡访问，以商讨安排新加坡作品参展“法国艺术家沙龙”事宜。这位罗马艺术大奖得主兼法兰西艺术研究院院士跟我十分投缘。1985年的沙龙展，我的水墨画《山鹰》得了金奖，显然的奥德里夫投我的票。他也把我的作品带入“比较沙龙”及“水彩暨素描沙龙”。1987年在法兰西艺术研究院的“人像大展”上，他也投我的《齐白石像》一票，但《齐白石像》没获大奖使他大不服气，他转而推荐我入研究院，终于同年我入选研究院成为驻外院士，我那时 44 岁。奥德里夫身穿传统的绿色院士礼服，在欢迎我入院的仪式上，带我走过仪仗队，进入那间摆满法国历代大心灵胸像的古老会议室，他在我耳边说道："对于才情，荣誉来得越年轻越有意思。"

有一年在巴黎，他在兼任馆长的莫奈艺术馆内，让我细细观赏莫奈那张"现代画的蒙娜丽莎"——《日出·印象》，又在馆内的豪华寓所下厨为我做晚餐。他卧室正墙上挂着我的胶彩作品《南山花径》。奥德里夫现任法兰西艺术研究院的最高领导——常任秘书长。他的油画、粉画、版画都沉雄典雅，寓意高超，曾为波德莱尔的《恶之华》作石版插图。这两位超伯乐的知音，令我想到叶芝的诗："想想人的荣光多在何处始终，然后说我有这样的朋友是我的荣光。"

9. 天哪，你亲眼看到梵·高

Q　你在 30 岁时访问像亨利·米梭、纪亦维这样的法国大文豪，赵无极这样的大画家，并且成为忘年之交。小国艺术家要被人从大丛林里识别他是一棵殊异的品种可真如登天之难。有时像一颗天外陨石孤零零降落在地球一角，要辨识原貌只能凭识见。是机缘但也是实力条件，你怎么看他们对你的赏识？

A　有一年，法国全国为一位 100 多岁最长寿的女人瑞庆生，记者问她在那么漫长的生命中是否有一个她最难忘的时刻？她答：有，在她年轻时，她曾经看到大艺术家梵·高到他叔叔的杂货店买一瓶亚麻子油。她亲眼看到梵高，天哪，这是她何等刻骨铭心的一刻。

我一样幸运，我看过大诗人米梭。米梭是名隐士，要见他难如登天，我访他的那篇文稿可以说是绝无仅有的至珍资料。还有大诗人纪亦维，大作家罗布－格里耶，艾田蒲（Etiemble），大画家赵无极，奥德里夫，大雕塑家塞萨尔（Cesar），大哑剧家马梭，大时装设计家拉克洛瓦（C. Lacroix）。这一行列的伟大艺术人格，是我心目中一颗颗闪烁的星宿，是学习与创作永恒的典范。

跟他们的会面更是一幕幕永铭五中的经历：比如在巴黎拜访大画家菲尼（Leonor Fini）的那个早上，在菲尼著名的公寓客厅等待她时，我就想到装修工人从鹰架爬到她窗口时，第一个要求就是要她在画册上签名留念的轶事。

正对窗口的一个木柜上，整齐摆设造型奇特色彩缤纷的玻璃雕塑作品，正墙正挂着一幅她的典型裸女名作：青春年华，满头鲜花，乳房紧实，全身透明，宛如一尊玻璃女神。她饲养的许多只猫都不在现场，沙发上却放着一只假猫。这时，我闻到一阵浓烈的茉莉花香，菲尼已像女王般站立我眼前。全身黑缎长裙，领口周围的一圈猩红显示内衬之色，大黑头发，大红嘴唇，她告诉我说毕加索告诉她他一辈子没搭过飞机，因为他害怕搭飞机。

另一方面我也一样幸运，得到法国外交环境中的有识之士的赏识：从历任的大使到多数的同事和友人，都全力支持我。确如雷欧大使所说的：法国是最先奖励我的国家。2004 年配合我的个展“无时无涯”出版的大型文论集，其中收录的 29 篇文论，有 12 篇是法国学者、作家、评论家的作品。这一批同事朋友在 20 世纪 70–80 年代，就开始有系统地研究、收藏我的作品。

法国语文学院院长特里凡（Roland Drivon）多次拨出院

刊《联》（Lien）的最大篇幅，刊载有关我的研究专辑。同事暨小说家纪雅（D. Girard）与其妻任淑兰（Maud）也是我的作品最早的收藏者。他们在推展我的艺术方面也不遗余力。他们著文推介我的艺术，淑兰甚至亲自把我的《齐白石像》送交法兰西艺术研究院的《人像大展》，种下我后来入院的远因。

另一位同事暨作家徐仁嘉（J. J. Subrenat）也是我的艺术的赏识者，他的汉语一流，常跟我讨论艺事，尤其是对我的创新篆刻，他提出十分宝贵的意见。德嘉芳特丽（F. Descarpentries）和顾邦（J. C. Corpin）则是跟我谈哲学与政治的对象。佩雷开车，载我由巴黎出发，翻越比利牛斯山，到西班牙的马德里，沿途给我解释各地的建筑风格，民情风俗，文化特点。阿力奥拉（Ariola）则喜欢探讨美食和收藏，我国先驱雕塑家林浪新的一批完整和精彩的“牛系列作”，全部在他的藏箧中。

法国人也好辩，我曾跟方那妮（F. Lasnier）就香水、白兰地和飞鱼导弹展开一场激辩。但面对真正的才情，他们会像舒曼谈萧邦那样，只有一句：“除帽致敬，各位——一位天才！”康城电影节的重要人物李思昂（P. Rissient）也是我的好友，一次在闲聊中他说道：“谁也搞不清为何有的人生来就会演戏，有的人再怎么拼命也演不来。我们不能跟才情争论。”

10. 牺牲的准备比成败更有启示性

Q　《纽约时报》记者在一本全球化的著作中写道：“如果法国是一只股票，我铁定马上卖掉。”加拿大记者跑到法国考察了 3 年，反讥道：法国是一个“异类”，不能用《纽约时报》或《财富杂志》的术语来解读。我们都知道，美国是当世“强权”。你怎么看这个“异类”？

A　法国人和华人都好吃，让我们用烹调的术语来解读吧。“法国南方普罗旺斯等地的大众化菜肴‘鱼蟹羹’（Bouillabaisse）有好味道因为是法国人煮的。法国人真要露一手，他们可以用雪茄头和空火柴盒弄出一道特好又有营养的东西来。”苏格兰小说家道格拉斯（N. Douglas）这句话道尽一个文化历史悠久的国家、人民在生活上的讲究及已达到的水平。

然而，今天的世界却是属于汉堡包的。我在巴黎的拉德丰区看到麦当劳的门口排着长龙。“巴杜亚”（Badoit）有气矿泉水的精美口感，只能用“亿万颗小珍珠在舌上轮番按摩带来的舒畅”来形容才够贴切，只惜今天的世界属于可口可乐。戴文治偏激地认为汉堡包简直是“橡胶”，离食物的水平尚远，当然更谈不上烹调艺术。他也一辈子不沾一滴可乐。美国挟其政经大势，君临天下，其语文文化随着涵盖全球，相反的，法国自觉人文科技一样优秀，家中宝藏满满，家中更不缺钱用，风流倜傥，生活优雅，干吗只因为你财大气粗人多势众就得样样听你的看你的，所以“条气不顺”。全球化应该是一幅全人类共创的大壁画，各国的马赛克组成部分的面积内容或不同、色彩线条旨趣肯定各有千秋；保住各自的风貌不仅是一国的利益所系，也是一种自尊，更是一种天职。这就是法国在对美外交政策上所以成为“异类”的根本原因。就连戴高乐也慨叹：“哪有人能管一个有246种不同乳酪的国家？”法国不成“异类”才不正常。

汉堡包、可口可乐、美文样样锐不可当，但能立定脚跟

圆月上寒山（油彩）
1971，122 x 97cm

坚持吃一份“普罗旺斯鱼蟹羹”，喝一瓶“巴杜亚”矿泉水，用法语算算四个20加10是90，绝对是有见地有胆识有坚持，值得敬佩欣赏。纵使法国在这场抗争中败下阵来，法国小说家暨《小王子》作者圣艾克苏里（de Saint-Exupery）告诉我们：“倘若法国应得到评断，也别以她的失败的结果、而应以她作好牺牲自己的准备来评断她。”

11. 种树和树人都不问因由

Q　你与法国的缘分最大的意义在哪里？

A　我离开大使馆已经10多年，法国在我实质上更是一群当年在一起、今天还有来往的朋友的存在。雷欧大使称我是“法国的一名忠诚的朋友”，我也庆幸“法国”是“我的一名忠诚的朋友”。由于友谊也属于树人的艺术，在这儿我想再引述一段我跟朋友交往时常引以为共勉的励志语，那即是法国作家纪奥诺（J. Giono）在其名篇《种树者》篇首的小引：“为了让人的品格显出真正非凡的素质，我人得有幸能多年长岁月去观察其行动。若其行动完全无私心，若其行使的意念是十足的大量心，绝对肯定是不求任何回报，更甚的是，若它在世上留下可观的影响，那么，我们面对的无疑是一个不可磨灭的人格。”

纪奥诺笔下的一个牧人不为什么以一生的光阴在一片荒漠上种出一大片树林。这片树林就像法国小说家莫里亚克家乡的那一片海洋性松林，遮阴，环保，飘香，美丽。

在庄子和柏拉图跟前

《陈瑞献》大型艺术作品集出版

陈瑞献艺术作品集《陈瑞献》2002 年 1 月 30 日问世，542 页篇幅，向世界展示一个新加坡艺术家，深入艺术疆域 45 年来多元成就的风貌。

白鹭（宣纸彩墨）
1956，67 x 34cm
陈瑞献 13 岁时习作。

Q　约 10 年前，你花相当的精力整理你的文学作品，在中国出版了 100 万言的 5 部选集；今天，你又整理出版了这部 500 多页的视觉作品巨册，请谈谈你的构想。

A　生命是无休止的漂浪，从事艺术创作是在行程中刻记号，用我十分尊敬的版画家艾雪的话来说："凡跳入时与空的无限之境，愈行愈远而不稍作停留的人，都需要固定点、里程标，否则，他的行动与静止不动将是不可识别的。他必然越过星星，也必有灯塔以便他衡量已经越过的距离。"从一个创作者的角度看，编作品集即是出于这种构想：审查固定点、里程标，为星星定位让灯塔永续放光，从而确定已越过的距离，再"焚膏油以继晷，恒兀兀以穷年"。从观赏者的角度看，作品集把四散的叶子集中到一棵树上来，可以比较集中看出弱点或再显力量，重温一些惶惑或加强一种信仰，确定一个局限或强调另一类的可能性。作家方桂香正在撰写一部有关我的评传，她就在专集中敏锐地看到由时间的大跨度那边传送过来的点点闪光。再次，搞视觉艺术，一旦社会人群选择参与分担创作者对作品的保存与收藏的工作，作品集便是为收藏家或收藏机构提供鉴评资料的文献。有的原作已遭毁，在书中的便是唯一的记录。这本书会寄到世界各地，让世界得到有关新加坡艺术的一点信息。

Q　开卷第一幅作品《白鹭》，是你 13 岁时临摹赵少昂的彩墨，还有几张笔触细密的工笔鱼虾图，令人惊喜于你这不为多人所知的少作，为我们提供了了解艺术家的重要资料。总体而言，你在策划和搜集本册时，有什么特殊的因缘际会和过程？

金鲤（宣纸彩墨）
1960，51 x 45.5cm

答：有一次巧遇刘维新，他说手上有一张我早年的画，要我看看，如果是真的，可否在画上再上一款。《白鹭》果然是我当年学习在生宣上临画的真迹，上款送给维新，他竟然藏了 45 年，而且画况十分好，叫我十分感动。我的少作多已不见，一些油画力作如《圆月上寒山》《渡鸟》《化装仙人在盛装的海上》都毁在亲人手里，《白鹭》却在一位好友的爱护下完好保存了近半个世纪，足见跟你心灵贴近的并不一定是亲人。这张“出土文物”成了画册中年代最早的作品。书中这批少作，大部分都是 40 年来第一次发表，工笔《鱼虾乐》纸张泛黄、断裂，让上海画家谢春彦以为是一张宋画。油画部分的开张作品《释迦传》则是刘桑泽的收藏，也藏了 30 年。我的第一部书《巨人》在 1968 年由他和胡锡褀合伙的“万国印务公司”承印，今日的“万国”已是一家挂牌公司，而

劳孔像（木板油彩）
1961，49 x 66cm

我与桑泽在阔别30多年后，因这部画册重聚，他以丰富的知识与经验把这部画册印得水平一流，并赞助印刷部分的费用。我也因这部书跟文化界闻人庄升俦成为知交。升俦的大力支持，让我能安下心来从事繁琐复杂的策划工作。他出资3万元，又代我向李氏基金李成义先生求得7万元，加以国家艺术理事会文化奖得主特别拨款5万元，书的庞大制作费与邮费便有了着落。升俦浩气凌霄，秉承其母遗训要为社会修路造桥的发心是我学习的榜样。总之，完成整部书的每个环节都掺着每一位参与者的心力和汗水，由于部头那么大，执行编辑林迪珙日夜飞奔，就连书的装订也让一辈子搞装订的张耀如伤透了脑筋。

Q　少作中的第一张油画习作《劳孔像》作于 1961 年。画右边是劳孔半身像，左边则是一幅“画中画”，而且是色彩线条挺有趣味的抽象画，可见当时你已经从临摹的阶段出发，尝试创作，而且在思考抽象与具象并列的可能性，你那时才 18 岁。从取材上看，让我感兴趣的是，在这个年龄你画的不是街景，不是花卉，而是这件后期希腊风格的作品，劳孔肌肉虬结，满脸悲怆，你当时想的是什么？

A　《劳孔像》是于 1506 年出土于罗马的古代雕像，表现的是劳孔和他的两个儿子被蟒蛇缠死的痛楚。劳孔默受苦痛或他因苦痛而叫喊，是一个长期的争论，列辛（Lessing）的名著《劳孔》由此而引申到诗与画的关系。我在西洋文学的启蒙是希腊神话与史诗，对奥林匹亚圣山上诸神的体格与神采非常向往，于是我在 16 岁那年就走进健身室，开始长达 10 年的苦练，大力士赫古里斯是我的偶像，不但深信要有健康的身躯才会有健康的灵魂，更觉得身躯要像米开朗基罗刀下的《大卫》，像一只鸟那样就连站立不动的时候也让人感到它有翅膀。而体格必须在孟子的“苦其心志，劳其筋骨，饿其体肤，空乏其身，行拂乱其所为”的处境中，将地球降在艾拉斯肩上，巨石落在西西弗斯手上，在赫古里斯受缚，劳孔受缠，米开朗基罗刀下的奴隶在反抗奴隶垂死的情况下，一副健壮的体格的每一片结实的肌肉才会在各种不寻常的扭曲结构中产生变形，也从而放发出新的韵律和美，而跟这韵律和美同时呈现的心感就是“悲怆”。我年幼时睡在母亲身边，她有时可能心里难受，会跟我说一句：“你母就要死去了。”这句话会给我带来极大的震动和心慌，母亲死去了，去了哪里？我就转身向墙，十分苦楚暗自掉泪。悲怆也说明为何后来在高中历史课听王卓如老师讲述悉达多王子出家深究生死的故事会那样叫我感动。这就是现在能说清楚，当时概念模糊，却是一心想表达的像在“画中画”的那种状态。画《劳孔像》隔年，也即是1962年，我开始投稿，当时取的笔名叫“牧羚奴”，除了取意我的生肖羊，也由于耶稣是牧人，在河边给悉达多送牛乳的苏雅坦是牧女，在悲怆的重压下人的存在必然放发希腊风格的奴隶体格的英伟。后来牧羚奴又变回陈瑞献，除了要让文名与画名齐，也因为我比也是健身作家的三岛由纪夫幸运，从希腊酒神戴奥尼斯的狂歌中顺当出离而进入庄子的逍遥，从对赫古里斯的沉醉，进入对另一种体格与心识的膜拜，那就是1974年至1978年间完成的油画《密勒日巴》，从希腊的“悲怆”顺当过渡到西藏的“悲欣”中来。密勒日巴是西藏洞穴玄秘瑜伽行者，体格英伟，脸带微笑，后来全身变成绿色并且像鸟那样飞将起来。

冰心在繁星天空下
（宣纸水墨胶彩）
1993，138 x 69cm

Q　每一门类的作品前你都撰写一则言简意赅的小文，这是总体进入你的创作世界宝贵的一则引子，非名家与古今中外艺术大家，你都虔敬地点出对你的影响。你说，创作是一门化去出典的学问，又说艺术是局限的游戏，你可以进一步阐明吗？

A　我在50年代开始临徐悲鸿的马，亦步亦趋学习他的用笔、设色、构图，能默临《四骏图》。接着转临唐韩幹及宋李公麟的工笔马，让笔习惯写意的恣肆也习惯写工的谨严，再就是研究意大利马里尼（M.Marini）的身首拉长僵直的老马、德国马克（F. Marc）的膘大肥壮的马连作的变形结构以及用色自由的手法，到1990年我内在的一匹《红马》便自然产生，1993年也画出悉达多的座骑《犍陟》。我继续深化对马的探讨，进一步综合唐三彩马的流动釉饰、唐石刻《马踏匈奴》的偶发性刀趣以及汉铜雕《马踏飞燕》的超现实想象，并逐渐把运笔的速度提高，把各种画马的方法吃透。这时，用毕加索的说法，如果你要画一个圆，你只需画一条跟一个中点等距的线，别去想别的形状或在你之前的人怎样画圆。而你就是画到死也无法把圆画完美，也就在完美的圆与你画圆的最近似的差距中，你会找到你个人的表现方法。终于 1995 年至 1996 年间我闪电画出《白马》《马踏飞燕的变奏 1–2》。前后数十年，我以马为题的作品只有 6 件，而出典则完全化去了。马克 • 吐温幽默地说："做亚当最大的乐趣即是他要说出一句有意思的话，他肯定在他之前没人说过。"我们是亚当的后代，我们一说话即有出典，要创作就得学习将之化掉。徐悲鸿曾说中国画没有夜景。五代《韩熙载夜宴图卷》写的是室内景，纵然夜宴户外，也只靠桌上的烛火暗示时间。这是因为中国画主要是线而非面的艺术，加以材料工具的特殊，要在背景上渲染梵 • 高式的星空或德尔沃（P. Delvaux）式的车站深夜并非易事或不可能，这就是局限。把别的工具材料方法引进来，让局限的不合理变为合理，便能突破局限进入另一个新空间。我用水底的胶彩黄颜料在生宣的背景上先滴下点点繁星，这些胶质的点点等于是用矾矾过的熟点点，再也不会着墨，接着用一长排的排笔将墨一刷而过，夜空与繁星便同时显现出来，这就是《冰心在繁星天空下》的手法。清代沈宗骞说："墨著缣素，笼统一片，是为死墨。浓淡分明，便是活墨。"恰恰相反，我用这种"死墨"把《黑豹》画活过来。

Q　　梵 • 高除了画画，也尝试用书翰谈艺术，但是他的

南山（青鸟）（画纸胶彩）
1985，75 x 115cm

文字所表达的激情多于清楚的说理，塞尚更是只一味画画，似乎那就是一辈子的活了。你跟毕加索一样涉及多种门类艺术的创作，不同门类意味着不同工具材料，你怎样去掌握多种不同的技巧？而多元的结果肯定是多元的风格，你又怎样看待风格的问题。

A　让我借用毕加索的话来回答：他说："技巧？我没半点技巧，或者说我只有一点技巧。只是当我工作时，这技巧随顺我的心情四处游荡，让我随意用它来表达心意。我已经找到了许多种表现方法，而我相信还有很多方法有待发现。"技巧是触类旁通的。当我发现梵·高的方法是用炭笔素描线影法移用到油笔油布上时，我便

我家在一棵果树下
（画布油彩）
1990，97 x 123cm

把毛笔水草线组织法移用到油笔油布上，而找到 1973 年第一次个展作品中那个风格显著的表现方法。毕加索又说：“我基本上是没有风格的画家。风格常把画家封锁在同样的视野，同样的技巧，同样的公式中，月月年年，甚至一生。你一眼就能认出那风格，但那是同一套服装，或是那套服装的相同剪裁。自然是有风格的大画家。但我拨弄不停，活动频繁，你一看到我在这儿，我已经变了，我已经在别处了。我绝不会固守一处，所以我没有风格。”毕加索的没有风格其实是指多元的风格。

Q　我很荣幸的，在 1973 年念初院时，就有机会到你的第一个个展看守“摊子”，之后一直欣赏到你在题材、

媒介与风格上不断地令人耳目一新。有趣的是，翻阅这500多页，我好似在看你的回顾展，从你走过的轨迹，我却看到你的风格反过来印证了你的风貌其实是一以贯之的。就比如毕加索一生变幻多端，不管你看他哪一时期的作品，你会说，啊，毕加索。你怎么看这变化中不变的元素？

A　那是属于我称为“新谣8友”的年代，一转眼小岩13岁了，如果你的《告诉阳光》《赤道走索》《再生树》三个不同风格时期的诗篇是一颗颗的珠子的话，那么，贯穿这一串珠子的那条线便是你创作时特有的选材、辞藻、心感和声音，那条线便是一位重要诗人存在的特有掌纹，手势再多变，它也绝对可以辨认。毕加索说，画家是怎样的一个人而不是他做了什么在起作用，塞尚就是因为他的焦虑才成为塞尚，梵•高就是因为他的痛苦才成为梵高。只要你小心去找，你到处可以找到一个铜钱，个性却是找不来的。那个内在的“我”不可避免的就在画作之中。亨利・詹姆斯在名篇《地毯的图形》中描写一个作家要一个批评家去找寻涵盖他的书的每一页每一行每一个字每个标点的一个“秘密”。批评家找半天，最后发现那“秘密”就像一张波斯地毯上一个复杂的图形，作家才说：“那秘密是贯穿他的整串珍珠的一根线。”福建话是我的摇篮方言，我除了讲标准的南安腔福建话，也学会了厦门腔、同安腔以及槟城人讲的花腔福建话，不管我在不同场合跟不同的人用什么腔来讲，声音都是这种声音。

火焰—另相之门户
（画布油彩）
1997，122 x 97cm

Q　你云游各地，也广交朋友，最近又埋头在青岛珠山以你为名的大地艺术馆中创作，海内放歌为致远，天涯回望亦归宗 -- 这是你在一幅草书中的自况，地小囿不了大心智，摊开这本大书，你怎么看《陈瑞献》？

A　在遥远的喜马拉雅山间的不丹王国，有一幅我书写陶渊明的《桃花源记》的草书。回望中土，因为那是庄子的诞生地，我的父母亲一辈子无法回去的我的文化故乡。我在小小的新加坡。雅典很大吗？柏拉图思想的伟大、缜密、深邃、透彻，短短的《洞穴与光明》永远叫人颤动不能自已，整个西方的思想不外是它的注脚。在《理想国》是没有诗人的，我深深了解他的意思，但诗人有好几种，我有一个梦，在梦中把《陈瑞献》呈上他的跟前。

洞穴与光明（画布胶彩）
2008，140 x 206cm

广洽纪念馆
—— 一颗文化的舍利

访广洽纪念馆策划人陈瑞献

2006年9月27日《联合早报》报道：薝蔔院来了个人，自称受托来取一个内装“衣物诗稿”的旅行袋，其实袋中物竟然是已故弘一法师、丰子恺、齐白石等名家的珍贵翰墨。

多元艺术家陈瑞献当时受委为弥陀学校规划艺术校园，为本拟设在校内的“广洽纪念馆”挑选法师生前珍藏进馆展列。他在薝蔔院盘点时，已发现多件墨宝不知所终，突然又发生有人求取“神秘”旅行袋的风波，使得薝蔔院内“失宝”之事陷入扑朔迷离。

实现法师遗愿不可缓，保护文物不宜迟，馆址于是改设在法师生前的进修精舍“薝蔔院”。在薝蔔院信托委员的邀请与支持下，陈瑞献扛起任务，在短短半年内策划、监督并推动广洽纪念馆的成立。

笔者半年来一直跟进薝蔔院的修建状况，聆听陈瑞献的工作报告，深感广洽纪念馆实为法师遗爱人间的另一颗舍利。以《一颗文化的舍利》为题专访陈瑞献，与读者分享个中的喜乐意涵。

《联合早报》2006年10月08日

Q　广洽纪念馆今天挂上牌匾，匾上的书法是你的手笔。纪念馆已经落成，身为这家纪念馆的催生者，你今天的心情如何？

A　一年前在厦门蒋志强教授设在野外的雕塑工作室为广洽法师塑像，手气很顺；我在两天内便完成作品。记得那天黄昏，暮色四合，我打开了法师的双眼，在一盏大灯的照亮下，他像真人那样望着我。我向他顶礼并祈求他给我力量，排除困难，把他的事情办好。今天我的祈求已经实现，心情不用说十分欣喜。法师的同侪菲律宾人乘信愿寺住持瑞今法师于 1994 年写道：“我曾窃想：若能成立一佛教文物馆，将洽师所藏珍品，陈列展览，一来无价珍品得以永久保存，二来发扬艺术提高佛教的人文素质，实为一件极有意义的事。”他的愿望已经实现。

广洽纪念馆落成。纪念馆原计划设在广洽法师创办的弥陀学校，后改在芽笼东一道的薝蔔院。多元艺术家陈瑞献（左）与居士林林长李木源为广洽纪念馆主持上匾仪式后在馆前留影。

Q　在半年内就将一家艺术馆建立起来，这有点匪夷所思。你说“排除困难”，显然过程当中有曲折性？

A　广洽法师的收藏原来是计划在弥陀学校的 3 间课室内陈列，作为“弥陀艺术校园”的一部分。艺术校园的

设计建造工程也以洽师铜像在校园竖立正式启动，我也开始创作一幅大壁画。但是，这期间出现了一些难题。我是分秒都在干活的实干派，时间珍贵，不能一整天开会。所以在一次校董与官员的会议上，我决定放弃这项计划。这计划最大的支持者——佛教居士林林长李木源

图左为丰子恺绘《广洽法师身像》

立刻跟我建议，在洽师的薝蔔院设立纪念馆。我觉得这主意很好，当下就决定这样干。

Q　接着便立刻展开筹建工作？

A　对。我们成立一个以李木源为首的筹建委员会。我请来了一位工程师钱爱贞为总策划。多年前我为牛车水地铁站创作作品时，爱贞是承包商的一名工程师；地铁站壁画《凤眼界》在英国烧制成搪瓷时，她也在场，是有高效率的工作伙伴。我也请长期为我裱画的裱画师刘鸿声暂把手边的工作放下，集中精神精力翻裱这批文物，装框的朋友苏今澜也尽力配合，刻字家谢翰林和杨昌泰更是日夜赶工，木源请罗敏娜公司的卓顺发以优惠的条件承包这项工程。大家一条心为菩萨事业工作，从今年

五月开工，经过几个月的苦干，工程总算完成。木源一生都在演大出戏，他深明这项工程的宗教人文精神的意义，所以他与薝蔔院信托委员会诸位委员给我百分百的支持与信任，让我感到很荣幸也很心安。

Q　这批文物当时在《联合早报》曝光，从一个神秘旅行袋开始，一直到保险箱的打开发现“血书”为止，情节扑朔迷离，读来像侦探小说。现在尘埃落定，这批文物得以保存并展示出来，实在是新加坡文化界佛教界之幸。现在回想起来，你的感想如何？

A　藏品中有一对弘一大师 57 岁大病初愈时集华严偈颂的铁线篆楹联：“能于众生施无畏，普使世间得大明。”大师13岁学篆，弱冠弃舍，于40多年后再次书篆，自谦“勉力作书，握管生疏，无复儿时故态”。事实上，这是他晚年最重要的作品之一，几乎所有有关他的书法的出版物都刊这副对联。然而，在翻裱前，我在这副对联的字迹边缘发现有硬笔双钩的印痕，这真是太可恶了。我们能把摹写纸压在怀素或范宽的原作上搞双钩作假吗？但这种事竟发生在广洽法师于 1994 年圆寂后的薝蔔院的一间暗室里。我也在现场找到双钩书法的纸头，当然还有这个“临书者”一大堆假弘一体的“大作”。弘一大师从日本请回来的一部宋版经书印本，上有大师款识，已在保险箱中被虫蛀成灰，我准备把这部“虫经”当装置艺术品永远陈列纪念馆，作为永远的罪证。还有许多作品，如难得一见的杰出女词人暨烈士秋瑾挚友吕碧城的《香光庄严》一幅也几乎报废。所幸鸿声手艺一流，把这批 100 多件的珍品翻裱一新。这确是新加坡文化界佛教界之幸。

广洽纪念馆开幕纪念章。新加坡造币厂第一枚高浮雕人像纪念章。这枚由多元艺术家陈瑞献创作、新加坡造币厂铸造的纪念章，正面铸有陈瑞献雕塑的广洽法师像，设计新颖，工艺精良，有别于一般的纪念章。

Q　这100多幅书画自然不是法师收藏的全部?

A　不是。这批书画是我从现存的收藏挑出来的最精彩的作品。其余的数量不少，但水平一般。至于精彩的已失落多少，因为手上没有清单，一时无法核查。洽师在一篇悼念弘一大师的文章中说：“大师赐给我的手札、训语、遗嘱等约60多件，现已裱背成册，时时展诵，如临师保。”现存只有半数左右，其中大师书明代蕅益大师遗训，亦即他出家前发的三愿，至少应有三条幅：“将出家先发三愿，一未证无生法忍，不收信徒，二不登高座，三宁冻饿死不（诵经礼忏及化缘，以资身口）。”现只剩下两愿半，第三条幅亦即书写括号中的字句与大师署款的那一幅不见了。

Q　那法师的收藏主要的内容特点是什么？

答：绝大部分是师友相赠的作品，内容也大部分是佛教题材，而媒介全部是水墨与彩墨。其中数量最多的是丰子恺的书画与书简；丰氏一生中最重要的作品应该都在法师的藏匣中，足见他们两人情谊的深厚。

弘一大师的也不少，而且都十分精彩，很多件都是出版物的必刊之作，足见大师对洽师的器重；大师用洽师的指血书写的血书，更是珍贵。

国学大师马一浮是弘一大师学佛的启蒙，他有多帧书法包括几张“瞑书”，即是他失明后写的字。间有委约之作，如徐悲鸿的观音像和齐白石的无量寿佛，还有高僧、学人、名作家的笔墨以及少量的佛像与瓷器。

Q　在展示的作品中你认为哪几件是镇馆之宝？

答：第一件是现代净土宗第十三代祖师印光大师于80岁时书写的楷书对联：“为学日益为道日损，师贤心实师圣心空。”广洽法师一生行持，严谨诚恳，尊师重道，尚文崇艺，他于辛巳年二月往访苏州灵岩寺妙真法师。妙真法师感念他远道来访：“兹检得印公遗墨一事，聊表谢悃，用志永念”，把这件天大的礼物送给洽师。印光大师晚年住锡灵岩寺，他的墨宝如凤毛麟角，绝无仅有，片纸寸绢，都会让整栋房子发光。

印光大师楷书对联。

弘一法师对印光大师恭敬至极，是他最佩仰的当代善知识，曾三次恳求印公收他为徒，曾专文颂扬印公的盛德。印公 64 岁那年，弘一法师亲至普陀山拜见他，亲证印公如何习劳惜福，注重因果，专心念佛，一直到 80 岁还是一个人作息，自己洗衣扫地，一切简单粗劣，力斥精美。这些盛德都从这 16 个以无法为至法写出来的土头土脑的大字显现出来。因此这不是一位书法家的写字，而是一位得道高僧的心迹，两者的差别在于前者一般上于艺超卓唯心灵受困；后者心手自由，创作时一念不生由大化的能量的流动天然把天机泄露。它不是由世间层面，一如社会上的文艺圈的尺度成规识见要求规范而成的产品，而是随顺更高层次的牵引而自然显现的盛德。丰子恺说："文艺小技的能不能，在大人格上是毫不足道的。"

广洽法师的藏品中，总共有三对印光大师的楹联，真是大富翁啊。

另一件镇馆之宝是弘一大师用广洽法师的指血书写的立轴《佛说五大施经》。乙亥年（1935 年）十二月，弘一大师"卧病草庵，几近可危。承广洽法侣誓舍身命颂《法华经》，并发愿刺血写经为余回向，冀其厄疾瘥除，弘传南山律教，承斯灵感，宿疾寖愈。洽师因割指沥血，属为写经圆满前愿，并记缘起以示后贤焉。"大师对这幅血经的书写因缘的叙述，读了令人泪下。以血写经是最坚贞、最赤诚恭敬、最深邃的情感表达，也是重法轻身的精神表现。《梵网经》说："若佛子，常应一心受持读诵大乘经律，剥皮为纸，刺血为墨，以髓为水，析骨为笔，书写佛戒。"

弘一大师曾就书写血经的课题向印光大师求教，印光大师很详尽给予答复：从憨山刺舌血研金写《华严经》，妙峰日刺舌血二分，一分研硃写《华严经》，一分着《蒙山施食》中施鬼神，到指血舌血臂血之间的分别，书写的方法，纸张的应用，到“将欲刺血，先几日即须减食盐及大料调和等。若先戒食此等，则血便无浊气”。

据木源的叙述，广洽法师在刺血前，冒着甲状腺肿大及耳朵缩小的危险，戒食盐三个月。他誓舍身命为师颂经，发愿为师沥血，求师转危为安，他憨厚木讷，话都说不出来，他只有一颗热腾腾的心捧在双手上。

这幅血经成于丁丑年（1937年）三月十九日，弘一大师一笔一笔，毕恭毕敬，完全遵照印光大师的指示书写。近70年的岁月，已把大师的笔迹，洽师的血迹淡化成一阵排列整齐向天空渐飞渐远的雁影，让后辈的我们在心声泪影中紧紧追看它们，在它们最终在时光中消失之前，让我们庆幸有这份天大的因缘与福报，紧紧追看着它们，看到经文中临末的那句：“由彼无量有情得无畏已，无怨憎害已，乃于天上人间得安隐乐。”然后继续感恩地看完。

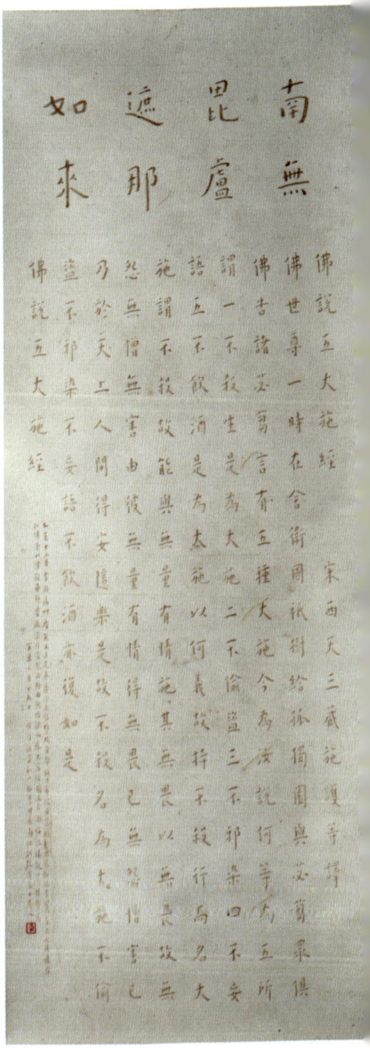

Q　你选的这两件镇馆之宝都是高僧的作品。你是艺术家又是宗教人，显然的，你把宗教摆在首要位置，这么说来，宗教和艺术不是两条线的平行发展，而是在一条生命线上不同阶段的学理探讨与体验表现？

A　对，广洽纪念馆就是这个实相的实证；它证明在一条生命线上先为学后为道先得贤师后得圣师的次第阶梯。

我安排展品的次序基本也是以此为标准：1层楼是文人书画名家的创作，如俞平伯、郁达夫、吕碧城、叶圣陶、叶恭绰、唐云、王一亭等人的作品，逐渐延伸到2层楼是书画大师的精品，如吴昌硕、徐悲鸿、齐白石、于右任、马一浮、丰子恺、赵朴初等人的作品；最后延伸到3层楼的高僧心灵世界，如印光大师、弘一大师、演本法师、竺摩法师、茗山法师的作品。这也类似丰子恺比喻人生先从物质生活再到精神生活最后到心灵生活的3层楼观。他自认只能在2层楼徘徊，而太虚大师一口气走上3楼，弘一大师一层层走上顶楼。徐悲鸿在《弘一法师油画像》补题中说："悲鸿不佞，直至今日尚沉湎于色相之中不能自拔。于五六年且恳知友丐师书法，钝根之人日以惑溺，愧于师书中启示，未能领悟。"若空间不许可，就把吴昌硕、徐悲鸿、齐白石的作品移到3楼。

大画家夏加尔每完成一幅画，一定要拿件人无法造出之物如手掌或一朵花，跟画并置，看作品是否还能立足生存。相反的，悉达多在成道前以神变之力将魔王的万箭变为莲花停在空中，成道时用神力将四大天王送的四个石钵合成一钵，才是了不起的行为艺术。对这样的人，以赫胥黎的话说是有"变了形且具有变形力的心识，能够立地十一见一切"，对这样的人，"即使是宗教画的一流货或末流货，大不了也只视之为一桩至高无上的不相干而已"。赫胥黎很想知道，开悟的宗教人如圣十字约翰、白隐慧鹤、艾克夏大师到底喜欢看什么艺术品。事实上，史上不乏只挨宗教一点边儿，旋即返回文艺圈而成大器的艺术家，如明末的八大山人和清代的石涛，却少有已臻宗教高境，却仍以艺术如书法艺术为牵引而

弘一大师用广洽法师的指血书写的立轴《佛说五大施经》。

有大量作品传世的高僧如弘一大师。

宗教是大海，文学艺术是小河道。人生的水利工程若因宗教的大海而完善圆满，则文艺的小河道便载歌载舞起来。广洽纪念馆要展示的就是这个道理。

高僧留舍利　世界庆奇珍

Q　在这期间，你曾经几次提到，你在藏品中看到弘一大师画的《释迦佛像》。你说如果这是真迹，无疑的这幅珍品将是纪念馆的《蒙娜丽莎》。你研究的结果如何？

A　我前此有两次看到这幅作品：第一次是在挑选藏品时，第二次是在清点作品让鸿声拿去翻裱之时；两次都是由助手打开，在远距离匆匆一瞥，但两次都是眼睛一亮心头一震，这幅画怎么会在这里呢？

因为我对这幅多次出现在出版物中的作品有深刻印象。只是在出版物中的同一幅画都是以黑底白线的摄影底片形式出现，更没有裱边款识，心中不免感到奇怪。

接着我只在馆长永光法师与爱贞的电脑以及照片上对这幅作品进行研究，这是弘一大师于1918年出家后画的一张《释迦佛像》。林子青断为1930年代前后的作品。

这幅画的右上方钤朱文佛像肖形起首章，接着是大师典型中晚期“有六朝人笔意”的行楷《华严经》偈“譬如工画师”引文8行，后署“无著敬书”，并钤朱文别号单字印《月》——大师有“论月”“月臂”等别署。画中下方是佛像，线条一根根畅无滞阻如新婴血管，显露大师的天纵才具，构图比例停妥，设色素雅，形象庄严，闪闪放发金光。画左下角压一方朱文篆书收藏印：《徙

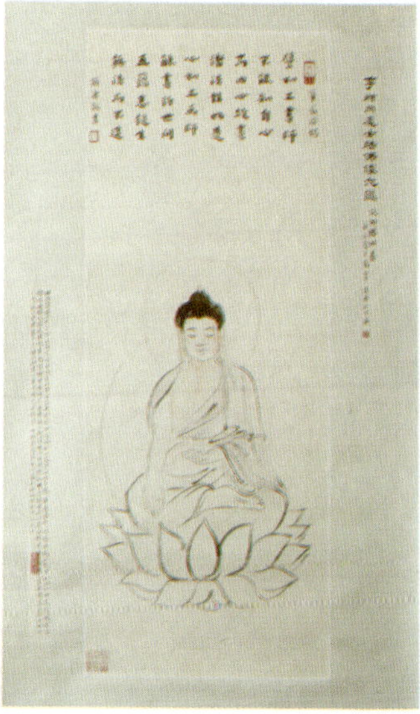

《释迦佛像》虽非弘一大师原作真迹，但复制水平高超。

蘅仙馆珍秘》。

画右裱边镂空，嵌有近代书画兼鉴赏名家高野侯于庚辰年夏隶书鉴定款条：“李叔同处士造佛像一区，风雨楼供养”，署名并钤印《野侯六十后作》。庚辰为 1940 年，高野侯 62 岁。收藏者王式园又在左裱边镂空嵌长款条叙述李叔同略历，并称“（叔同）画不多做，以作书之笔写佛，尤可珍贵”。王式园所述，符合其他有关弘一大师画作至为稀少的记载。

有关大师的西画，他的学生刘质平说：“昔先师西画，出家前原送北平国立艺专保存。民十二年冬，余至北平考察艺术教育时已一帧无存，可叹孰甚。”有关大师的国画，他的书画家朋友姜丹书说：“于国画，虽精于尝鉴，初未习之，但晚年画佛像甚佳，余曾见一幅于王式园居士处，笔力遒劲，敷色沉着，所作绝少。”姜丹书过眼的那张佛像应该就是这张《释迦佛像》，真是太不可思议了。

我的皈依师父广义法师在回忆大师为了智上人刻一方闲章《看松月到衣》时说：“智师闻老人善画，欲请画张弥陀佛像供养。（晚晴）老人谓曰：余自出家未曾事画，已近 20 载。屡请画未应，不得已刻此印以为纪念，此印亦云稀有。”

徐悲鸿在为其《弘一法师油画像》补题时说：“顾我之所以慕师者，正从师今日视若敝屣之书之画也。”弘一大师对画视若敝屣所作绝少是不争的事实，只对书写佛典的弘法作用加以肯定：“夫耽乐书术，增长放逸，佛所深诫。然研习之者能尽其美，以是书写佛典，流传于世，令诸众生欢喜受持，自利利他，同趣佛道，非无益矣。”有一次叶青眼对大师说人们向他求字多于求法，大师回答说：“余字即是法。”

有关弘一大师的严格出版物如福建人民出版社的 10 卷本《弘一大师全集》，以及北京文物出版社的《弘一法师》，在所收录的寥若晨星的画作中，都包含这幅《释迦佛像》。在铺天盖地尽是假弘一书画的今日时空，这帧罕有的真迹是一片砂砾中的珍珠，能看到它是天大的福报。但我得细读原作才能就画况进一步发表意见。

Q　所以，结果是：你们开始挂画当天傍晚，我与友人有幸匆匆看了《释迦佛像》。可是，隔天下午你的电话来了，说这是复制品不是原作，又让人再一次感到吃惊，你又有新的发现？

A　当天下午在居士林拿出这张画，一打开我就发现在佛的头发墨面上以及身躯线条上有一层轻度的哑光，这不寻常。我立刻致电在上海的鸿声，因为在翻裱与摄影时，他肯定有印象。

他回答说是原作，理由是他看到“墨韵”。

我问他有没注意到画上端 8 行小行楷的引文，墨的压力与分布的均匀和线边缘的规整现象，已达到人工无法做到的地步。他说没有印象。当晚我全面又深入研究，从裱边嵌条与画本身在用纸的相同，到小印章红印泥的毛边效果以及特别是在生宣或半生熟纸张上的人工用墨必然会在线条边缘产生的细致扩散变化各方面，深入观察，终于在佛头发左边的一个小角落的一小堆淡墨中，我发现印刷特有的墨象，这确是复制品无疑。虽然是复制，但水平已达日本二玄社的复制水平，在背面强光的照明下，甚至可以看到黑发中在不同时间上墨浓度不同的轮廓与线条，真是惟妙惟肖。

我们仍然把它挂在最重要的位置。台北故宫展示的稀有古画如范宽的《谿山行旅图》，往往都是惟妙惟肖的复制品。

Q　那么在艺术大师的书画作品中，你挑哪件为镇馆之宝呢？

A　徐悲鸿的《观音大士像》和齐白石的《无量寿佛》。前者是大师一幅无懈可击的杰作，篇幅大，手法白描；观世音菩萨立于莲花上，手持杨柳枝，天风吹拂，衣袖飘动。菩萨身脸向左微倾，画右上端的空白正填满大师典型的行楷《心经》全文，像一张天花串成的帷幔。左上角是白文的《大慈大悲》起首章，接着是“乙卯二月十九日，敬设香花写大士像一区为广洽法师供养，悲鸿”，并钤白文名印，又钤《一尘不染》压角印于左下方。三印是这张白描作品上唯有的三点红色，其余皆是灵动的游丝黑线。

齐白石作品《无量寿佛》。

徐悲鸿是中西绘画交流在写实主义范畴出现的顶尖代表。他下笔精准，线条灵动匀称，结图新颖，造型别出机杼：菩萨除了头饰与杨柳持物，全身没有饰物，更没有背光，荆衩布裙，十足是平民化的年轻女众造型，让人联想到米开朗基罗在《圣殇》中的年轻圣母造型。而观音的清纯美丽，也让人想到留法的徐悲鸿，在构想这幅杰作时，是否在下意识中有意大利15世纪大家波提切利的名作《维纳斯的诞生》的依稀记忆，恰如法国的天才画家席里柯的马是否也曾在他的神骏群中一闪而过？

齐白石大师的《无量寿佛》也是一幅巨构。三尺半生宣，画右上方是典型的由《天发神忏碑》与《三公山碑》一脉脱胎而出的“白石篆字”大字画题，下方小字款“广洽法师供敬，齐璜”，并钤白文名印。左上边缘有丰子恺的补题：“寿无量，愿无量，薝蔔花长春。广洽上人供养。戊子小春于南普陀，子恺拜题”，并钤3枚朱白相间的名、姓、斋名印。画中部就是无量寿佛的左侧面坐像了：蓄平头短发，留两撇八字长须，戴小耳环，全身裹在黑领孛根地红的布袍里。

如果说徐悲鸿的观音现平民女众相，那齐白石的无量寿佛就是无产阶级的形貌了，没有背光，宗教色彩减至最低成分，正是时代性在佛像艺术上的反映，也说明艺术创作的自由。齐白石除了吸收八大、石涛、吴昌硕诸家之长，也通过陈衡恪接触到国外的艺术潮流。他的线条富于表现韵味，在变形的营造上特有时代感，更难得的是，他的作品尤其是人物画常有一种深潜的幽默。齐白石的山水人物比花鸟鱼虫稀罕，《无量寿佛》更是一幅神品。

Q　广洽纪念馆可说是法师为新加坡留下来的一颗文化的舍利。请谈谈你给这家纪念馆的定位和对它的期望。

A　这个比喻恰到好处，一颗文化的舍利。这是一家独一无二的艺术馆。它虽然以广洽法师为名，却不是以他个人的遗物为主要展出内容，而是以他身为一位高僧，通过跟一个时代的顶尖哲学家、文学家、艺术家以及得道的宗教高僧的过从与师友关系，所获得的他们的精彩创作为展出内容。所以，尽管规模不大，却绝对是世界级的。

这颗文化的舍利，在法师圆寂后，10多年来一直被禁锢在暗无天日的蠹鱼堆中，直到那天在《联合早报》曝光为止。早报的追踪报道，使一盏社会舆论与正义的聚光灯，强照在这颗舍利上，终于让全部一直觊觎着它的别有居心者从此死了心，我们也才能把纪念馆建立起来。我们衷心向《联合早报》致以万分敬意谢意，也同时希望国人会珍惜它。纪念馆将是国内外的有识之士必要到来瞻礼欣赏与学习的殿堂。

徐悲鸿作品《观音大士像》。

Q　最后，请你谈谈纪念馆的开幕和管理。

A　开幕仪式预期农历新年前后举行。我们已成立一个管理委员会，委任永光法师与延续法师为馆长，负责纪念馆的事宜。我们也成立编委会，主编郑英豪已着手编纂纪念馆专刊。至于向公众开放，每天开放不实际；我们考虑在星期六、星期日、公共假期和佛教节日开放。

让人让自己看到路标

陈瑞献谈“奖”

颁奖是一种赞叹，受奖是一种荣耀，如果奖座本身又是一件艺术品，这奖项就如一首完美的交响诗了。

这些年来，在新马两地的文化艺术奖项颁奖礼上，时而可见本地多元艺术家陈瑞献设计的奖座被高高举起。集深刻寓意与美感于一身的奖座，已成为陈瑞献艺术创作的一个面向。

美少年艺术苹果奖座

陈瑞献与『美少年』得奖学生合影。

《联合早报》2008 年 10 月 28 日

outh Competition
Presentation Ceremony

200 多个剖开的苹果一匹老马的赞叹

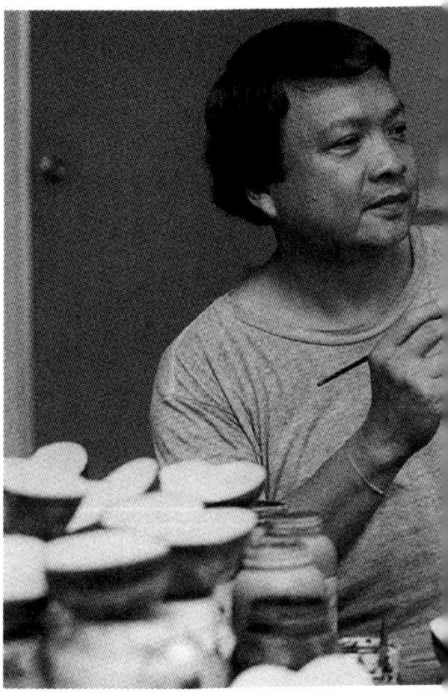

Q　2000 年前，你为华文报的小学生周刊《大拇指》主办的“美少年”创造了“艺术苹果奖座”。每一年，你都亲力亲为，替每一个苹果奖座挥毫上款，至今已有 200 多个青少年家里摆着这个独特的“艺术家叔叔”创设的半边苹果。每年的这个时候，就是你为这个奖座挥毫的时候，请问你有何感想？

A　一晃 8 年过去，这 200 多名艺术上的“美少年”，如今一定是生活学习中的“美青年”了，头发梳得有型有品味，校服穿得雅致动人，让已升格为“艺术家爷爷”的奖座创作者，感到老怀安慰。半边苹果年年都由青年艺术家刘富生用树脂模铸，上胶彩，并在我要求下，每年有不同颜色的组合，最后我才在苹果的剖面书上“美少年”三个行书并彩饰上款，因为是手制，每半个苹果都是原作，都不相同。这一年一度的守诺，一年一度无偿的艺术劳动，用意很单纯：就是一只已经跑过长途的老马，回头告诉正在起步的一群小马，说在飞跑的时候，瞧，马鬃这样甩，确实好看啊。你们跑得那么好看，听 听 只老马的赞扬。

Q　颁奖就是一种赞叹。请你进一步谈谈你对于“奖”，亦即对“颁奖”“领奖”以及“奖品”的看法。

A　颁奖是一种赞叹，是发自内心最诚挚的赏识。《妙法莲华经·观世音菩萨普门品》描写无尽意菩萨请佛述说观音菩萨的成就，他听后无限感动，即刻把颈间一串众宝珠璎珞解下，奉献给观音，观音不肯接受，后来在佛的劝说下，接受了璎珞，却又即刻将奖品分作两份，一份供佛，一份供多宝佛

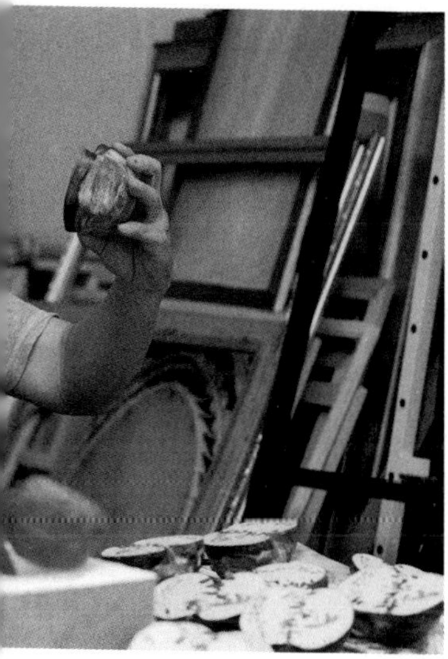

陈瑞献为“美少年”创造了半边苹果的艺术奖座。

塔。这是在云端的颁奖礼，场面庄严华丽感人。在人间的奥林匹亚圣山上，太阳神阿波罗头顶上的那一圈月桂树叶所带来的灵感，化成在竞技场上运动健儿追求的荣耀，长青的月桂香叶也是诗艺的集会，戴在诗人的头顶，像佛罗伦萨诗人但丁那样。受奖是一种荣耀，一种由历历的成就带来的他人的衷心认可，一种秋收果实的金光。荣耀为生命添上姿彩。“法语区大使奖”的颁奖方式也很奇特，10个说法语国家的大使，轮流上台给得奖者颁奖，奖品可以是一部《圣经》纸印刷的《梵乐希全集》，或一瓶好年份沙龙香槟，一包上等颜色铅笔，一张埃及光碟或一片柬埔寨木雕。奖品的种类与价格必然不一样，奖项的重要性或许不同，但颁奖者的心意与领奖者的感受肯定是一致的，那就是赞扬与荣耀。我给大蔑写的书法“内明”，他的朋友威廉把这两个字刺在胳膊上，也是对我的艺术的肯定与赞扬。

奖金迟早用完铜雕却会长存

Q　综观你创作的奖座，几乎全是铜雕，其中的原因是什么？

A　造一个奖座，铜雕是比较适当的选择。金属、木、石头都是长青雕塑材料，耐久性好，质感也好。加以艺术家的心血灌溉，奖座比较耐看。奖金迟早要用完，一座青铜雕，却可以让世世代代的子孙看到先人的荣耀。

Q　我们生活在不缺颁奖礼的时代，从艺术、学术、体育到娱乐；从官方、学校、商家到民间组织，大大小小的奖项很多。把这些奖项排列起来，我们会看到什么？我们又缺少了什么呢？

A　我们会看到一种认可赏识他人成就的人文气度和情操的逐渐提高。一个国家社会的文化水平愈高，奖项的设立愈多，单是法兰西艺术研究院，由研究院本身设立以及由其他团体或机构或个人付托研究院设立的奖项，就是一长串。在巴黎圣日尔曼大道的著名咖啡店 Les Deux Magots，因为著名文化人毕加索、萨特、海明威、德·波伏娃等人常去喝咖啡而名闻遐迩，咖啡店也基于这个传统设立了一项小说创作奖，而成了文坛佳话，创造了经典。

那么，我们又缺少了什么呢？这一排大大小小的奖牌奖座的设计大都不够考究，它们不是一片塑料，就是一条水晶，再就是一个锡盘。“大华银行年度绘画比赛”是本地艺坛的大奖，我曾是两届的评判，其奖座虽是奥斯卡“金人”的抽象化，但还中规中矩，只是在制作上缺乏考究；近年是不是有改善不知道，早年的得奖人如林保德、刘富生，他们手上的那尊“金人”早已金光褪尽，不成人形。2007 年我创作的广洽纪念馆纪念章，是新加坡历史上第一枚高浮雕人像艺术章。新加坡造币局的技术绝不会跟巴黎造币局相去太远，但巴黎造币局的高浮雕艺术章不胜枚举，可见我们的年幼。

Q　今年 9 月，Omy 举办部落格大赛，你又为他们创造了一个让人在传统的造型里，惊叹现代精神的青铜奖座，请你谈谈这个奖座你要表达的是什么？

A　互联网是天眼和天耳功能的普遍性实现，它让讯息的传播无远弗届，而部落格又使每一个新媒体人都可以成为社论作者，自成一种言论权威。鼎是权威的象征，我采用鼎的形制来设计部落格奖座。新言论权威既是通过新的意念新的传播方式建立，便形成新的游戏规则，所以我用立体的方圆三角这几个基本造型，组成象征这种新规则的鼎足，也即是权威的支柱。

这是一个全新的鼎。得奖人同时可以从这个新鼎看到传统形制的保留，比如鼎身虽然减去二耳又接近警鸣器的罄，但还保留原有的烹器容器的圆体，不是直立而是外倾的鼎足还是保留传统的三柱足。这是说不论网上言路有多新式、全面及自由，一些传统的价值还是得遵守，如诚实、公正、客观，言论自由并不等于可以不负责任。

这是一个不容易铸成的作品，铸铜厂的工作伙伴陈志杰挖空心思才把鼎的三柱足焊好。

Omy 部落格鼎（铜雕）
2008，15 x 11 x 11cm

Q　长堤对岸南方学院设立的“南方人文精神奖”，你也为他们用鼎这个造型设计了一座“南方之鼎”。

A　我在构想为南方学院设立“南方人文精神奖”的理念具体化之时，亦即是在找寻一个完美的容器来装载南方学院办学的精神内涵。我在青铜器中，选了圆鼎的造型。两耳、三柱足，圆腹，这是商代后期常有的形制，是造型语言中一句完美的成语，像汉代的博山炉，明代的家具和清代的彩瓷，圆鼎是属于人类共有的一个母型。而中华文化在亚洲的南方、中国的南方以及大马的南方，有其地域性的传承与色彩，我于是把圆鼎颈身上常见的兽面纹、卷龙纹和雷纹等纹饰去掉，改以热带的棕榈科椰叶纹为图案，便造出一座属于南方的圆鼎。

南方之鼎（铜雕）
2006，11 x 12 x 12cm

听法的马匹和说法的马鸣

Q　马来西亚《星洲日报》主办的“花踪文学奖”，是华人世界里一项有雄心和规模的大奖。奖座也是你的创作。事实上，“花踪”就是你这座铜雕的原题。每一届颁奖礼，这座铜雕都是相关活动最大的聚焦，它已经是《星洲日报》的文化象征。你的创作让人看到，一个“奖座”可以带动、提升一个奖项的价值。请回顾一下当时的设计理念。

A　如果说“南方之鼎”是由一句千锤百炼的造型成语延伸开来的创作，那么“花踪”便是专注于我自己的寓言《花鸟》中花鸟对话的文学语言的色彩和意象，加以深化，并通过“花”与古字“华”相通的追踪，到达华人崇尚文化事业的“华人之所宗”意义的捕捉，最后以雕塑语言来表达的作品。它的造型较接近饰满山峦、云气、羽人的博山炉，是诗的花蕾绽放与歌的鸟翼张腾。当时初稿是陶土，接着制作一个木质母模，最后才翻铜，工序十分复杂。

Q　今晚到你画室来，看到你桌上这个小型马头雕塑，这又是一个新的奖座吗？

A　这是“马鸣文学奖”奖座。马鸣（Asvaghosa）是佛灭后600年出世的大乘论师，有马鸣比丘、马鸣菩萨等称。像龙树、世亲等其他菩萨都有一个美丽的名字，马鸣也是一个叫人心动的名字。马鸣是古代的“多元艺术家”，善辩，通音律，著论，写诗，连马匹听了他的说法，也莫不哀鸣垂泪，了解他的音义而开悟。他的传诵千古的论作包括《大乘起信论》，以及诗《佛所行赞》，后者的最新英译本刚在西方出版。

马来西亚佛教青年总会在今年恢复10年前举办的“马鸣文学奖创作比赛”，让我为他们创作一个奖座，很自然的，我塑了一个图案化了的马头，脸上两颗芝麻大小的泪珠，马呵着嘴，好似要说话或鸣叫，颈间挂一串念珠。

花踪（铜雕）
1990，23 x 9.5 x 11.5cm

这个马头，既代表在听法的马匹，也代表在说法的马鸣，是一而二二而一的表现手法。这是我最近创作的奖座。另一个就是“部落格鼎”。

马鸣（铜雕）
2008，20 x 12 x 7.5cm

得奖一如听钟鸣与得奖者的忠言

Q　其实，细数起来，你创作的奖座数量也顶可观的，比如你为新加坡文艺协会就一连设计 3 个奖座。我不时接触到你的这类作品，总觉得应该作一个整理，同时也为读者介绍这些作品。奖座是你多元创作的另一个面向，在创作意念上，你怎样为这些作品寻找位置？

A　奖座是立体的，所以在我即是雕塑创作，不同的是，奖座一定有个题旨，而且是由主办机构指定，有点考题的意谓。我按通常创作习惯，把这则考题抛入我的艺术意念天网中，让它去与其他元素挂钩，碰撞造成一种待发的状态，一旦在眼前或内心有一个触媒，立刻就会催生出原型，雏形再经过细琢后便是一件创作。

就以文协的三奖为例，“新华文学奖”自然是座象征高超成就的奖座，我心识中的累积就当我在厦门鼓浪屿观海浪戏巨石，一片浪挂在石顶端时，就有了原型：我把一片高浪由铸铜永远凝固在一块高石上，除了表示高超，也表示文艺的功用之一，正是能把自然的稀有现象与人生的珍贵经验永存下来。

“亚细安文学奖”让我把亚细安当时九国成员跟《论语》的“九思”挂钩，待我到武夷山看大儒朱熹的纪念馆时，一株传为朱子手植的宋桂在我心眼中立即长出九耳，一齐恭听一位大学者大文豪对“九思”的训义。“向文艺敬礼”则是向老作家致敬。我创作了一枚奖章，以泉州开元寺一株曾经开满白莲的桑树为题材，以高浮雕手法完成。见老作家如见桑莲，瑞相现身，心生敬仰。

九思（铜雕）
1997，16 x 9 x 7cm

Q　四川汶川大地震，对着电视镜头，对着图文报道，对着英勇的救灾人员，我想起你在 2003 年“非典”肆虐期间设计的一枚“新加坡人民向抗沙斯英雄致敬”的奖章，可惜最后没有落实。那个草图，就在大地震发生的那一刻，回到我心中。为了有个记录，你能回忆一下吗？

A　在“非典”肆虐期间，人人都活在大恐惧之中，英勇的医务人员，毫不畏惧地救护着病人。我感到无以为助，只能在痛苦中向他们发出一声赞叹。我当时想，只要每个人出一毛钱，全民就可以给每位英雄铸出一枚纯金奖章，来纪念他们的英勇。奖章的图稿正面是一个山峰上翅膀的声音造型，背面是美国女飞行家 Amilia Earhart 的诗《英勇》的原文与中译：

　　英勇是生命要予安宁必索的代价，

　　不明英勇的人，不知从小事脱身，

　　不解恐惧带来的青黑色的孤单，

　　不知在山巅苦尽甘来会听到的翅膀的声音。

1932 年 Earhart 独飞过大西洋，35 年从夏威夷独飞到加利福尼亚州，37 年尝试环球独飞，不幸在太平洋坠机身亡。没有英勇，就听不到山峰上翅膀的声音，人类就不能进入经验和知识的新领域，社会也就不会进步和安宁。

什么奖都不在毕加索眼里

Q　得奖这回事，应该是一种刻意的追求，还是随缘的偶得？

A　属于竞技的奖项如奥林匹克奖牌，其设立的目的虽不明说，实际上就是要竞技者去刻意追求。其间所强调的"只在于参与"，乃至"胜者不骄，败者有自尊"的精神取向，用意明显是要让一个最后不是人人都可得奖的局面，腾出一个让人能调整心理的空间：也就是说，在失败者有自尊的离场之后，各位胜利者心里都有数，铜牌已经见底，银牌只是足以表示得不到金牌，而最后只有金光闪闪最是动人。所以，一个竞技者如果实力与心理都处于巅峰状态，竞技有令人感到可以造就自己的刺激、动力及机会，这并不是一件坏事。

另一方面，依据一个人经长时间的努力耕耘让一己的才能发出光芒又留下辉煌纪录，而颁发的奖项如诺贝尔与莫·依布拉欣基金奖，奖金高，荣誉大，遴选机制复杂，机会极为难得，具有资格得奖的有大成就者也只能随缘，绝对无法去强求。托尔斯泰、乔伊思都没有得过诺贝尔文学奖。

高浪（铜雕）
1997，15 x 10 x 8cm

Q　那得奖与不得奖之间的差别是什么？我们要抱怎样的心态去面对？

A　里尔克没有得诺贝尔文学奖，艾略特得到，但在我这个仰慕者的心中，两位诗人一样伟大。他们为我展示两个一样奇特的诗歌原创世界。从受奖人的位置来看，德国大小说家格拉斯于 72 岁时才得诺奖，出人意料地兴奋不已，并且说："我等这个奖已经等了 40 年，现在我可以开始老了。"好莱坞大导演史匹兹堡在 46 岁时终于得奥斯卡最佳导演奖，也出人意料地感动莫名，所以，对受奖者来说，奖励有时候的确像女星伊丽莎白·泰勒在获颁法国文学与艺术勋章时说的：“这真是我拥有的最美丽的珠宝。”

身为一个受奖者与观者的我，我学习的榜样还有毕加索。毕加索一生雄视艺坛，什么奖都不在他眼里，能让他动心的应该是无尽意菩萨颈间的那串瓔珞吧！

把奖座带上同时也把一匹驴子带上

Q　你得过许多奖，哪些奖项才是你人生最大的荣耀？

A　新加坡赛马博彩管理局的“新加坡卓越奖”是枚纯金奖章，重7金衡两，是一笔大数目，自然比“高中组小楷金奖章”的工料价格高；新加坡马来多元源流艺术家协会奖章，不可能颁给印度西达琴大师拉维·桑卡，而世界经济论坛的“水晶奖”却让我有机缘站在拉维·桑卡身边，成为他的同仁，两个奖项的重要性也自然不一样。但不论是什么奖项，颁奖者对我的鼓励是一致的，因此每个奖项对我都是最大的荣耀。

Q　如果说得奖像荡秋千，是一个机会，可以让人看得更远，有更大的憧憬，在喜悦兴奋之后，还是要回到原点，继续上路。你的短句说道：掌声一如钟声。让我们改借为“得奖一如听钟鸣”。请你给得奖者一些忠言。

A　掌声比较接近倥偬的钟声，适宜聆听而得到警示，在回到原点要继续上路的时候，才会更清楚方向；奖座比较沉重，还是放在旅途边上当路石，让人让自己看到路标。人生与文化的道路漫长，一定要把奖座都带上，那同时也得把一匹驴子带上。

附 录

陈瑞献的得奖记录

1978 / 法国国家文学暨艺术骑士级勋章

1984 / 新加坡书籍发展理事会书籍奖

1985 / 法国艺术家沙龙金奖章

1987 / 新加坡马来多元源流艺术家协会奖章

1987 / 法兰西艺术研究院驻外院士

1987 / 新加坡共和国文化奖章

1988 / 新加坡印度纯美术协会艺术瑰宝奖

1989 / 法国国家功绩勋章

1995 / 台湾中华文化复兴运动总会暨“中华书画印艺学会”国际艺术典范奖

1996 / 新加坡赛马博彩管理局首届“新加坡卓越奖”纯金奖章

1997 / 北京中央人民广播电台首届“四海华文笔汇”特别奖

1997 / 新加坡拉玛克利斯那印度教会荣誉奖

1997 / 台湾中华文化复兴运动总会暨“中华书画印艺学会”国际创作大师典范奖

1998 / 新加坡文艺协会新华文学奖

1999 / 罗马尼亚研究院暨克拉约瓦国家剧场索列斯库国际诗歌奖

2000 / 中国陕西省黄陵县人民政府授予“黄陵县首位荣誉市民”证书

2002 / 韩国日本世杯赛国际书法展“汉城国际书法金奖”

2002 / 印度政府卓越访问艺术家

2003 / 瑞士达沃斯世界经济论坛水晶奖

2003 / 新加坡总统卓越功绩服务勋章

2003 / 南洋理工大学名誉文学博士学位

2003 / 联合国禅修导师室利金默依“一心举起世界”金奖章

2005 / 新加坡南洋理工大学“南洋杰出校友奖”

2006 / 法语区国际组织“法语区大使奖”

2006 / 法国国家最高荣誉一拿破仑创设荣誉军团军官级勋章

2006 / 新加坡国家图书馆卓越读者衔

2006 / 新加坡国家文物局卓越文物赞助人奖

2006 / 马来西亚南方学院“第一届南方人文精神奖”

2007 / 法国香槟山坡酒会军官级荣衔

镜头是诗人的第三只眼睛　访陈瑞献谈“诗人镜头”摄影

2009 年 9 月 25 日陈瑞献推出第一个摄影展《诗人镜头》，用“傻瓜”相机拍摄的 100 张照片，述说着 100 个动人故事。配合展览出版的摄影集，论者方桂香为每一张照片记录了创作缘起。

没有任何裁切加工，原汁原味的《诗人镜头》，呈现的是天地间无言的大美，诗人丰富的心识，让平凡变得非凡。

《联合早报》2009 年 9 月 22 日

药圃无几草，松窗有秘方。

天使会跟散步的人耳语

Q　这个展览，何以名为《诗人镜头》？

A　前年，你和深江带北岛到我画室来，当天金华刚好送来另一组照片，我便跟大家分享。北岛看后觉得很有意思，又表示他也一直用傻瓜机在拍照，方向跟我的差不多。我希望他也搞一个摄影展，这真是诗人共同的镜头。后来我读北岛的散文集《失败之书》，里头有一篇写他于1990年代，与西方60年代的“垮掉的一代”大诗人金斯堡(A. Ginsberg)在韩国汉城参加世界诗歌大会，常在一起闲逛的情况。他写道：“他拿着微型照相机，像个间谍似的到处偷拍。一会儿对着路人的脚步，一会儿对着树梢的乌鸦，一会儿对着小贩做广告的粘蟑螂的胶纸……”你看金斯堡也是一个样，这就是诗人的镜头。金斯堡很可能用镜头把爱伦坡的《大鸦》从内心带出来，跟树上的乌鸦合一后才按下快门。我在飞禽公园内拍了一只翠羽的鸟，像一块化石，作品题为《看鸟，必须成为静寂的一部分》。我在近距离拍摄它之前，自己先已变成一块石头，因为鸟的敏感，已到了连月色也能让它惊恐的地步。王维诗写道：“月出惊山鸟，时鸣春涧中。”月色虽然像小偷那样神不知鬼不觉出没，鸟却惊叫了起来。布列维在《一只鸟的画像》中写道：画一个笼子，去引一只鸟进来。在鸟进笼之时，要“观察那最深的沉静”。所以，诗人的镜头对着鸟，其实要拍的是内心深深的静寂。这一来，一向对外聚焦的镜头，一时也变成可以是先内观而后才向外放，可见这是一个新的探讨态度，一个新的视角，一只新的眼睛。

看鸟 必须成为静寂的一部分 2008

鸽，毕加索艺术馆庭院 2007

Q　在菲林时代，你钟意机体小巧的傻瓜机，记录纯粹为留影，用了就送朋友。我还保存你送我的一台口袋型Nikon。台湾联经出版的《陈瑞献寓言》，书中插图可算是你摄影“处女”作品吧？图片下方还印着相机内预设好的日期，印明1994年，何以后来停顿了呢？

A　我一向都喜欢摄影，1973年初次出国到巴黎，就拍了数量极多的照片，我用的是一架小型的Rollei 35。我也买了全套的器材，包括灯光与暗房的设备。但后来觉得时间不允许我把全部心思摆在上头，只好把东西送掉。到1994年初我开始到加冷公园禅行，那时胶卷傻瓜机已经问世，又好又方便，就这样开始我的心像拍摄之旅，部分作品出现在联经版的《陈瑞献寓言》，部分刊于陈剑的抒情诗集《无律的季节》内。后来胶卷傻瓜机被数码傻瓜机取代，我误以为技术一定很复杂，一时也没想去尝试，就这样停了下来。凡是物质，我都尽量用最小型，小东西要送走更加容易。你记得我们在威尼斯，为了支持流浪表演艺术家Franko B. 搞摄影展，我顺手把一架傻瓜机送给他。

哑联 2008

Q　你向不为所谓日新月异的“科技”费神。这回，什么机缘让你拿起一个数码相机？

A　“科技”日新月异，如果有需要我会学习，如打字、开车，我都学得好。反之，我不想浪费时间，因为这不是我要专注的范围。这是一种选择。2007年我跟庄布忠到波尔多参观酒庄，临走好友郑国杉送来一架Lumix数码傻瓜机，我怕麻烦不接受，在他再三坚持下，只好收下。当晚试用，不用闪光，也能拍出气氛，性能的确很好，就这样一路拍下来。当时我自己也有一架Casio Exilim，两架交替使用。

Q　你这系列作品里的地理空间和时空交叠，浮现的构图意味，散发着一种精神本质。你手持相机，寻找，或发现，哪个时候哪个状态多些？

A　我只带着傻瓜机去散步，什么也不找寻，只是等待“天使会跟出去散步的人耳语”。只是把心窗全部打开，让清风随时可以吹进来。说镜头是诗人的第三只眼，意思是说在禅行的诗人念兹在兹，分分秒秒对自己身心与周遭的一切活动的觉知周遍，这时他的视觉已经是超越肉眼的天眼，不是单方向的看而是全方位的看，看得更广更深更远。心识一因外缘的触动而有感应，便让镜头代天眼去完成捕捉的工作。这状态跟绘画之有郑板桥所分的，从眼中之竹到胸中之竹再到手中之竹的阶段性，略有不同。它是内外一体的，一次性的，在卡蒂埃－布列松所谓的“决定性的瞬间”，直接捕捉对象，没有手工制造的运作。可以说，每一次按下快门，即是一种顿悟，因此便有你感觉中的构图意味以及一种精神本质。

Q　那么，在物像前一瞬间，手和心，哪样先跟随着眼睛？

A　蛋将孵化时，小鸡在蛋中啐吮，母鸡同时在蛋外啄壳，啐啄同时机缘相投，小鸡瞬间破壳而出。

止水或不可能之建筑 2007

Q　镜头和影像之间，纯是你呈现心灵真实接触成果？

A　镜头既是第三只眼，它就不只是单向向外看，它也同时向内看，或向左右上下看。举个例说，《祭礼》一作显现了泥地上一个小小的，由自然界中的风水创造出来的装置艺术品：数十条长茎芽根，以半弧形作涟漪状，向一个由几片枯叶与一丛青草堆起的浮屠式结构靠拢合围，像在歌咏，也像在赞颂，却都无声无息，天地有大美而不言。这个景象同时跟我心识中一个浮屠吻合，它即是曾经出现在我冥想中，后来写入我的寓言《起行》的那个浮屠结构。两个浮屠都在向天地间所有的生命致候报平安。这次展出的100幅照片，40多幅是在世界各地拍的，而一半以上则是在本地国家体育馆与室内体育馆之间的一个小范围内拍得，足见一步与千里没有差别，只要用第三只眼看，则小而无内，大而无外。影像、镜头、心灵是成一直线的。

拍摄灵犀之花没有雏形

Q　写作和作画比之摄影，前两者于酝酿、主题安排、构图掌握、修改润饰，作者全权作主，你的摄影作品却显然没有"雏形"可言。你用的是"傻瓜"数码，又执着于不裁切加工，更不用说那些五花八门的后勤技术。你对所摄的"色调"记忆奇佳，梁金华（早报前摄影主任，现经营一家影像馆）在一篇记述处理你的作品的文章里透露，你要求冲印照片都要"原汁原味"？

A　1981年我到台北"中国摄影学会"会所拜访郎静山大师，他当年已90岁，还是创作不辍。大师向我解释他的独创"集锦"与"影篆"的拍摄手法与暗房技术。前者是中国画山水精神在摄影中的再现，后者是中国文字的铁线雕在摄影中的立体化。这都需要极大的心思设计、组织与剪裁的功夫。这是郎大师的选择。他以为没有艺术元素的注入摄影只是机械摄影，一张桌子只有在雕工雕花刻果后才从桌子变成艺术品。当代印度首席摄影大师拉古·雷（Raghu Rai）也是我的好友，前年他来新加坡展出，送我一幅他很喜爱的"极富炭笔画味道"的黑白旧德里黄昏市景。他大幅度采用电脑的绘画技术，在作品上修饰增补，以达更有色彩层次与构图震撼力的效果。这是雷大师的选择。他以为这种科技的方便不加以应用是一种损失。但要写作、绘画或雕塑，我会回到书房与画室。我在写作绘画与其他创作媒介多方面的经验与累积，肯定会影响我在镜头中的取景角度、光线的捕捉、色温的掌握等，但若要我在已完成的摄影作品上再增补修饰，便会影响并改变我所要拍“天地间无言的大美”的立意。那朵小花若改了它的颜色，便切断它跟我心识中的陶渊明、王维、王阳明、华兹华斯、爱默生乃至莉西尔的圣特丽莎的灵犀之花之间的牵连，跟“此中的真意”切断牵连，变成只是一张花的照片，而不是一种灵象。金华很清楚我的要求。

我看到挂在墙上的无字的对联

Q　自然纪实，即使室内景如《哑联》一作，你取角很在意利用当下的自然“光源”带出主体。

A　我已经极少或是说不再使用闪光灯了，闪光会把我吓一大跳。傻瓜机的感光度已高到在极低的光源下也能够拍出好作品。《哑联》拍的是正云楼经堂的门窗设计，以自然光源拍才能更清楚看到倒U字形门窗的蒙德里安式的平面化分割，以及均衡的特点。而室内的气氛更有写实派油画的效果，一与前者对比，立刻让我清楚看出窗中有一对没有文字的对联与一纸横披：右边窗中有施工铁架形成的一张椅子形象，立刻在我心中带出索列斯库的一首诗《奇想》，诗写他对着椅子读诗，椅子的位置次序若对，对诗就会有好的反应。左边窗中的施工铁架则形成一张桌子的形象，也带出史蒂文森的《给儿童

经多少世代的搜寻方才找到一团好用的棉花 2007。

的诗集》中教导孩子在桌边要有礼貌的句子。我看到挂在墙上的无形的“正襟听诗韵，伏案学礼仪”的一副对联，以及无字的“诗礼传家”的横披，同时也看到苏东坡与佛印禅师在创作哑联的情景。门窗下的两堆长积木，正是文化累积的象征，在积木上边与边沿呈露的金黄暖光，除了清楚界定木条的轮廓，也带来一种严格的立体感。

我不遵从与不可能的建筑

Q　我初看你这批数码相机摄影作品，最让我惊喜的是《止水或不可能之建筑》。1977 年我为南人诗社编《红树林》，你给我们系列诗作品中，《贝壳村——不可能之建筑》是其中之一。我至今还保留你用 6 张新加坡贝壳主题设计的原文版面。你的各类型作品间的心念和能量，是链接的？

A　爱尔兰诺奖现代诗人希尼（S. Heaney）在谈论索列斯库的诗歌时说：艺术家在追求一种形制同时，也具有一种反金科玉律的诉求，那就是“我不遵从”（Non serviam）的态度表现，他们都要去拥抱那不可能的奇异性。兰波、叶芝、巴斯特纳克、里尔克、史蒂芬斯，他们只注意在他们的蓝色吉他上事物的改变情况，而索列斯库也因为拒绝在共产政权的教条下，做个很合乎理想的“有说服力的会说腹语的娃娃”，而加入那个浪漫的行列。从梁明广编的《南洋商报·文艺》到你编的《红树林》，是新加坡现代主义文学运动的“我不遵从”的历史实况，也是“不可能的建筑”的建筑。而各类型作品间的心念与能量，确是自自然然链接。《止水或不可能之建筑》摄于杭州西湖西泠印社，它是贝壳村的延伸与变现。西泠印社是印人朝圣的麦加，馆

4 5'94

藏丰富首屈一指，从丁敬、黄易、蒋仁、奚冈、陈豫锺、陈鸿寿、赵之琛、钱松八大家到第一任社长吴昌硕的创作，都可以印证希尼所说的，在追求汉印的传统形制同时，一个个都发挥出“我不遵从”的革新精神，而一个个自成家数。这一行列的大印人，个个都创造出一座“不可能的建筑”。

Q　你用水墨画贾可梅提。人像原型是大摄影家卡蒂埃－布列松拍下这位雕塑大师雨中拉扯陈旧大衣遮头过马路的情景。不懂卡蒂埃－布列松或不认识贾可梅提的人，一定对此镜头捕捉有所不解。这张孤独过马路的照片，在他去世 1 周年才在《五月巴黎》杂志上发表，马上被认为是对贾可梅提“最深刻的写照”。解读四方而来，各有论说。我聆听过，也读过部分桂香赏析你作品的释义，就好像欣赏你水墨作品上的题词，画作的标题，创作注。在你来说，一切作品都可言说？

A　从言说者的立场看，一切都可以言说。不可言说意谓说了不一定能说清，或者说清了听者不一定能听懂，因为要说清听懂牵涉学识、经验以及领悟力，说不清或听不懂，结果等于不可言说。学识首先牵涉语言，语言只是符号系统，跟它所要指陈的经验是两回事，用语言求取沟通是不得已的事，因为人不能把经验照搬到他人心中。但用语言沟通的最大误区是，人往往将之与经验等同。经验牵涉到直接或间接经验，比如“三昧”谁都会说，其实它是“三摩地”（Samadhi）的音译，也译为“定”，专指一种特殊经验，没有直接亲证，绝不可能理解其真意。学识经验俱有，还得由领悟力来决定理解的深浅。但说者要解说，是对创作的一种负责，也是求取传播的尝试以及求得知音的意愿，说者必须概念清楚，语言准确，条理分明。《诗人镜头：陈瑞献摄影展》由方桂香策展。为配合展出出版的近300页摄影作品集也由她编写。这部集子中一幅照片配合一篇赏析，是言说、理解与领悟的实例。这是一项庞大的写作工程，她的敏锐的领悟力，往往使心灵的碰撞发出令人惊喜的火花。

一转弯就冲上另一条康庄大道

Q　说起我和深江带诗人北岛夜访你。北岛给我来了个电邮。在此我引述他的一段记述："2007年11月，我到新加坡参加国际文学节。某日夜，我和正镭、深江结伴去拜访陈瑞献先生，那是初次见面。在他的画室，我们一边喝红酒，一边欣赏他新拍的一组照片。他用的是最普通的'傻瓜'数码相机，却拍得不同凡响：光与影、虚与实、全景与细节，构成一张张摄影艺术品，让人惊叹。看来再平凡的东西都有可能被再发现，关键要有一双独特而敏锐的眼睛。"他最后的两句话让我联想起当年你独创的纸刻。那是以广告用途的黑面纸版作材料，经刻剔等技法，白线浮现成图。记得当时的海报用词是"化平凡为不平凡"。你选择表达工具，总是那么自由和不妥协，最一般的也要造化似的使之显眉目。什么才是艺术创作最彻底的底蕴？

A　当初搞纸刻，我发现了一个特点，即是它像是一张摄影的底片：人的瞳孔与毛发都呈白色，脸孔、天空都呈黑色，跟木刻的面貌大部分相反，而且有底片的烟状效果。这个发现让我至为兴奋，便一直向深处挖掘，又得到梁明广的支持鼓励，一张张刊在《南洋商报·咖啡座》与《南洋商报·窗》，张锦忠也在《蕉风》上给我办一个史无前例的《纸上纸刻展》，创作终于有了清楚的眉目。所以，发现那种底片的特点，便是形象思维的转弯，让“平凡”开始起变化，也就可能变出不同的东西。后来，我译波兰诺奖女诗人辛波斯卡（W. Szymborska），又发现一个转弯的巧合：她写了一首《底片》的诗：“在左边，／更准确地说，／右边／一枝开黑花的白樱桃。”白花变黑，黑树变白，诗中的一切描绘都是相反的，说晚安，更准确地说，是说早安。因为诗人这样的一个转弯，马上使整首诗很不一般，风格突出，趣味盎然。所以，创作最彻底的底蕴是由禅修到达自由之境的亲证，心识自如，才能感官互用，媒体互用，不顾一切阻碍，每次转弯，即刻冲上另一段创作的康庄大道。

摄影已成艺术圈中的巨大支柱

Q　你在1979年于报上发表过一文：《摄影——艺坛新景象》。文章的结句是“这是一个值得刮目的艺术新景色”。苏珊•桑塔格（Susan Sontag）说过：“摄影是当意识想获得某种东西时的理想手臂。”现在，摄影又成了你多元创作的另一只手臂。你怎么看当代的摄影艺术创作景色？

A　那是30年前发表的一篇文章。在当时，法国艺术馆的主持人便已了解到：缺乏摄影作品的收藏，一家艺术馆是不完整的。正如我在文章的结尾所说：摄影以其思想性，人间趣味以及教人如何关爱的力量，已取得它应得的地位，像今日美国的保罗盖蒂（Paul Getty）美术馆，其摄影作品的收藏让人刮目相看。文章也引穆兰（R. Moulin）的话：“当反艺术与非艺术的先知先觉者在前卫艺术圈中利用摄影来兜售，并使他们的‘姿态’与‘行动’具体化之时，摄影作为一种思想意识的革命，逐渐取代艺术作品，并继承由文艺复兴的传统与怀旧化生而来的价值。”

过了30年，电脑科技的突飞猛进，让摄影艺术如虎添翼，变化出更令人目眩的景象，派别手法之众多，已是今日艺术圈中一根巨大的支柱。摄影的诞生，原是出于画家的需要，以为存真、起稿、构图的帮助，但它在写真方面的犀利，最终逼使一些画家出离写实主义，为绘画开辟新蹊径，而创出别的流派。另一方面，它又诱使另一些画家接受挑战，以其更犀利的写实手法，去创造比摄影还要写真的“超写实主义”（Photorealism），亦即“照相写实主义”。为了免去两者的相克，我两种媒体都用，让其相生。苏珊•桑塔格（Susan Sontag）也说：“画家建构，摄影家透露。”两者可以相成。

陈典琦购藏全部100张作品

Q　用“傻瓜”来称呼容易于使用的相机，傻的不是这个“瓜”吧。这是一个功能完全不傻的傻瓜相机使用最普及的时代。这个展览，选在你的艺术馆举行，你个人有些什么期待?

A　像卡拉OK给人人提供一个当歌唱家的机会，傻瓜机让人人都可以当摄影家。它把这个媒体从一个小众的圈圈中解放出来，它不再让技术性有时反变成一种羁绊，也矫正了镜头不能在心灵的层次看得更广更远更深，而造成摄影作为艺术创作媒介的“近视”。失明摄影家白朗宁（R. Browning）自己设计摄影机，成功拍摄飞行速度最快的蜂鸟，即是得力于器材的自动性。

这次的展出地点选在陈瑞献艺术馆，是因为陈典琦已购

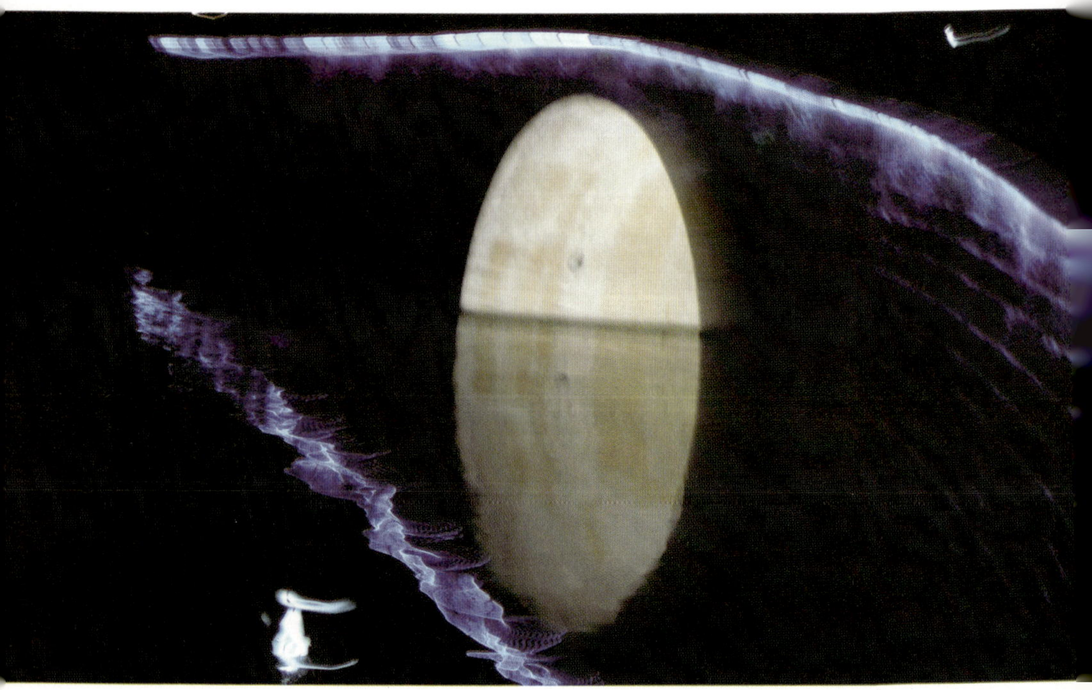

桥流水不流 2007

藏全部 100 张作品，同时也把艺术馆的 2 层楼装修好，要让作品永久陈列馆内，成为组成 2 楼作品的新元素。我同时也在积极创作其他作品，希望能很好地配合典埼的目标，早日实现艺术馆在 2 楼的扩建。

朝圣行

附 录

午夜到古楼画室访瑞献，他正晒好了一张照片。这是他的摄影展《诗人镜头》于 2009 年 9 月 25 日开幕以来的第一张新作。

镜头所捕捉的是他画室内的小佛龛，以及一只向龛顶坐佛爬去的壁虎。题名《朝圣行》。

瑞献说：劳伦斯（D. H. Lawrence）在《蜂鸟竞飞》一首诗中，想象小小的蜂鸟或许曾经是大体型的，正如有人就说，苔藓、微型蜥蜴也曾经是大型的。时间是一台长筒望远镜，我们有幸通过其错误的一端来看蜂雀，看到那样小型的飞禽。

朝圣行 2009

但看《朝圣行》中的景象，却要用空间的望远镜的错误的一端来看：镜头中夜晚的白墙“窑变”成为一片灰蓝薄暮的天空，小佛龛变成从广场远处矗起的建筑，油灯

《联合早报》2009 年 10 月 24 日

桃红色，龛上的小坐佛变成建筑的金顶，更因为壁虎的体型较大，几乎与坐佛等大，看去仿佛就像一只在天庭滑翔的翼手龙。

瑞献说：这个误差带出一个大场面：一条爬行生命趋向生命更高层次的善知识界，一路寻觅，向上追求。而佛龛的装置虽小，却布开一个巨大的磁场，在龛内金佛的宣明中，周边供着普提伽耶的普提叶与泥土，阿底峡尊者与钦哲仁波切的舍利，以及敦煌的千年古佛牌，不但人道中的生命在膜拜，哪怕是别道中的壁虎，也来膜拜。

朝圣是表达坚定信仰的行动，朝圣者即使像列格维斯特（Par Lagerkvist）笔下的描写，由海路进发，并且老是觉得不能抵达圣地，朝圣者也会像图中的那只壁虎那样，转而由天而降，终于金顶在望，圣地就在一箭步那个地方。

《朝圣行》是陈瑞献的第101张摄影作品，我在这里跟读者分享先睹为快的乐趣。

步伐诗学 2002

凿壁偷光 2002

往飘来饭香的方向走

陈瑞献美食问答录

陈瑞献的美食经验，足可撰写一部大书。平时他一念起“吃经”，四座莫不竖耳聆听，那纯然已远超口腹之欲，进入饮食文化大学堂与欢乐园的状态。

瑞献年轻时，曾访世界名厨，撰饮食篇章，然而多年来，他的饮食睿言的芳香，只罕有地见于时人的引述中。

可以这么说，瑞献的美食生涯，也是他生活与艺术美学思想另一面的体现。

这是至今仅见的对陈瑞献美食生涯深入探访的长文。

设于金湖海鲜酒家内的“陈瑞献酒房”内观。

《联合早报》2011年7月24日

Once Broken
Considered Sold
EuroCave
Confort

Q　你唯一的职业，是在法国驻新加坡大使馆当新闻官。法国是饮食大国，总统萨科奇已成功为法国烹调传统申遗。你在日日宴饮的外交圈中浸濡 25 年，经验丰富可以想见。请谈谈餐桌在政治外交的领域里所起的权衡作用。

A　拿破仑被放逐到厄尔巴岛后，欧洲诸国在 1814—1815 年举行历史上最有名的维也纳会议。美国前国务卿基辛格的博士论文，讨论的即是与会的政治家非同小可的成就：他们缔造了一段近于百年的和平时期。那年维也纳的秋天集齐了全欧洲各领域的精英，在会议期间更是宴饮不断。法国的政治外交家塔列朗（Talleyrand）抵达维也纳不到一周，他的精于华筵与待客的细心讲究，便已为人津津乐道。基辛格认为塔列朗的成就，在于他为战败的祖国赢得了“孤立法国的制裁的终止，以及对法国的平等权利的认可”。

在塔列朗，没有一项外交上的胜利是一桩小事，餐桌更是他的外交活动的情场。他身边有一位由他一手调教起来，在法国烹调史上名气最大的厨师，亦即是豪华烹调的奠基人卡廉（Careme）。当法王路易十八传旨问塔列朗，你人在外有何需求？他在公文上回复道：“陛下，乞掷下多些煮锅。”当时的诸多文献都有一项讨论各国著名乳酪的记载，会上塔列朗没有发言，直到仆从送来了法国乳酪名品“莫城布里”（Brie de Meaux），争议便终止了，“莫城布里”公认是第一。但在基辛格厚达 332 页的大著中，却完全没有“乳酪”这个字眼，是遗漏还是对饮食文化有不同看法的表示？

有这么一种传说：肯尼迪与赫鲁晓夫为导弹危机较劲，肯尼迪占了上风是因为计划是在白宫大厨柏东（R. Virdon）调制的精美晚餐桌上完成，而猪猡湾的惨败，则是因为计划是在喝啤酒吃烤焦的热狗时，匆匆孵将出来的缘故。

潘正镭诗集，以陈瑞献水墨《雪林》为封面。

1968年8月，我到法国大使馆上班。没几天，傅洛利大使便召见我，问我对几位华族贵宾在一个晚宴座位安排的意见。起初我不明了，为何这样的“小事”要大使先生亲自处理，后来才明白，你把邵仁枚先生放在刘富生先生的座位上，那么，大使阁下，你的流年可能会长出一个疙瘩了。

Q　食物与餐饮跟生活的各个领域，都有直接间接的关联。我记得有4个法国游客，走过榴梿摊竟然晕倒送院的新闻。

A　美国波普艺术奠基人安迪·沃霍尔（A. Warhol）小时，家境贫寒，常吃罐头汤。根据他的一位助手说，沃霍尔午餐一定是汤，特别是番茄汤，他妈妈也常给他做汤。1962年沃霍尔开始画 Campbell 汤罐头时，没有人想到这竟会是新艺术流派波普艺术的启端。当时食品公司还派了律师去追究真相，没有人想到沃霍尔的创举会给产品带来那么巨大的影响，后来沃霍尔索性在罐头上签名，当纪念品卖。新加坡游客如果嗅到法国著名的臭猪肠味，也可能晕倒送院。

Q　一句饮食名言这么说：“你吃什么，你就是什么样的人。”饮食的习惯甚至是一个人性格的表现。

A　痖弦是我最崇敬的华文现代诗人，那年我在“美心”（Maxim’s）宴请他后，我说照习惯，饭后让我们来尝一点白兰地吧。痖弦的性格是民歌手的情操加上战士的豪放的综合。盛在干邑杯的适量“路易十三”端上来了，痖弦一举杯一口干了。我跟痖弦开怀大笑。他后来在信中说：很抱歉，我把你的“路易十三”当蒋介石的“金门高粱”一口干掉。他又从台北给我寄来了著名影片《芭比的盛宴》（Babette’s Feast）的录像带。

布忠为我摆设的“芭比的盛宴”

Q　2003年1月28日，你在瑞士达沃斯与纽约大都会歌剧院指挥暨艺术总监列文（James Levine）、英国女电影演员朱丽娅·奥蒙德（Julia Ormond）一起荣获世界经济论坛水晶奖，我有幸随行采访。在千名来自世界各地的精英听完你的《白光与彩虹》的受奖词后，我们于隔晨赶到苏黎世火车站，与冒着风雪，从巴黎开车来接我们的庄布忠相会。布忠为庆祝你荣获这项国际大奖，特别在法国香槟区的兰斯市（Reims）一家米其林三星的餐馆“白垩”（Les Crayeres）为你摆设一个华筵。我躬逢其盛，印象深刻。你一定也还记得吧？

A　毕生难忘。布忠在风雪中开车，兼程于30日抵达香槟。途中我们还停下来欣赏了一片雪林，也就是后来我的水墨《雪林》的灵感源头。《雪林》现在韩国女画家李润镛女士藏箧，也上了你的诗集《天微明时我是诗人》的封面。布忠除了是作家、出版家、品酒家，还是我们的一位待人赤诚的益友。他对餐饮的考究与品鉴的水平之高，绝对是属于塔列朗的级别，而业中人士对他的尊重，从他每到一个酒庄所得到的礼待，就可以看出来。这个晚宴是布忠为我摆设的“芭比的盛宴”。

Q　掌厨的大师级人物，我查了资料，是波雅（Gerard Boyar）。

A　我们很幸运，当晚波雅在场，除了在厨房里忙，也出来跟大家聊了好一阵。不久，他因年事已高退休了，让世人怀念不已。白垩餐馆也在他走后，掉了一颗星。餐馆设于一家同名的别墅酒店，坐落在林木花草茂美的大公园内，当晚我们在寒冷的冬风中到来，当下投身于室内夏天的颜

新知旧雨从远方千里跋涉来到兰斯，出席由一位知己摆设的这个晚宴，任谁也忘不了的这个“友谊万岁之盛宴”。

——陈瑞献

潘正镭摄于白垩餐厅入口，墙上悬挂夏加尔经典梦幻笔意的原作。

二战抗德英雄，香槟区元老戴诺农库与陈瑞献合影。

色，令人温暖忘忧。布忠跟业主贾迪尼埃(T. Gardinier)熟络，所以当晚是包厅。布忠念念不忘，多次提到挂在餐厅入口的夏加尔的一幅原作，多亏他的用心，总算让我们有幸也看到了：夏加尔经典的梦幻笔意，在花束与蓝絮的包围中有一对飘浮的男女、倒行的动物和童趣的村庄。这幅作品今天也看不到了。

当晚，布忠请来了极少出现公众场合的二战抗德英雄，香槟区元老暨香槟业巨子戴诺农库（Bernard de Nonancourt），和他美丽的女儿亚丽桑德拉（Alexandra），使这家金碧辉煌的豪华餐厅顿时添加了一股英武之气。（戴诺农库刚于 2002 年 11 月 2 日以 90 岁高龄逝世）。当晚正好是农历大除夕，一群新知旧雨，由于对我的厚爱，对布忠的敬重，从远方千里跋涉来兰斯，出席这个任谁也忘不了的团圆晚宴。俊兴从德国，怡敏从巴黎，波尔多兰芝·巴治（Lynch–Bages）酒庄的丝维从伦敦赶来。丝维、布忠和你都是 1955 年的少羊，我这只 1943 年的老羊的年份她找不到，所以她特别从酒窖捎来了1955年份的兰芝·巴治红酒，就像亚丽桑德拉带来的Grand Siecle Rose Cuvee Alexandra 1990，是以她的名字命名的珍贵香槟那样，都充满了感情。你在《还有，友情》一文中，对这两瓶酒的来历也有动人的描绘。

Q　你能回忆一下当晚的菜色吗？

A　最难忘的，是波雅的拿手名菜“黑松露包”（Truffe en croûte），在圆盘中隆起的饼皮包内酿着一大颗黑松露，松露出奇大而又出奇新鲜，刚从林中采来似的。填在饼皮内的鹅肝酱，因火气内逼，融化而轻裹在菌身上。打开饼皮解放，被牢禁的一团浓香的烟花立刻绽放。

18世纪法国大美食家布里亚－萨瓦兰（Brillat-Savarin）称松露为厨房的黑钻石，烹调的黑金，跟香味还更馥郁的白松露合为盘中双璧，一般用以调味，刨成薄片配着其他食物生吃，使浓香化为轻薄广布的暗香，似有还无地缭绕在各种食物之间，不断逗弄你的嗅觉味蕾，隐隐约约，就像从背面看地毯的图案，或是对着带雾的镜子照影那样，十分缥缈。如今波雅挥金如土，让你把黑松露当马铃薯吃，大片大片切着吃，甚至大口咬着吃，这一下把地毯的正面翻过来，把镜面擦亮，真相大白了，让你惊觉天地间最大的珍珠就在眼前的盘中，你太得宠了。而用鹅肝来盖松露，却欲盖弥彰，使这种兼含土香豆香麝香的菌香，显得更加肥厚了。

大仲马写出了人类对松露的痴迷：“人们就这种球根的性质去问最有学问的人，经过了2000年的争论，他们的答案跟第一天一样：我们不懂。松露本身也被问到，松露简单回答说：把我们吃了吧，然后赞美天主吧。”还有，波雅用松露的大手笔还可以从当晚的乳酪看出来：那一盘直径

60 公分像大荷叶的“莫城布里”，横剖对开，在软滑的乳酪上铺满黑松露片，再把盖盖回去，让历史悠久的“莫城布里”的榛果香混和外来的众香，合生出一种新香新口感。一名美国美食家 David Leboritz 在“白垩”吃了由阿尔萨斯的 Bernard Antony 生产并窖藏 48 个月的“孔德”（Comte）乳酪后，一心感谢天主，心想这样美的“孔德”乳酪，一辈子只能吃到一次，他幽默地说他回家后就把遗嘱改写了。“白垩”卖的就是超一级的货色。

Q　这“芭比的盛宴”，“盛大愉快难忘的一餐”，也可说是“完美的一餐”吧？

A　绝对也是完美的一餐。美国最负盛誉的美食作家之一费雪女士（M. F. K. Fisher）说：“每个人，不论他是粗野的或是颤抖的水仙花，在他的一生中，一定会经验到一刻十足美食的满足。”这一刻可以是伦敦“鱼子酱店”（Caviar House）的执行总裁娜塔莉（Natalie Rebeiz-Nielsen）形容吃阿玛斯（Almas）鱼子酱的感觉，“你在喉后感到一丝寒意，整个海洋的味道便淹没过来。”阿玛斯是俄语“钻石”之意，是 60 岁到 80 岁鲟鱼浅琥珀色的卵，是全世界最昂贵的食物，产量极少，1.8 公斤罐装一罐卖 2.5 万英镑。

这诗意的一刻自然也能在吃全世界最价廉物美的黄豆食品时发生。黄豆远在分子料理创立之前，便以多变的结构与状态，口感与色香，在华人 2000 多年的饮食传统中，历久弥新地继承着，如今这大豆之香更是弥漫了全世界，成为大地女神盖娅绿色的乳香。豆类食品，尤其是豆皮，油面光亮，枝条肥胖，是我每日必有的食品；从以前小菲在家里的精心烹理，后来在旧机场路小贩中心“自在斋”的“瑞献腐竹”菜式的发明，到现在的“观音斋”每日必备的 2

元的“木耳腐竹”，数十年来我不断在重温这诗意的美食的一刻。所以，只要专心一意去找寻下功夫烹调好的好食物，把这满足的一刻不断延长，那每一餐都会是“愉快的一餐”，自然也就是“完美的一餐”。

Q　这共享的“完美的一餐”也可以独享？

A　都行。费雪女士煞有介事地认为，美食的完美能在以下的组合中达到：一人自个儿吃，一般在一张长椅上，或在山边；两个人，不论男女，在一家好餐厅共餐；6个人，不论男女，在一个好家庭吃饭。我在筑于不丹的悬崖绝壁上的虎巢寺盘坐，在冰冻的静悄悄之中，只有我的臼齿间一下一下的苹果之声，好似虎背上的莲花生大士在跟我耳语那样。一个人，一只苹果，完美的一餐。

幸亏杨贵妃不知道世间还有榴梿

Q　记得在1997年，蔡斯民为当时还默默无闻，当今却是拍卖市场宠儿的中国前卫画家岳敏君、张晓刚、周春芽、王广义等8人办展览。一天晚饭后，你请大家到芽笼吃榴梿，哈，好几位前卫艺术家都跟南洋果王保持礼貌的距离。你嗜果王，常以顶级产品待客。在你的油画《东边供奉》中，榴梿居五种供品的首位，在油画《听经》中，榴梿位置天心，在油画《我要有一棵榴梿树就好了》中，树上的少年为果王神伤，在油画《榴梿的守护者》中，守护果王的却是一只猴子。榴梿除了是你画中的题材，诗中的意象，还是你情感中的一个符号？

A　榴梿是热带的特产。它以独特的外形，千变万化的色香味，以及使整个产区的全体人民陶醉的社会现象，从各种各样的热带水果群中脱颖而出，成为一个能跟温带寒带

的突出水果媲美，在品味记号学上立足的杰出意象。

根据 Giorgio Grignaffini 的观点，品味不光是心理学的表现，而是一个复杂的社会符号网的组成部分。品味的概念有三个层面：第一，味觉是五种感官之一，跟其他感官密切关联；第二，它涉及美学判断，所以品味是一个主体对一个客体，或一个种类的选定客体的特异偏好的表现；第三，品味意味着一定的群体的偏爱，或更广为传开的共同倾向，如一个特定时期或社会阶级的品味。这三层面可以串联起来而成一个整体的探讨。

将榴梿由蒂提起，手感要是轻盈，那多半是壳薄核小肉厚的暗示，看果蒂切口与果身，青翠就意味着新鲜，双掌捧住它凑近耳边轻摇，像捧住乩童的钉球，掌心被尖钉密密麻麻刺痛，如同在吃河豚时，一直疑心已中毒舌头有微麻之感，充满着自虐的韵味；这时如果耳边的声音低沉倥偬，那多半是干包的信息，末了把鼻子贴近果身，缓缓深深地吸气，有暗香由远而近流入鼻腔，啊，那就是成熟的味道了。榴梿打开后，用手指轻按果肉，立即知道果肉的成熟度黏稠度、油滑度，以及果肉品质的好坏。一颗果实能让人经验器官通感，其穿透力不可思议，它的浓香可以窜遍人的全身组织，同时改变全身的气息。单一一种水果，能叫一个国家社会从苏丹到清道夫，从总理到小民，不论种族宗教语言文化背景，一起神魂颠倒的，找遍全天下恐怕只有榴梿了。

我要有一棵榴梿树就好了
（画布油彩）
1997，97 x 123cm

“一骑红尘妃子笑，无人知是荔枝来。”杜牧的诗写的是杨贵妃爱吃荔枝的轶事，幸亏她不知道世间还有更美味的，“高山老树皇中皇”的极品榴梿，否则，还要有更多的信差和驿马死在长路上。但是荔枝有大诗人白居易为之写作《荔枝图序》，让清人锡周评说“特为荔枝立传，想见太守风流”。

有关榴梿的好诗文没有看到，有关果王的美学判断还在婴幼阶段，我们似乎连期待也快放弃了。我吃乳酪的心得是从青年时代开始品赏，一直到今天慢慢学到的“养成的口味”。刚好相反，榴梿的心得却是至今不断在延续，不停精雕细琢的“孩提的记忆”。树屋是我的诗的祖庭，拥有一棵榴梿树一直是个少年的梦，而这浓郁的果香又穿透我数十年的学习、情爱、工作思考的各个层面，也就自然而然流入我的各类的创作中，除了造型，它也成为一个语意学与记号学的符号。

食物与价值一起藏在记忆资料库里

Q　你有个雕塑《发糕：怀念母爱》，原型是华族民间的传统食品，也是华族传统祭礼必备的供品。这件曾在 2004 年威尼斯第七届国际雕塑暨装置艺术展展出的作品，一定蕴藏着你个人的记忆与情愫？

A　我母亲像所有传统的母亲，会蒸发糕。发糕也是她在拜神的祭桌上必备的供品。初九拜天公，她张罗了几星期，到了初八夜，一个华丽庄严的祭坛便装置起来，在她恭敬地为天公创造出来的美丽的艺术中，我看到了发糕。4 个饱满的瓣，像一朵莲花。母亲蒸发的糕点，像她的乳液和她煮的饭，是形塑生命从婴幼到孩童时期的品味记忆，以及成年以后，对某种食物的偏好的重要因素。我母亲在晚年，有时自己溜出门乱过马路，就是为了给我买块发糕，那是让我惊心动魄的母爱。而发糕在我特别好吃，特别是在怎么呼唤她也找不到她的岁月里，更是好吃，感官的记忆与经验的关联，影响我们对特定食物的喜爱，因为这是由味觉唤起的思亲。

Q　那你怎么看食物和记忆的关系？

A　人在尝到一种食物时，可以记起许多忘了的事，像普鲁斯特在《追忆逝水年华》中所描写的，西洋文学作品里边最有名的贝形、有海绵口感的小糕点麦德琳（madeleine），小说叙述者尝了一块沾了椴花茶的麦德琳，就勾起了重重叠叠的往事；在闻到一种香味时，像普鲁斯特笔下一杯茶的味道，会引出不同年代不同结构与色彩的回忆。人类在进化的过程中，在食物未变成色香味的享受的数千年前，人的求生本能，让他靠嗅觉感知身边是否有只猛兽走来，或用味觉感知哪种菌菇有毒，哪根草可以治伤。香味与人的记忆和情感关系密切，而嗅觉与味觉又密不可分，味觉神经与脑的情感记忆区直接相连，若把人的双眼蒙住、鼻子塞住，之后在舌头上放上一片咸蛋与一片咸鱼，人只能尝出单一一种咸味，只有当嗅觉同时启动，才能分清两种不同食物的特点，也才能品尝到它们各自的风味。

精神分析兼人类行为学家赫泽（Rachel Herz）教授做过一个实验：给参加实验的人们一个字眼，然后给他们嗅一种味道，接着完全看赫泽对那个字与那种味道的一番怎样的说辞，就能让他们对它有不是十分香就是十分臭的感受。足见香与臭是相对的，而两种不同的反应都是学得的，都跟环境情况有关联，所以，感官的记忆与经验的关联影响对食物的偏爱，中国的臭豆腐，法国的臭猪肠，日本的臭纳豆，嗜之如命者大有人在，人通过香味给食物赋予意义，使对特定食物的偏爱与记忆产生了价值。而这食物与价值一起藏在记忆资料库里，一旦古早的味道再次飘来，便会引发连珠的思念。所以，闻到汤圆香就想到冬至，甚至是一个特别的冬至，一个浪人，第一次离家，走进举目无亲的岁末残景中，不知该走向哪个车站。

今天将是你明天开始怀念的昨天

Q　说到古早味，这是目前人们的一种追寻，也是业者与人们对传统手艺的流失，以及食品商业化后千口一味的反应。有所谓“原汁原味”这回事吗？

A　“原汁原味”如果用作名词，那就是指食物如羊肉的原汁原味，也就只有生吃才能达标；或者，这也可以理解为食物经简单的烹调，如清蒸水煮之后最原始简洁的风味。如果用作形容词，如一盘原汁原味的云吞面，那就是指原创或原生时期云吞面的风味，也就是古早味。但古早味并不是绝对的，我们的传统福建炒面，如70年代在老巴刹的“老福建”上好的出品，是焖煮而不是炒出来的，它的源头在中国，对于一些中国老福建，这里的版本或许不一定是最古早。我们这里发明的十分风行的福建炒面，也叫炒苏东面或炒虾面，最早的厨手之一，是芽笼29巷咖啡店内的“水源”的头手薛福祥的父亲薛金水，这摊福建面，我从60年代开始一直吃到今天，51年，炭火，高汤，油渣，各种原料以及烹调手法，别说其中自然的不可避免的细微变化，大致原汁原味地延续了两代人，福祥在下料方面还比他父亲大气一些。早年在文达街，现在厦门街小贩中心的“源春福建卤面”也是50年不变；旧机场路小贩中心的“曹记云吞面”也有46年的历史，掌勺的曹锦光为了保留传统，自己设厂制面。

另一方面，今日千口一味的食品，50年后，将是今日青少年的古早味，今天将是你明天开始怀念的昨天。而古早味的递嬗蜕变乃至消失，一样是自然不过的事，亚当路小贩中心那档著名的2号马来椰浆饭，用的却是印度的巴斯玛蒂米，我的古早味西刀鱼丸，偶尔可以在樟宜路一家回教律酿豆腐“好”（Bagus）吃到，味道差可遥想，颗粒却较大，也跟小时的嘴形与牙齿的间距不同了。90年代在摩士街结束营业的潮州稀饭店“两兴”，头家和头手在决定退休时，也决定把上品如“肉碎烩苋菜”“包菜熬金针”永远带走。但摩士街的“李贵”传到李发枝手上，“乌鱼饭”仍然一绝，离此不远的“发记”，传到李长豪，不但古早味继续飘着，连当年未见踪影的南非大干鲍，今天他也料理出了好滋味。

“原汁原汁”一如“入口即化”的饮食常用语，应用得准确，北京仿膳的“豌豆黄”入口即化没错，如切路利宝饭店的陈董发精制的大网鲍如果入口即化，那不是完蛋而是完鲍了。

Q　“海南鸡饭”源于何处？新马港报章上都曾出现这个不可能有结论的争端。每一种食材都有身世，跨了地域又会转变。你怎么看一种食品的来源论？

A　海南人从海南岛把海南鸡饭带到新加坡，这大概不必再争论。根据刘佑珠的研究，从海南人最早带来的鸡饭团，到今天以海南文昌鸡与广东白切鸡的结合，加上南洋黑酱油和姜泥辣椒酱的特殊风味，所造就的国版鸡饭，中间经过了漫漫长程的演变。

在公元1000年，埃塞俄比亚人开始嚼吃咖啡果，边上的也门人开始焙豆煮咖啡喝，咖啡也从也门的摩加海港出口到各地，到17世纪，咖啡传到了欧洲。3000年前，印度人开始种甘蔗制糖，甘蔗作为种植物则是先在新几内亚生长，而到18世纪糖才成为西方的主要食物，跨地域与转变是必然的。60年代我住大坡，是“瑞记”的常客，从“瑞记”到今天文华酒店的“话匣子”，鸡饭又经历了一段长程。所以，佑珠对本地饮食文化的历史研究工作十分重要，她的精彩专栏《作文作菜》后来停掉，十分可惜。这工作不但应该继续做，有更多人做，国家的有关机构与民间单位都应该给予支持，因为饮食与文化息息相关。首先，它涉及人的根源，就连饲料都有来历，没有源头就没有路石，就不知道距离，也就看不见走向，反之，这从头开始一步一步走来的历程便历历在目，是文化的积累，更是一种价值。眼前一只粽子，我们吃了算了，如果发问：为什么这是华族的食品？谁先做的？怎么做？它又有什么特点？娘惹粽又是什么东西？这一来，食物便不光是为了果腹与营养了。

罗兰•巴特（Roland Barthes）在《关于当代食物消耗的社会心理学》一文中说：食物是文化风俗的表征，比如糖在美国文化中的重要角色，所有的食物几乎都含糖；人通过食物传播信息，创造一组表示念头的意象，制造一种景况、气氛与行为，如通过广告宣传的影响，咖啡代表工作时段中的喝咖啡小休，比它对神经系统的影响，比重来得大。其次，文化反过来也影响食物：一名阿拉伯人问穆罕默德，如何才能证明你是先知？穆罕默德就叫枣树上的枣都掉下来，然后又自动长回枣树上。所以，先知之城麦地那生产的枣最好，其中尤以先知爱吃的业芝花枣（Ajwah）最贵。我曾到阿拉伯街一带去寻摸这种“先知之枣”，也同时寻摸穆斯林最好的“也门蜂蜜”，因为有如此丰富的人文滋养的浸渍，这枣和蜜都带来了更神圣高贵的情感与口感。

葡萄酒越远离葡萄艺术的原创性越浓

Q　承你的引介，我和庄布忠也成了知己，并以浅浅的酒量，跟葡萄酒结下深缘，当时，在华文界有关葡萄酒的信息十分罕见。10多年来，从在早报开辟庄布忠品酒专栏，主办品酒活动，到与布忠合力出版了中文界第一本《波尔多葡萄酒概览》等，你都是在我们身边大力鼓励的推手，你也设计了《概览》的封面。葡萄酒的繁复性几乎可以与现代诗的歧义性，乃至中国画的墨分五色相提并论。你在给“美酒”下定义时，说了深得我心的一句话：“葡萄酒越远离葡萄，其艺术的原创性越浓。”当今葡萄酒正在征服全世界，让大家听听你在品酒方面的心得。

A　一片牛肉，不管你怎样去烤它焖它煎它炒它，把它剁成泥裹成粽子，都不改牛肉本来的味道，但一堆葡萄，可以因为种类与产地的不同，土壤雨水阳光的滋养，种植者的经验与酿酒师的想象的渗入，经发酵而在酒桶以及酒瓶中，像陶土在窑火中起窑变那样，引发无穷的香变：酒离开了葡萄本来的香味，变成一篮芒果，一个桃花心木柜，一种矿石，鞍革，焦土，一阵尘埃，一座秋林的气息。

封面设计图：菩萨葡萄手。

马蒂斯说要画家去画朵玫瑰很难，因为在画之前，他得忘掉前此被画过的所有的玫瑰。那么，跟“忘掉玫瑰”一样，葡萄得“远离葡萄”才能成为佳酿，越远离才能越让人想不起葡萄，越困难越有距离才越有品尝的韵味。当这种韵味达到顶端的时候，它就散发出让人一头栽进去的诱惑：

首先，完美难求，像 1990 年份的蒙特罗斯（Montrose），酒庄虽然是 1855 年分级的二级酒庄，而且这年份还在青少年阶段，这一瓶酒却已经是一张紫红轻丝那样敞开，由浓香的背光照起圆滑的丹宁，甜蜜浆果与鲜花，一层一层显现出一幅华丽的画面，而尾韵绵长像不肯离去的明霞，一直在饮者的觉知中摇摆，它是波尔多的又一个罕有的传奇。近日的惊艳，还有西班牙的宾古斯（Dominio de Pingus）2004，年份像在 1995 才创立的酒庄那样年轻，但宾古斯的 Tinto Fino 葡萄树却特老，有 75 年的高龄，产地小，年产量只有数千瓶，绝对难求。你可以把一长串的动植物矿物天地万物的名词堆成一个形容词，来形容这瓶酒，只可惜你一用比兴就不可能准确，人类在描绘香味方面是词穷的动物。由于这是远远离开了葡萄的莫名的异香，品酒家即使有波德莱尔的才华也只有兴叹了。

其次，经典稀罕：饮者要有好因缘，才能一尝像穆登洛修（Mouton-Rothschild）1945 与白马酒庄（Cheval Blanc）1947 这样的 “上帝的眼泪”。

其三，历史芬芳：2008 年我尝了 1900 年的迪琴酒庄（Chateau d'Yquem），那是 108 年前相对粗糙的玻璃瓶，酒标上的笔画已淡化成雾中的劲草，经典的金黄酒色已透出红铜的调子，轻灵甜美的甘露已是天边的雁影了。只用“贵溃”（Noble rot）葡萄，每一颗因一种附在果皮上的黴菌，把水分吸干而使糖分高度浓缩，而显得丑皱不堪的“贵溃”葡萄，都得细心手摘，一棵葡萄树只产一杯酒，采摘的葡萄再经严检，若不合格就不用，好比在 1964 那年，就没有迪琴酒庄的甜酒，所以它的陈化潜能可达百龄。迪琴酿造要求的苛刻，纵然亏本也不制烂酒的使命感，使迪琴成为酒坛上数百年来永远没有后浪的“前浪”。然而一瓶 108 年的酒，像 108 岁的伊丽莎白•泰勒，纵然睡在你身边你又能怎样呢？你唯一能欣赏的，同样会让你深深感动的，就只有是历史的芬芳了。假如把 1900 再推前 113 年，那一年就是华盛顿总统在品尝 1787 年份的迪琴酒庄的一年了。华盛顿一时也像《老残游记》中的小玉看到你了。

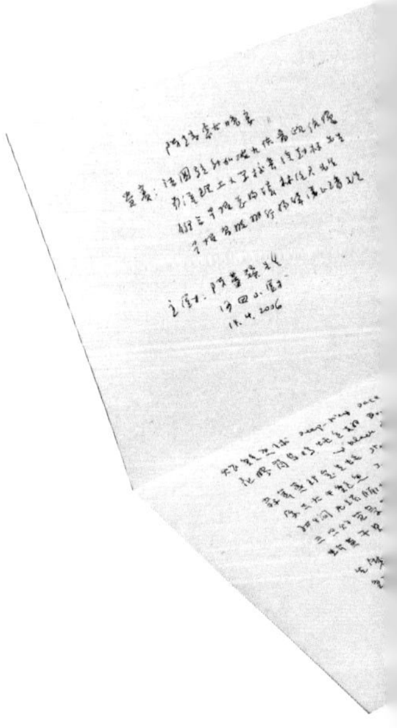

Q　那么美酒跟佳肴的配搭呢？

A　有一次受巴黎铸币局主席邀请到他家里晚宴，主人只上顶级面包、牛油、乳酪、红酒和未剥开的核桃。绝美的配搭。餐饮间，他家那位漂亮的女儿在一旁为我们剥核桃。餐饮不是搞研究，不是一口酒一口菜那样机械化地吃喝，如果是那样刻板去配搭，那肯定饭局未到一半，大家已经烦死醉死，刚好相反，宴饮是轻松随兴，自在自由，千变万化的活动，恰巧两口对上，感官一震，舌头多了新记忆，如果没对上，各自的一口，也照样是云雀的歌声。关键是，一个饭局的各个单元的质量一定要顶级，顶级不一定指高价格，而是指饮料与食物要达到理想的水平，像ION“味之楼”的炒萝卜糕，加东“安邦酿豆腐”的酿羊角豆或如切“老福源记”价廉物美的麻油鸡，像西班牙的Vina Alberdi 2001或意大利的Bolla Amarone 1964，两瓶同一款的酒，不知是什么原因，有时一瓶是琼浆，另一瓶竟是猫尿，而你的责任就是去挑出琼浆。就连同一个大厨做同一道菜也不可能一样，法国新烹调大宗师奥利斐（R. Oliver）告诉我：“一定是不同的，两道一样的菜。火候、用量、空间、刀，永远在变化之中，加上你老是想把一道菜造得接近完美的意图。”你只能跟大厨师要求说，你昨晚在火热的钢琴上把萧邦弹得出神入化，今晚希望你弹出跟昨晚一样，甚至比昨晚更高的水平。所以去寻摸最佳食品是美食家的天职，就连白水，也最好有接近1000多年历史的“矿泉水皇后”圣哲隆（Saint Geron）的口感。有了顶级的单元，餐饮将是一支不止息的圆舞，两人不管怎么旋转，都不停地会有意想不到的接触与惊喜。

陈瑞献亲手拟定的宴客菜单。

Q　你宴客总是热情百分百，埋单时，对试着付账的朋友，尤其是晚辈，你的口头禅是：“你还没有资格啦！”，大家只好吃饱了摸肚子了。宴客，你总是一丝不苟地做好“功课”。单从我珍藏你亲笔条列的多种菜单中，就可以看出你把请客当上考场一样认真。这包含怎样的一种学问？

A　　拜神是对神致敬的表现，请人吃饭，是对客人致意的表现。对我自己来说，请客是学习舍得与人分享的入门，一顿饭叫自己和客人都吃得提心吊胆，还谈什么我爱世人，我要改造社会。请客，要以人家请我时，我心想人家会怎么让我吃好的期望去待人。吃得好是人的天性，拜托，没有人喜欢生番薯、榴梿，自然的你应该去找“猫山王“ “金凤”或者“太沅”来待客。武松一憋气喝了 10 斤酒，吃了 5 斤烧牛肉，卷了大饼 30 张，你只给他一包椰浆饭，你不是请他吃饭而是找他结仇。你不能开了 1986 年份的拉菲特（Chateau Lafite Rothschild），而一直往自己的杯中倒，你不能把中餐餐牌推给客人，然后说你喜欢吃什么就点吧，他喜欢吃网鲍他敢点吗?

一个让人感到享受与难忘的饭局，一定是个没有虚招的饭局。请客的意义，当然就是埋单，埋单是最要命却是得最先最快消除掉的阴影。只有在没有阴影的心境中，才有选择与表达的自由，也才会有享受的快乐。末了，如果是在家里，那么，趁客人在拍肚子的时候，快把麝香猫咖啡、40 年普洱、草莓白酒、冰栗子、华荷娜巧克力、哈瓦那雪茄都搬出来吧。

世界是一家没有疆界的食堂

Q　　你怎么看全球化的饮食世界?

答：全球化的特点就是世界一村，在饮食方面，整个世界成了一家超大餐饮中心。全球化不仅对人，对食品也一样没有了疆界：在新加坡，我们可以吃到印尼的蛇皮果，泰国的芒果，中国的哈密瓜，南非的苹果，韩国的草莓，以色列的柿子，新西兰的樱桃，假如到了年底你忽然怀念年中的中国糯米糍，澳大利亚的别有风味的糯米糍这时也就运到了。

40年前，没有人会想到今日新加坡会有两家综合度假胜地，而且把世界各地好几家由明星厨师掌勺的顶尖餐厅，集中一起：法国米其林三星大厨莎华的本名餐厅 Guy Savoy，刚于近日在本地过世的西班牙米其林三星大厨桑塔马利亚的本名餐厅 Santi Santamaria，日本 Tetsuya Wakuda 的 Waku Ghin，以及全球获米其林星最多，计共 26 颗的法国大厨罗布松的本名餐厅 Joel Robuchon Restaurant 等一长串。分布在全岛各点，各大酒店与购物中心的顶尖餐厅也有一长串。每年由大酒店如莱佛士邀请前来献艺的明星厨师也有一串。事实上，新加坡本身就是一个袖珍版美食地球村。

此外，如果你嫌这里的 Guy Savoy 跟巴黎的服务大有不同，比如在巴黎，客人抵达门口，衣饰笔挺的侍者连你的姓名都记牢，经理以文雅的法语，跟你谈论人类学家列维－斯特劳斯，每道菜端上时，一位法国小姐同步推来一辆叠满各式各样特制面包的面包车，为你奉上一款特定相配的面包，那好，买张机票飞去巴黎吧，或者飞去西班牙的全球特一级餐厅“牛头犬”（el Bulli），或是伦敦的“肥鸭”（Fat Duck），或是加利福尼亚州的“法国洗衣房”（French Laundry），世界是一家没有疆界的食堂，完了才回到芽笼35A 巷的“新发海鲜酒家”，客客气气地请 Danny 给你焖盘螃蟹米粉宵夜。别学本地一家英文日报说 Danny 是“恶贩”，那是红毛报纸在欺负手无寸铁的良民的可恶嘴脸，一位著名英国食家列出全世界 13 家每个人死前必定要尝的餐厅，Danny 的“新发”是上榜的唯一新加坡货色。

Q　那明星厨师的主要特点是什么呢？

A　首先是他们身上那闪亮的星星，叫人仰慕。米其林星是烹调的奥斯卡，是厨师的终极荣耀，是大成就的认可。但米其林评星的严格，也给他们带来极大的压力，因为星也会陨落。2003 年，法国米其林三星大厨洛亚索（B. Loiseau），因为与《米其林指南》齐名的《顾米欧指南》（The Gault Millau Guide）将他的餐厅“金岸”（La Cote d’Or）的评分，从 19/20 降到 17/20，降了 2 分（最高分为 20），又谣传米其林将剥夺他的一星（其实不然），洛亚索举枪自尽。他自杀前曾告诉米其林大厨兼好友拉美洛亚（J. Lameloire）说：“假如我丢了一星，我就自杀。”另一方面，法国南部尼姆（Nimes）唯一米其林一星餐厅“黎西达”（Le Lisita）的厨师都艾（O. Douet），心一狠把 2006 年得到的一颗星退还米其林，理由是维持一家星级餐厅费用太高。像拒绝诺贝尔奖的萨特，都艾的过人之处是：他从此不必头破血流，再去争夺第二第三颗星，他得过的星也永远不会被剥夺，而且身名大噪生意更蒸蒸日上。

其次，星级厨师的创意与手艺绝对超卓，他们不但像作曲家那样创造菜谱，又像演奏家那样把菜谱演绎得出神入化。比如莎华的名菜“菊芋黑松露羹”，没有一个老饕不赞好，丝滑的土绿泥朴的菊芋浓汤，浮着四大片顶级含麝香味的黑松露，二片意大利有 800 年历史的经典帕马森乳酪，配以小圆香菇热酥面包，上涂松露牛油，以面包蘸着浓羹入口，你忘了今世是什么朝代。莎华的每一手笔都是他的座右铭“烹调艺术是把充盈着历史的食材立时化为快乐”的实现。

其三：态度绝对认真不妥协，桑塔马丽亚说：“追寻食材是我的烹调的基本，加以想象与追求完美者的简洁性。”他们一定挑最高档的食材与最新鲜作料，在“桑地餐厅”，桑塔马丽亚挑的伊帕利亚黑猪火腿（Jamon Iberico）是 Joselito 最顶级的产品。他的名菜“烤乳猪”，先以盐糖熏红椒粉腌好肉，再以 65° C 低温在炉中烤 17 个小时，直到皮下油脂熬掉且肉质软糯，最后才以 180° C 高温把皮烤脆，至用刀细敲可以发出轻声。当你要赞叹莎华的小圆香菇热酥面包无可匹敌之时，罗布松的迷你型新月形面包与袖珍筷子面包的精彩，让你马上有所保留。明星餐厅面包的多样化与考究，让你猛省你吃过的一碗米粒蒸煮得清楚明了，把大米的音韵格律都抒发开来的白饭，已经是多年前在曼谷东方酒店的中餐厅吃饭的旧事了。罗布松的名品“小龙虾云吞”面皮比一般意式云吞薄但有弹牙感，馅是爱尔兰湾鲜美的小龙虾肉，配以松露与包心菜泥，至为细致的香味组织。在名胜世界的“罗布松餐厅”，也有巴黎顶尖餐厅的那辆香草车，车上一小盆一小盆的香草，待客人点定即现摘草叶现冲茶。

“金湖”匾额为陈瑞献的英文书法。

其四，服务一流：牛油碟用到一半就悄悄换上新的一碟；你一有起身动静，侍者已在椅后准备移椅，又一位在你走开后把银盖盖住菜盘，以防冷却。你不需要时，没有人在你身边干扰，或一直站在那里看着，像在看一个死囚吃最后的一餐。

爱美食的大文豪：苏轼和鲁塞尔

Q　请谈谈你所敬佩的爱美食的作家艺术家。

A　一位是旷世天才苏轼。宋代大文豪欧阳修一眼就看出小他 30 岁的苏轼是天才，他的文章必定独步天下。像史上所有的天才，苏轼不论到哪里，四周那一小撮永远蒙住嘴脸，躲在阴沟里向他发暗箭的奸佞，一定跟到哪里。他在政治生涯中一再被贬，“乌台诗案”之后被贬到黄州，已进入生命低谷中的地窖，到了这里，史上的天才像莫扎特、济慈、雪莱、兰波都以英年向人间辞别，再也活不下去了；

苏轼幸运，修持与开悟救了他。黄州是他的菩提伽耶，作家余秋雨称颂他的这种成熟“是一种明亮而不刺眼的光辉，一种圆润而不腻耳的音响，一种不再需要对别人察言观色的从容，一种终于停止向周围申诉求告的大气，一种不理会哄闹的微笑”。一个悟道者的心境完全在短短的《记承天寺夜游》一文中表露无遗。他也在黄州写出了千古名篇《前后赤壁赋》，前篇深刻地表达出悟者在圆妙大定中的时空心感：日月经天而不动，江河竞注而不流；长安虽闹，我国安然。后篇借一只黑白大鹤横空飞过，飞入梦中化为道人，而梦者推开门则空无一物，来作为进入第一义谛的文学性处理。二文都以有客有酒有菜，歌乐宴饮的方便与引发而入胜境，则是苏轼作为中国历史上最具盛名的美食家的信手拈来。苏轼爱吃会吃，吃得精吃得饱是他活得好、豁达逍遥的最佳写照。美国著名医生、社会活动家、公民外交家、作家阿当斯（Hunter Adams）说：“在世间，我们能做出的最有革命性的举动就是活得快乐。”苏轼创造了多样菜谱，写了累牍的有关餐饮的诗文，他在黄州的物质条件不好，但常有朋友给他做饭，另有朋友开家酒店，柚橘柿果菜蔬极多，肉类价廉鱼虾不论钱；更有曹官数人，喜欢宴饮作会，他在回复门生秦观的一封信《答秦太虚书》中，详细画了一张饮食地图，让清人锡周赞叹说：“风致嫣然，如雨后佳花，迎人而笑。”

第二位是法国诗人、小说家、剧作家、音乐家、棋手、美食家鲁塞尔（Raymond Roussel）。鲁塞尔继承大笔遗产，拥家厨 3 名、侍者多位，3 辆劳斯莱斯，1 部自用，2 部穿行巴黎与南部，为他运输特种青菜。厨师切菜不许留下刀痕，三餐从早到晚连着吃，每日花费数万法郎。20 世纪法国大作家诗人没有一个不称赞他：普鲁斯特说他是“一部可敬

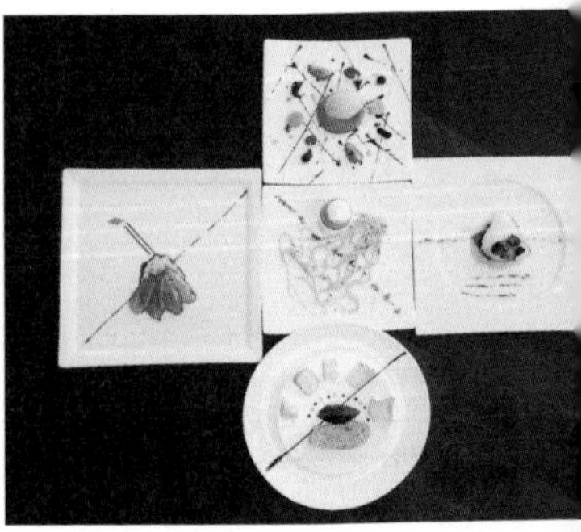

畏的诗仪器”。高克多说他是“纯粹的天才”。阿拉贡说他是“梦幻共和国的总统”。布勒东说他是“现时代最伟大的催眠者”。福柯为他写了专论《死亡与迷宫》。

Q　“金湖”是你常去的酒家。现在的招牌是你的手迹，挂了你的两幅油画，那间玻璃酒室，老板何健峰已命名为“陈瑞献酒房”。我发现，你和餐饮业者、厨师、经理以及服务员的“人事关系”，往往既是老顾客又是老朋友的关系。这可是你的美食生涯的重要组成部分？

A　法国人说：“在厨房里有个熟人十分重要。”布忠每有活动，临末总会邀请客人跟他一起向“把酒倒入我们杯中，把菜端到我们面前的朋友，为我们烹煮佳肴的厨师，把活动安排得那么停妥的经理人员致谢”。这是一个精于宴饮艺术的文化人的肺腑之言，我们吃得好吃得开心，是在这个范畴的朋友的创意与辛劳的结果。

我在餐饮业内的朋友特别多，其中有好几位更是我的读者与画作的收藏者：如张兼嘉，他满腹诗书，是能把小至小

感来自《天网》的五道精致佳肴，别为：“天网明珠”（中）、“一孔雀”（左）、“拉到山川河岳”右）、“一生一世的奉献”（下）“普世性花毯”（上）。

笼包造得香囊一般优秀，大至满汉全席安排得七彩宽银幕一般大阵仗的书生，早年他的“中国酒楼”是我在社交活动中的重要舞台之一。我的《张大千像》《春花》及《四相》都在他手中；再如黄炜喆，他从青少年时代就开始阅读我的诗文，所以他能从《天网》一诗选取6个意象创出6道菜，而他收藏的都是哲学性强的画作：《齐克果梦游》《寅夜读但丁》《庄子秋水篇》及《牧女苏雅妲》。只要5点半之前给他电话，不管规模不大的Ember有多满，炜喆都会变成大卫•科波菲尔，从地底下变出我的桌椅来，这样的友情实在十分珍贵；而“金湖”从招牌到大厅的2张油画《风城》与《茶村》都是我的作品，何健峰甚至以我的名字来命名那间玻璃酒房，又挂上我与张大千大师的合影，这真是无上的荣誉，除了让我有在家宴客的感觉之外，又处处能以大千先生宴饮的高标准为尚。健峰掌柜，乃弟健恩掌勺，构成独一无分店的“金湖”事业的稳固，与高水平烹调的一致性；它的酒单更是市面上最物有所值的酒单，健峰刚荣获“葡萄酒评论暨彼得雷曼酒庄2010葡萄酒冠军奖”。再如Au Jardin的苏山河经理，从80年代的“美心”开始交往到今天，已近30年，他招呼的细心周到，跟大厨林方钢精致的手艺，一并是让人宾至如归的保证。

要像我一样不在家吃饭，你得住芽笼

Q　说说你的基地芽笼吧！你是芽笼的老街坊。几十年来，这个地区的名摊处处，而近年的第二波移民潮，更给芽笼的饮食带来了似乎囊括中华八大菜系的口味。我戏称芽笼一条大路两边林林总总的小饭馆，都是你的“厨房”。

A　芽笼在我心目中是新加坡的首都，是在建筑上胡乱拼凑的牛仔城。在这里能看到多元文化、种族、宗教有机的

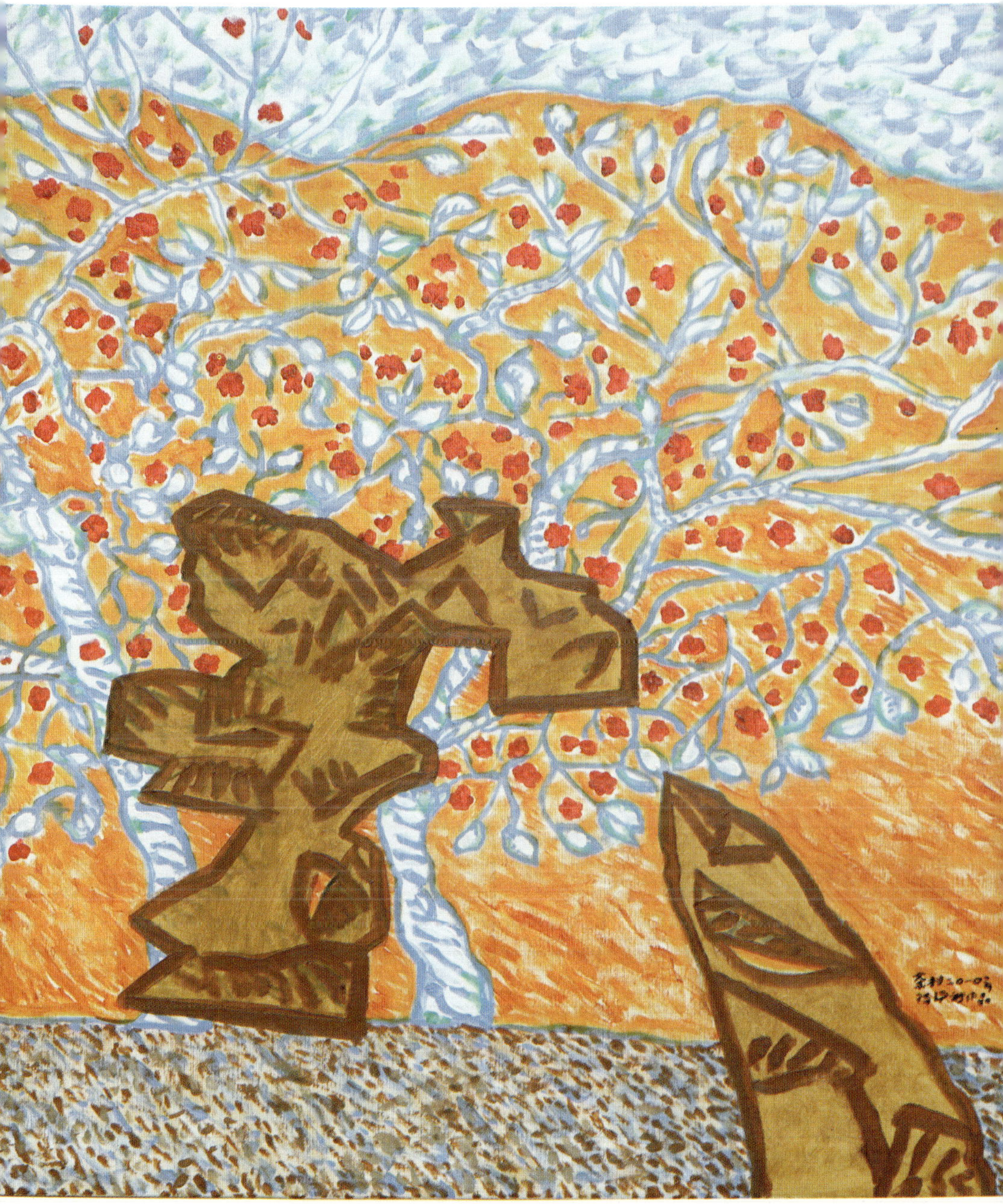

茶村（画布油彩）2010，97 x 123cm

结合，人民真正不分肤色、语言及文化背景，生活在一起的特色。如果你要像我一样不在家里吃饭，那你得住在芽笼。这个饮食不夜城除了大街两旁数不完的厨房，向东10分钟车程可达也有不少名馆的如切区与加东区，向西15分钟车程，就是另一个餐饮天地马里士他区；除了这两个“腹地”，穿过与芽笼平行的基里玛路，就是新加坡最大的熟食中心旧机场路小贩中心。

在特定时段，车子一进入与芽笼平行的沈氏大道，就进入一种瓶颈，人多，车多，永远拥挤但从不阻塞，因为人人都在一个共有的空间找寻某种东西。找寻的人不能停下只是步伐缓慢，找山芭榴梿，找烧卖糯米鸡，找银行庙堂，人人都因为车速或步伐不能快而成了彼此的阻扰，因为危机多人更须小心约制，而大大得到了混乱的利益。也因为人人都有罪责所以没人鸣车笛，从而显得有耐性，能容忍礼让——这就是在政治辩论会上没人敢谈，要改造社会的文人一见巴冷刀就溜，有身份的人只能伪装出现的芽笼的文化。

在我的饮食狂飙时代，我就像一个个的食客那样，在芽笼的独特文化氛围中穿街过巷，找卤鸭、瓦煲鸡、鲳鱼炉、羊肉汤、沙爹、罗杂、印度煎饼、牛腩面、咖喱鱼头、鸡饭叻沙来祭五脏庙。而第二波移民的到来，也带来了福建肉骨茶，广东煮炒，潮州稀饭以外的中国其他地区的湖南干锅、重庆火锅、东北饺子、陕西凉皮、武汉鸭脖子、兰州拉面、新疆大盘鸡、蒙古烤肉等不一而足的口味。今天一家餐馆开张大吉，明天一家关门大吉，芽笼是一锅把天上飞的，地上爬的，海中游的，草丛钻的统统扔进去的盆菜，也是一盘有数不尽的筷子不停在搅拌的五颜六色的鱼生。

芽笼：陈瑞献心目中的首都。

Q　你对吃饭，醒觉得早，名作家林清玄描写你在美食的段数时说，有你带路，他把舌头留在新加坡。名作家余秋雨也说你引领他进入法国豪华烹调的堂奥。你早在 1976 年就开始写饮食评论，那时在本地，这方面还是蛮荒之地。而且，你的食量惊人，听小菲说，你年轻时，吃叉烧是一整条地吃，听来很超现实主义。有这个说法，爱吃的人多胖子，懂吃的人体格匀称。你怎样去保持味蕾与肠胃之间的平衡？

A　我早年的运动是举重，体能消耗大，肠胃好，吃饭除了要有曹雪芹的质，也要有武松的量。有一次，在 35A 巷的“新发”，典琦夫人来买饭，看到我一个人对着满满一桌的美味，吓得她笑了起来。那是饮食的浪漫与狂飙的时代。到了法国大使馆的岁月，一根受中华烹调熏陶的舌头，来到西方烹调的殿堂浸濡，对肠胃能耐的考量更加了一倍。大使一旦从巴黎烹调大学挑来一名精英当家厨，我得跟他试菜一周。1976 年，我以食客身份受法国外交部邀请到巴黎吃饭两周。这时期我的运动由举重过渡到瑜伽的训练。但我们常以为只要运动就能去油，就可爱吃什么就吃什么，事情并不那么简单。澳大利亚一名教练 Scott Williams 请一名志愿者在高速跑步机上快跑 5 分钟，另一名志愿者站在后边也在 5 分钟内吃比萨饼。实验的结果是：跑步者消耗掉 110 卡路里，吃饼者吃进 640 卡路里。所以，要消去一片比萨饼，就得游泳 40 分钟；而玩 25 分钟板球才能消掉一小杯干白酒。只有通过平衡的饮食来减低卡路里的吸收，加上大量的运动，才能保持标准的体重。

我因为是以“欧洲时间”日夜颠倒作息，一天只吃两餐，中餐一定素食，“观音斋”有我偏爱的菜肴，阿祥夫妇从云萍那里学得好手艺，常配合我的要求做菜，阿蓉则为我煲天天喝的保健汤，晚间若没饭局也以素食或山顶洞人饮食为主。我每天的功课包括上下楼梯共 2000 级，禅行 1 小时，静功 1 小时以及练身体各个部位的其他功法。还有，第一位在新加坡推动西方保健食品的是已故斯里兰卡珠宝商人 M.I.A. Khalik 先生。那是在 1970 年初，一开始我就是他的顾客，我服用保健品至今已经 40 多年。

Q　“观音斋”是咖啡店里的大摊子，木刻招牌出自你的手笔，你的字从世界经济论坛总部、德意志银行大厅等高尚地点，一直传到草根性的金山岭咖啡店，这有意思。旧机场路熟食中心的“自在斋”的菜单上，有一道“瑞献腐竹”，也有意思。请谈谈我们这儿的咖啡店与熟食中心文化。

A　街道是房屋的伸延，人从家里出来，经过街道，便走入咖啡店，在那里歇歇脚，吐口气也吸口气，便看看咖啡以外有什么好吃的东西。最舒适的咖啡店的桌椅高度分别为 75 与 45 公分左右，很多只吊式风扇永远飞旋着，一坐下来的安稳感特好，这时若刚好有一个老友经过，这段午后的时光就更怡人了。咖啡店是一种“街肺”，而熟食中心则是这种“街肺”的放大版，是民众休闲、餐饮、会客、谈事的好去处，是新加坡独特的发明。吃饭更是新加坡的全民运动，运动场所便是熟食中心了。全国有多个熟食中心，摊位之多，真可编一部大手册，要在其中寻得美味，取决于个人居住与活动的范围，所得的信息，所下的心力，所尝过的食物类种，尝过的次数，当天的运气以及知味的水平。

“观音斋”云萍抓一撮米粉、三根青菜、四朵磨菇、一瓢高汤，然后用她的天赋与善心，告诉那团她认识了数十年的炉火，该向哪个方向燃烧旋转，再撒下几粒盐巴，不多久一盘顶级的炒米粉端了上来，她的徒弟阿祥阿梅也都学上了手。她为我这个薄饼狂热分子特制的薄饼，可以跟“好彩”侯深湖的厦门版，与如切吉妲（Zita）的娘惹版薄饼，鼎立而三。“自在斋”的陈南球用三菇丝、红萝卜丝、生豆皮清炒，就是我的菜谱“瑞献腐竹”，多年来保持一贯的高水平。单在旧机场路熟食中心的好摊位就已不胜枚举，比如在一角落的“老巴刹台湾粥”，老师傅李铿波的一道家传“豆豉鲳鱼”，是上好斗鲳经上好手艺的处理而达到的上好效果。

娘惹菜：Fusion 烹调最早的典型

Q　张锦忠博士引用了“变异”的理论来研究你的诗歌创作。同理的，从这个角度来看东南亚的美食，就可理解它何以成为世界饮食圈里别致的一环。中餐的影子，当然也

陈瑞献常去用餐的咖啡店斋菜摊。

包括印度的，总在食品里隐然若现。在地域性的饮食的发展上，这是个很有趣的、由吃喝引发开来的社会文化命题。你怎么看“南洋风味”？

A　源于中世纪至今仍在特定产区，根据法令用同样的牛奶、方法、器具、陈放的时间与地点生产的意大利“乳酪之王”帕马森（Parmesan），其法定品名是 Parmigiano-

Reggiano，没有盖上这个品名的印戳的都不是正宗。意大利以外特别是在北美，许多模仿这种有颗粒口感的硬乳酪的帕马森都是“野种”，却都有各自的风味。食品的制造一离开原生地，一路跟野花交配，五官气息逐渐变化，最后头发变鬈皮肤变黑成了另一种“侨生”模样。源于广东潮汕地区的鱼露，跟潮汕人浪迹泰国与越南，和当地惑人的香茅香兰混将起来，跟软人牙龈的小青柠与叫人眼泪双流仍然雪雪呼爽的小辣椒相配，就成了另一个“峇峇与娘惹”的婚礼了。

为什么中南半岛也叫印度支那（Indo-China）？当时苏格兰诗人雷登（J. Leyden）建议用这个名称时，就是指印度加中国。印度烹调到了泰国，黄姜饭隐然若现，有时却又盛进了黄梨壳，还添上了肉松，乳制品也被椰浆所取代；中国烹调讲究阴阳调和的观念，到了越南，又融入了西方吃生菜的观念，结果包了肉虾黑木耳又煎炸过的米皮春卷，就又被卷上生菜九层塔薄荷叶，再蘸了鲜甜的鱼露才吃进口里。很难想象是葡萄牙传教士在17世纪后期从南美洲把红辣椒引进泰国菜，此外，荷兰、法国、美国、日本、印尼、马来西亚等国的烹调方法与香草药草香料，伴着当地的食材，也一起在中南半岛这个大火炉中不停分解融合重组，最后熬出在世界几个大菜系以外的，香辣的泰国菜系与清爽的越南菜系，为人类的口舌造福。从这个地区往下走，从马来西亚的槟城、马六甲，到新加坡再到印尼，还有一颗充满南洋色彩的饮食嫁娶的珍珠，那就是娘惹烹调了。

Q　那是中菜与马来菜嫁接的结晶。

A　是时下饮食界很风行的“融合烹调”（Fusion）最早的典型。它采用两个菜系的一定方法、食材，而大量应用马来烹调的香料，口味酸甜辛香微辣。传统娘惹的一生最重要的空间就是厨房。在旧时代，大家闺秀的娘惹一天在厨房细细琢磨，无非是想以巧思巧手，缝起一团美馔的绣球。你单看那颗黑壳果（Buah keluak）就特别性感：这是产于印尼的一种有毒的果实，在出售前就得经40天的煮水埋入火山灰的处理过程，烹调前又得泡水三天，挖出果肉与其他佐料如咨拉煎混和为泥，再装入果壳，才可入馔。黑壳果像河豚，在去毒后煮熟便成黑鸦片膏一般的奇珍，是一种天香，让人想到西班牙与墨西哥烹调中巧克力配鸡肉的异香。娘惹在厨房香料柜内细细思量的一双手，和她身系的连蝴蝶也侧目的沙笼卡峇雅，合成一张越来越稀罕的黄褐色的玉照。

Q　你在1978年写的《灶》一诗中，有“复在全部电器化的厨房隔边上／造个娘惹煲饭的灶”句。你写的可是对娘惹文化的怀念？

A　是。那是在女性主张烧掉乳罩，女权运动以“女人需要男人就如一条鱼需要一辆脚车”为口号的年代，对娘惹作为浪漫精神的象征代表，却逐渐远去的惋惜。

Q　这样看，变异是食物离乡背井后自然而然的发展。在没有疆界的地球村，融合风格的烹调自然也形成风尚。就以我们常去用膳的Ember，你很赏识的年轻厨师炜喆，他的手艺看来也是综合与多元？

A　炜喆的天资高感觉敏锐。他的基本功是西餐，法国烹调科班，兼及意大利菜。但他妈妈做得一手好菜，他从小耳濡目染，中餐的元素在他的血液里，一做起菜，自然而然就流露出来。就拿他的名菜“蛤蜊意面”为例：这是意大利人吃了几百年的家常面食，做法简单，除了基本的番茄酱或白酒汁底的两大分类，基本佐料蛤蜊、橄榄油、人蒜、芫荽、红辣椒及白酒以外，家家的做法都会因为口味、偏好或实验心理，而有所增减有所不同。到了炜喆这里，他把做法稍微复杂化：首先他用鸡和蛤蜊熬高汤，再用福建炒面的焖煮法煮面，比意大利传统煮法时间长，要 12 分钟，让面吸尽高汤，自然收干，同时释出淀粉使汤更浓稠；还有，他用辣味尖锐的小辣椒，更集中了提鲜的作用。当然，对火候的拿捏，水温的掌控，搅面的轻重，是他的天赋与经验的总和表现。吃过他的“蛤蜊意面”的人，没有一个不上瘾。

Q　炜喆每有新菜，你就成了他的白老鼠。这位在国际烹调峰会得奖的年轻厨师，总是很虚心听你的反馈。你又能抽丝剥茧为他分析，我们也顶享受“听的味道”。语言真能分析味蕾的感觉吗？

A　要形容或分析味蕾感觉，得要有形容或分析的语言工具。人类在分析味觉这方面的语言十分粗浅有限，一个新系统一套约定俗成的词汇语言还没建立起来之前，只好在容量小的范围内，凭各人的能耐尽力而为。在这过程中，常要涉及新词汇的创造：娘惹菜肴的名称，很多是马来词汇与音译福建或广东词汇的并合：“炰鸭汤”叫“Itek Tim”，Itek 是马来语“鸭”，Tim 是福建话“炖”的音译。想象当时那个峇峇仁兄，在跟娘惹爱妻形容分析这道福建咸菜鸭汤时，马来语可能不够灵光，搞半天搞不清楚，哎呀，tim 就是 tim 啦，“Itek Tim”这新词菜名就创造了出来，这道娘惹菜也就有了话头，也就可以在原有菜肴的基础上，添加一片亚参皮和一颗酸梅等佐料，慢慢改良，同时慢慢谈论下去。

1908 年，日本东京帝国大学教授池田菊苗成功从昆布中萃取出麸氨酸（glutamate），由它所释放出来的一种氨基酸和核糖核酸酶，使食物产生一种可口的鲜甜味道。池田菊苗称之为 Umami（旨味），认为它是公认的四种主要味道即甜咸苦酸之外的“第五种味道”。Umami 除了池田自创的“旨味”汉名外，在西方语文没有翻译。1985 年在夏威夷的第一届旨味国际性研讨会上，Umami 这个字正式被接受为形容这第五种味道的科学词汇，如今全球广泛应用这个日文专有名词。旨味说清楚就是“味精”鲜甜的味道，它能跟其他味道搭配，而使食物更加鲜美。高汤是各国烹调的基础，而 锅汤之所以鲜美，是因为熬汤用的鱼肉蔬菜豆类菇类所释放出来的旨味的缘故。自池田于 100 多年前提出后，科学家一直为旨味的研究辩论不休，直到 1960 年才发现旨味的调味提鲜作用。又再过 20 年，即 1980 年，许多科学研究才肯定旨味绝对具有合法的“第五种味道”的地位。可是在这之前的千百年，人类就不停在享用这种鲜美的滋味，人的味蕾能自然辨认这种滋味。可见品味语言的建立道路漫长。

Q　那辣味呢？

A　对。我们这里常说“酸甜苦辣”，中菜分五种味道：酸甜苦辣咸。也许做研究的科学家都不吃辣的缘故，就像骨痛热症不是欧美国家的病，所以发达国家的科学家没人去研究制造疫苗。还有涩味呢？印度人分六种味道，包括涩味。人类知味，但要形容分析味道，还有待努力。

Q　人能通过训练来增加味觉的准确度吗？

A　饮食已逐渐成为一门科学，分子料理的风行，食物物理学的进展都是明证。我们说过，科学证明嗅觉与味觉有直接相关的作用，所以我们一捏住鼻了，食物的味道立即大大减少。美国品酒大师巴克（Robert Parker）从不吃辛辣，一直以充足的睡眠以及长期服用西洋参，来确保免疫力强，永远不会感冒。否则鼻子塞住，舌上的味蕾只好跟葡萄酒说再见了。人在孩童时期的嗅味觉最敏锐，随着年龄的增长慢慢退化，但只要坚持运动，就能够保持健全。调味学家霍利安（Danny Hodrien）说："最关键的是记忆库。找出你的词汇。比如品咖啡，就不用'咖啡'这个字眼来形容它。"去盲品两碟不同的橄榄油，比较它们的不同，然后存入味觉记忆库。不停分辨并且强记鳄梨与凤梨不同的香味，努力去觉知飘来饭香的方向，那你的嗅觉有一天可能会闻到天外蟠桃的飘香。

发现一道新菜的快乐，甚于发现一颗新星

Q　你穷追美食的故事可不少。在深秋北京的"羊房胡同11号"，你以诗人的语言与赤诚，感动了"厉家菜"主人。电询当天，四合院里唯一只招待一桌10位客人，而且绝对已经客满的小房间一角，安排一个人的坐位让你吃饭。克林顿、比尔·盖茨、拳王阿里等名人都在这小房间吃过饭。法国新烹调之父奥利斐（Raymond Oliver）请你到他当时还主掌的有227历史的"大卫孚"（Le Grand Vefour）吃饭。拿破仑与约瑟芬、雨果、伏尔泰、乔治桑、高克多等名人都曾在巴黎这家豪华餐厅吃过饭。你也曾跟我们挤在结霜桥的咖啡店吃煎豆干。你的美食经验足可写一部大书。若请你画一张个人的"饮食地图"，你的画笔该会怎样游走？

北京"厉家菜馆"。

A　冒险旅行家施塔克女士（F. Stark）说："在一个陌生的城镇颇孤单地醒来是世间最美妙的一种激动。"像老远飞去罗马尼亚的巴高迭斯干村，在已故大音乐家恩内斯库的卧房中醒来，我经验到施塔克式的激动。那种激动牵动所有的感官，特别是味嗅觉，因为一片对你来说是陌生的

土地，意味着你也将去品尝陌生的食物，清晨的第一口茶香就是创世纪，罗马尼亚的茄子泥给我初恋一般的快乐。第一次尝到井冈山深紫色的饺子，比利牛斯山脚下农家女手制的绛茄羹，让我深深体会到毕雅－沙瓦兰的感受：一道新菜的发现给人带来的快乐，甚于一颗新星的发现。但条件是不倦的追寻，而且还得有好运气，好肠胃，有贵人引导，要找对地方。

我从北苏门答腊岛边上的一个像燕巢的小岛海浪岛起飞，沿着马六甲海峡，经马来西亚西岸，南下飞到另一个扇贝形的小岛。在新加坡，除了南洋的中菜，也彻底把东南亚各菜系的特色尝遍。接着，便一头栽入以法国菜为主的西方菜系的迷魂阵中，并开始飞到各个美食的原乡寻幽探秘。在我的燕语中，中国是一条凌空而下的鲟鱼，印度是一只在百草园中的珠鸡，欧洲是栅里的 50 头乳牛。美食的天空无尽头，天花之多之妙，无法尽收，到如今也只能在越来越小的肚量中，作有选择性的尝试、记忆与保留。

我跟已故日本京都妙心寺住持千坂精道禅师过从多年，他多次来新加坡造访期间，我们宴饮不断。到了 1989 那一年我去福冈，日本南边一个盛长老松的城市，千坂禅师作兴还清他“欠”我的“债”，从京都专程飞来福冈，包下创于昭和二年（1927 年）四面有栗木围墙的老式茶屋“老松”，为我洗尘。席间另有三位禅师，一名艺伎。东西好吃就甭说了，宴饮间，艺伎弹三弦唱歌，完了她提起毛笔，瞬间就完成了一张自画像，只剩口唇没画上。只见她不慌不忙，一低头，一口就吻上那画中的美人，她的红唇印就是她的嘴唇。她礼貌地把画呈到我眼前，通过通译，我说艺术是谎话，是一个虚境，我再有本事，也没法把那两片樱唇吃下。

一加一不等于二而远大于二

访陈瑞献艺术馆馆主陈典琦

1993年，陈典琦创设陈瑞献艺术馆，并决定随着艺术家的创作步伐，逐步跟进，用时间来收藏积累整座共4层楼的展品，以完善我国史上第一家私立艺术馆的内容。

14年后，由第4层楼扩展到第3层楼的扩建完成，并由纳丹总统亲临主持新展厅开幕仪式。新展厅的英文匾额为总统用毛笔亲题。

陈典琦说："作为一个收藏者，有缘与一位才智天授和奋斗刻苦的大师共创艺术馆，这真是杠杆原理的最完美的运作，运作的结果是一加一不等于二而远大于二。"

陈瑞献在创作地板书法。

陈瑞献艺术馆顶楼，横梁上立置32件代表眼耳鼻舌身意的陶塑棋子；水泥地板则为行书262字的短文《心棋》。

《联合早报》2007年2月2日

Q　你说："今天回顾，当初的选择是对的。"请进一步引伸这句话的含义。

A　毕非德说：投资的原理第一项是不许失败；第二项是牢记第一项。成功的投资需要眼光，而收藏又何尝不是。

14 年前，我已深觉瑞献很有历史的高度，而这 14 年来，许多来自国内，更重要是来自国外顶尖论坛和机构的嘉奖与掌声，都在说明我的抉择是对的。

瑞献名气来得早，并越来越大，这不但证明他持久，更证明他的屡创高峰。作为一个收藏者，有缘与一位才智天授和奋斗刻苦的大师共创艺术馆，这真是杠杆原理的最完美的运作。运作的结果是一加一不等于二而远大于二。

陈瑞献艺术馆主人陈典琦。

Q　瑞献 2004 年在新加坡美术馆举行的《无时无涯》个展，你是一口气地收藏所有的展览品，这是罕见的（这是你的第二次"一口气"）。谈前次和这一次的经过和决定。

A　第一次的一口气应该是拥有欲的满足。长久以来，面对瑞献的作品，我都有一种占为己有的欲望，可是，现实挫败了我，所以，我只能选择做一个卑微的静观者。
孔大了说："富而可求也，虽执鞭之士，吾亦为之。"我的求财意志，也近乎夫子所言，可是，即使我的想法是这样的谦卑，还是捞不到，没钱，怎么买？马丁路德说："每一个卑微的人，都能得到神的恩宠和原谅。"

到了 20 世纪 90 年代，算是咸鱼翻身了，占有欲也跟着被引爆了。凝视瑞献的画作，件件精彩，如果钱不再是困扰的因素，那干脆全要下来。

也许这也算是心理学所谓的心理补偿吧！

第二次主要是为了艺术馆的收藏能更全面，更丰富与完整，更有各个阶段的特色和代表性。而瑞献的创作境界与要求也越提越高，作品也相对不多和难求了。

Q　请谈谈特别触动你的陈瑞献作品。举例一二。

馆址：沈氏大道与芽笼31巷交界处。

A　瞧这个人，就是不一样，他学贯中西，才通今古，文学根底扎实，佛学深厚。他能高来高往，遨游于古今中外，并贯串以悲天悯人的菩萨心，在当代艺术家中，他是个异数。艺高胆大的他，似乎只有石涛和尚的话可以形容他："无法而法乃为至法"，"古人之须眉，不能长我之面目"。看他画的人像，那充满创造性的独特技法，豪迈而强烈的风格，撼动着人心。在画甘地、屈原、特蕾莎修女的时候，我可以体会他对他们人格的感动和了解，他用他的感情转化而为画笔上的力，使他们的真精神真面貌一笔而跃然纸上，让观者雀跃，让观者惊叹。

达利说："我一觉醒来觉得很高兴，因为我发觉自己就是那个鼎鼎大名的达利。"我想，瑞献也应该要有这样的自负。

Q　1992年，你在《陈瑞献艺术馆之建立》一文里引弗罗斯特诗《生命在续行》后如此说："面对如此人格和风范，我们这一代的有心人，也该起步了。"你开创了新加坡为一位在世艺术家设艺术馆的先河，成为民间办馆的表率。落成到今天，14 年始有新展厅，而我所知你和艺术家已开始了第三个展厅的设计构思。谈谈整体的发展计划。

A　钢铁大王卡耐基的墓志铭有这样一句话："这里睡着的是一个善于寻访比他自己更高明的人。"我们策划逐步完成整幢楼的收藏，并且让每一个楼面各具特色，至于怎样完美整个的构想，就要借助于艺术家的大才。我只不过是一个场地的提供者与藏者。

智吉祥印（铜雕）
1992，L196 x W168 x H430cm

爱因斯坦被邀请出任以色列总理时，他一口拒绝，所以他是永远的爱因斯坦。知人者智，自知者明。

Q　学生、公众、国外来宾……都不断有各方人士来观赏。你心目中，这家艺术馆最理想的景况应该是怎样的？

A　这也许要分几个方面来说：

一、在国际的文化艺术交流上，能起推波助澜的作用。文化与艺术是多层次的，高层次的交流，能也只能在高峰进行，陈瑞献艺术馆希望能向世人展示我们的水准和层次，并期待有行家伸手式的交流。

二、国民素质的提升，德育的完善，有赖美育的提倡，这是一条长远的路，陈瑞献艺术馆，可以是我们提倡美育的温床。英国的丘吉尔是世界顶级的政治家，却也是诺贝尔文学奖的得奖人。英国前首相希思能指挥交响乐团。法国总统希拉克据说是个汉学家与文物鉴赏家，看看他们的政治视野与艺术人文素养兼具，种子是什么时候播下的？

三、一只苹果落地能引发牛顿思考，一片星空能让伽利略对天体有所发现，而我们现在与未来的年轻艺术家们，是

陈瑞献艺术馆二楼的摄影墙。

不是也能从瑞献的作品中得到启发。

Q　企业家、收藏家、艺术家；社会责任、文化传扬，你对这之间互动的看法……

A　企业投资是创造财富，文化投资是创造有艺术与人文素养的人。之间的互动，有赖他们对财富与文化的看法。美育的提倡与推广，将提升整体国民的人文艺术素质，许多的企业家也会是有很好眼力的收藏家，并同时是文化事业的赞助者。路遥知马力，文化是长远的，将来需有文化，文化需有将来。

Q　你从事的行业，必须广为四方而行的商旅生涯，这么多年来，在人生、财富、生活和信念上给你怎样的体会启发？

A　非天小也，是自己闭塞。当我开始走出去的时候，感觉是兴奋而强烈的，原来这个世界有这么多可以造就你的绿洲，许多新兴的经济体，许多高增长的市场，问题在于自己有没有锐利的眼光和反应快速而精确的判断力。

毕非德说："要达到非凡的回报，毋须非凡努力。"你就知道判断力的重要。当然，这么多年下来，我终于明白了：经验必须加上经历才能成为体验。然后，我更体会到世界是多么多元而美丽，价值是多么多元而有趣，而地球真的是地球人的，处处都能造福你，我来来去去，归去来兮，快乐惬意。

至于财富与生活信念，我想钱是一件好东西。当然，越多越好，从商人的角度来看，比赚钱更重要的是赚更多的钱，这也是物质文明的火车头。再看看胡佛与肯尼迪在总统任内是不支薪的，你说，有钱，但不够多，行吗？一个人想特立独行，没钱就行不得也。而如何支配和应用你的财富，就要看看自己心中有没有佛学上所谓的转化的那一念智慧了。

Q　“陈瑞献艺术馆是陈典琦水净沙明的内心观照”，这是个人对你一步一步完善这个艺术馆的体会与认知，你认为呢？

A　我们身处的是一个讲求物质文明的社会，我们不可能有一个文学社会，所以，庄子有言：“人皆知有用之用，而莫知无用之用也。”所以，当年任教北京大学的陈独秀对北大哲学系毕业生说：“我很替诸位毕业同学发愁。”

想想自己虽是商人架构，却也依稀留住文学的图腾，或者说，在我的履历上，抹不去半个世纪前我曾经是一个中文系的

黑豹（松）（水墨）
1989，180 x 97cm

黑豹（白）（水墨）
1992，180 x 97cm

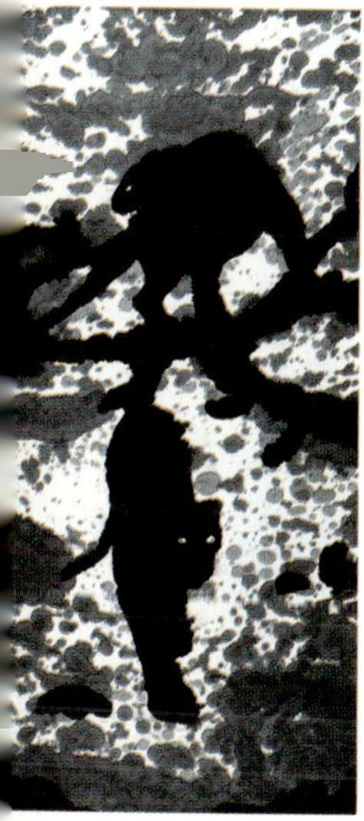

学生，曾经“无用”曾经“发愁”；有朝一日，当你告别发愁的时候，也正是你发掘“无用之用”之时。

像瑞献这样的天才，在我们的社会是稀有的。而天才，在他的故乡是要被赞赏的，在世的天才更要被荣耀。希望你所预测的“内心观照”和我的答案落差不会太大，这也是我内心深处的回答，也是支撑着我一步一步用自己仅有的一点能力，做我仅能做的事的力量。

陈瑞献艺术馆 3 楼内观。

古山（水泥、铁混合雕塑）
2011，L82 x W64 x H158c

巴米扬：空无之钥（花岗石雕）
2011，L87 x W240 x H39cm

石在（化石雕）
1992，L128 x W97 x H87cm
二世（化石雕）
1992，L101 x W79 x H63cm

十牛图之六：骑牛归家
（宣纸水墨胶彩）
1990，140 x 70cm

伯乐与千里马的文化情谊

在20世纪60年代，就读于华侨中学的陈典琦，知道隔壁班有个写诗作画，才华横溢的同学。高中毕业后，陈典琦进了义安学院中文系，那个“有名”的陈瑞献则到南洋大学就读现代语言文学系。

生活的磨炼，让陈典琦从当个文艺小青年的梦想里开溜，投入古董家具的经营。但他从不错过这名同学在报章上的文艺作品。陈瑞献1973年举行首个个展，一幅《九色鹿与鸟》，让陈典琦看到了博大和慈悲，只叹没能力购藏。之后，每逢同学的画展必到，默观老同学灵思鼓翅，飞山越海。

到了1980年代中，他终于实现心里的想望，买了第一张陈瑞献的画，兴奋地拨电给画家。两人从此迈入了另一阶段伯乐与千里马的文化情谊旅程。

1990年陈瑞献举行第10个个展时，他一口气收藏了30多幅作品，成为画家最重要的藏家，深深享受拥有的快乐。

陈典琦白手起家，在中国大门欲开未张时，便踏上这块自己在中文系里熟读的神州大地。15年前，他进一步转进印度。目前，在海外分设20多家公司分行。多年的海外

陈瑞献手稿，文学作品与奖章等的展示柜。

“陈瑞献艺术馆”中英文匾额，为中国艺术大师吴冠中笔墨。

奔波，回看新加坡，深感经济成为身份象征，然而，一个国家的身份最终必是“文化形象”。

心中有了主意后，陈典琦计划在沈氏大道与芽龙31巷交界处兴建自己的公司大楼“唐明宋文物馆”时（为其公司名 Tomlinson Antique House 之音译，源于他出道时公司设在东陵的 Tomlinson Road），决定在馆内顶层辟设“陈瑞献艺术馆”，以永久保存艺术家作品并展示于公众——他创设了本地第一家私立艺术馆，也打开本地为在世艺术家建立艺术馆的先例。

国家艺术理事会在 1994 年颁发艺术赞助奖给陈典琦，他是第一个以私人身份获颁艺术赞助奖的企业家。

这家艺术馆的设计，是经建筑师董元美、艺术家和业主一起合力完成。顶层的展厅利用了屋顶离地特高的特点，设计了由上而下的天、地、人三种层次空间。楼梯间后设有观画台，俯看地板上独特的水泥书法，仰视可观分布屋梁上的大型棋子陶塑，二者皆名《心棋》。

馆内壁上为画作，柜内则陈列艺术家手稿、篆刻、著作、奖章……面向沈氏大道的墙上，居于 2 楼与 3 楼之间有一大空间，安置一座 4 公尺高的佛手雕塑《智吉祥印》，每天为来往的车辆行人祝福。

陈瑞献艺术馆在 1993 年底由中国艺术家吴冠中开幕，匾额也是这位艺术大师的笔墨。

2004 年，陈瑞献在新加坡美术馆举行“无时无涯”个展，陈典琦又一口气买下所有的 45 件作品，加上空间有限未展出的 13 件作品。陈瑞献艺术馆 3 楼新展厅所列即为同批展品。展厅部分的地板，是当年牛车水重建时买来的木板。

木板虽旧不老，仍在继续见证着另一页新加坡的故事。

千岁兰（瓷瓶铝片装置）
2011，L200 x W64 x H106cm

拍卖与创作

北京保利 2014 年秋拍于 11 月 30 日举行，陈瑞献的水墨画《八大山人》拍得 2070 万元人民币，相当于 440 万新元，而且是秋拍《延展：国际视野下的当代中国水墨画》专场中成交价最高的作品。

Q　你有何感想？

A　感觉像我的一件作品被选入一个十分重要的联展，跟中国当代最顶尖的水墨画家的作品同台展出，而这件作品恰好也得到中国收藏家的雅爱。这是至为难得的经验，我感到十分光荣。

Q　比起 2012 年在保利秋拍的油胶彩画《月圆时候》所拍得的 370 万新元，《八大山人》的所得整整多出 70 万新元，你打破了自己缔造的东南亚在世画家最高画价的纪录。你怎么看？

八大山人画像
（宣纸水墨）
2013，233 x 106cm

《新明日报》2014 年 12 月 04 日

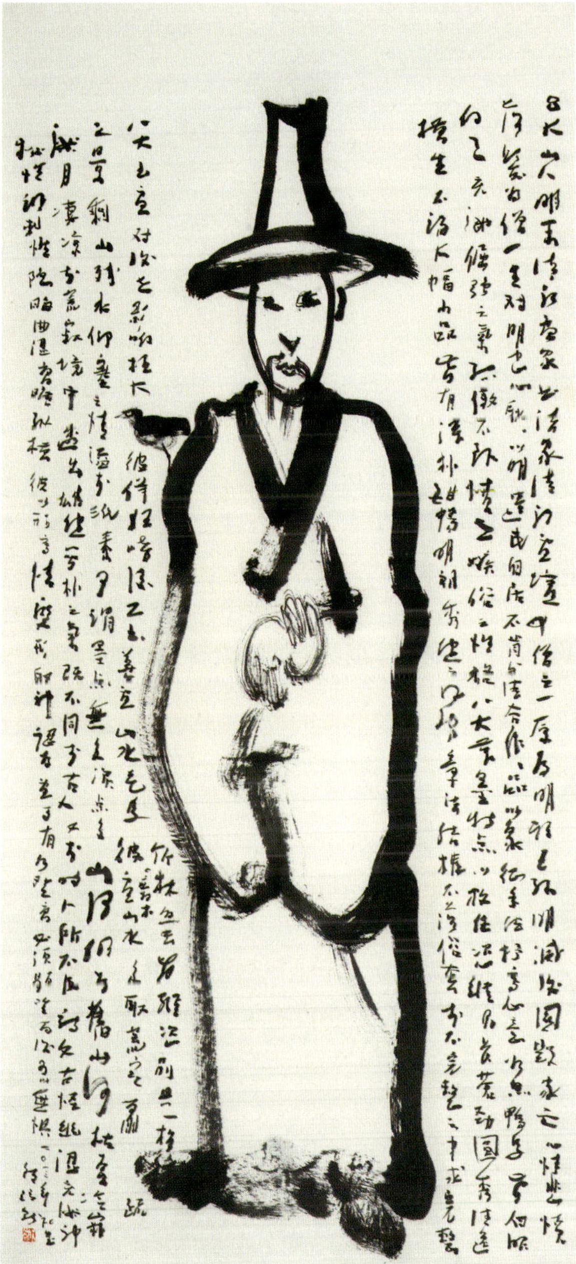

A　保利崛起，而与世界拍卖行业中的苏富比与佳仕得二巨头形成三分鼎立的局面，具有重大的意义：这个行当中的势力、财富以及游戏规则，从此有了新的分配与牌理。如果说苏富比擅于卖钻石，佳仕得擅于卖祖母绿，那保利就擅于卖天珠了，保利在经营中国艺术品方面的营业额已经居于世界之冠。由于这个新起的国际性平台与机遇，加以大力支持我的中国收藏家的赏识，我的作品才能缔造这项纪录。我感到十分幸运。

Q　你如何看待艺术创作与艺术品交易之间的关系？

A　先有艺术品的产生才有艺术品的买卖，这是次序。在创作时，艺术家不能受周遭任何因素的干扰，一心面对自己，更不可能给他的灵感贴上一个价格的标签，灵感是无法卖的。艺术品产生之后，这件灵感的“代替品”（proxy）却可以变成商品，送到市场，挂上价格标签求售。价格是一件艺术品的价值的参考，但不是件件都有价格，范宽的《溪山行旅图》永远不会有一个买卖的价格标签，任谁都知道它的价值连城。

Q　为什么挑八大山人入画？

A　2013 年 9 月一个晚上在北京好友徐锋在家中为我专辟的工作室，我想如果要从中华艺术的长卷中挑出一个人物，让其作品放诸四海，而得人人喜爱，那会是谁呢？八大山人从天才的星座中显现，我就恭敬地把他画出来。

Q　　你从少到老，经过几十年的创作，绘画作品加起来才 300 多件，数量少得惊人，什么是这么少产的原因？

A　　我用多媒体创作。除了绘画，我还有书法、印章、雕塑、摄影、纸刻、歌曲、文学作品等，每一样数十件，加起来也有一定的数目。虽如此，我还是属于少产的一边，因为我只当有话要说之时才会动笔，而创作要选题材，找方法，做实验，求表现，不是天天傻傻不停涂写就能成事。达•芬奇只留下 15 件作品，维米尔 34 件，数量少得更加惊人，但千古传颂。

Q　　就新加坡在世画家来说，你的艺术作品已经史无前例地进入国际市场，真是可喜可贺。你怎么看这块里程碑？

A　　这无疑是我在手艺方面的一块里程碑。不过，如果眼光一直盯住它，它将成为我的人生道路上的绊脚石。

辑二 | 特稿

摆着石子回家

《陈瑞献印》35 枚一心读

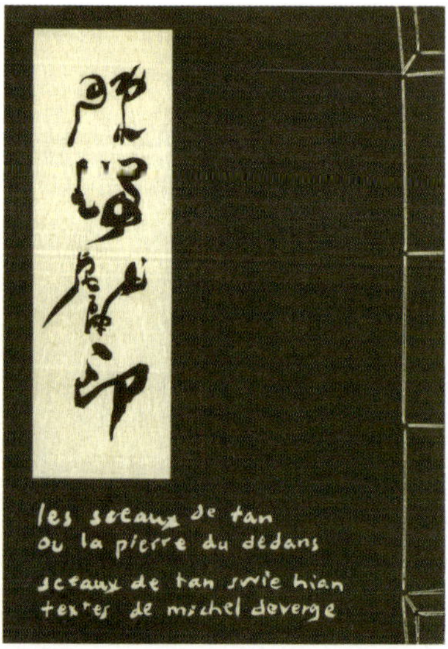

《南洋商报》1980 年 06 月 01 日

白锡食物中心有一素食摊，老厨子原出身酱油园，深知豆味。自制素菜，自变自化。以下是一段陈瑞献与老厨子的问答：

“何时变菜？”

“有空就变！”

“变多少样？”

“无穷无尽！”

说着，两人哈哈大笑。

作为一个艺术家，陈瑞献与这老厨子之对于“已知”的了然与“未知”的信心，是毫无差别的。

新近面世的《陈瑞献印》，充分流露出了他这股对“未知”作不断征服，动一次笔，下一次刀，都永远是重新开始的胆敢独造的精神。也是他不屑只作为一个亦步亦趋古人，摆坐在传统大河中寻求心安理得的孝子，而回到艺术的源头，分朱布白，重新做起的展颜。

他回到印的处女地，他自称是“寸版画”，画中元素，有构图，但绝不是古印中的图案花押，而是注入他从其他艺术形式，如木刻、版画、立体雕塑、绘画、图案设计等吸收来的血液；有字，但绝不是金石篆学中文字的死硬相随，而是文字经过心灵涤滤重组后的再象形。

有人以唐诗刻印成谱，也有人刻宋词为集，所表现的，不外是布局与刀法。《陈瑞献印》所展现的不是为刻而刻的面貌。一种刀法只是万种刀法之一，每一方石章，只是一颗心感外投的表象。只要心在，石章上自有风雨。

《陈瑞献印》35 枚，方方不重复，独自成格，内里实则印印相连。在这 35 枚违反传统气质的刻石律动里，由平凡绚烂到淡远，是生活在东方这个高度工业化小岛上，一个小人物在禅坐冥想，来回一趟人生后的微笑记录。

所以，《陈瑞献印》又名《内心刻石》。由戴文治为每方印题诗（法文）。戴文治在后记诗中，引用一个童话故事：有个小孩，被魔鬼掳去，沿路放小石子为记，后来逃离魔掌，始得方向回家。

35 枚印，是陈瑞献摆的石子，步步是道场的生活记录，是一条引你回家的轨迹。

自刻像

小菲

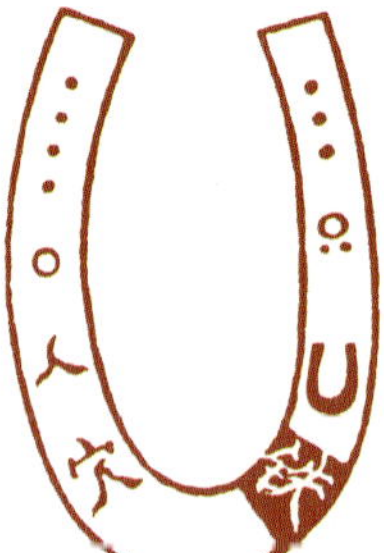

三只蹄铁四口人家

梵行高远

心心相印

在家修行打发心石之火

像刚从泥土中掘出来的，泥迹斑斑，有浓厚木刻效果，第一印《自刻像》，沉默的粗犷像醉后小睡醒来的样子，刻者镜中的自我捕捉，是有着与道元禅师修炼10年后始悟原来自己脸孔是“眼横鼻直”的情趣。

与此印对照的，刻者寓爱卿之情于石章上的人像印《小菲》，就显得那么心细不紊。

《三只蹄铁四口人家》印，蹄铁，在法国，是幸福的象征；四口人家，是一家人围在一起的写照。印刻成U形，像只吸针的磁铁：个人、爱情、家庭、友情，处处显示着一个平凡生活的可爱，友情的温暖。

但这并不是完全的人生，一个有自觉的智者乃往人生纯净的道路走去。

通过文字的巧妙布局，再引入画的补助因子：《梵行高远》4字加一盏“西藏佛灯”的远近构图，刻着一个居家人在家修行，打发心石之火的志愿。

《心心相印》，这枚玲珑的立体椭圆印，篆字体的双心合而为一，宛若一支来自渊薮深处的河流树枝，灌溉平原，绵绵不绝。

“心传心”，不言说，在高处，戴文治以“拈花微笑”佛典入诗，是宗教的情操，是师徒间生命的互相接触，思想的相互交流；在低处，是世俗情感的提升，有一首美丽的人间情爱：

银河两岸

情侣

一哀哭挥泪

滴入另一心田

生老病死，世间大苦聚。《东门西门南门北门》印，灵感源自释迦未入山修道时，“四门游观”遇见老病死僧人的典故。

四“门”重重叠叠，看门上一双双漠然的鸟喙眼睛，东门刻如一个发条橙，中间远方的一轮月，冷冷然，生之无常，谁的心溪能映照出月亮的皎洁？读印人心中不免也循环旋转：存在的一切没有不是虚幻的，为求无上正觉，唯修圣道，这是释迦四门游观后的感悟，也是一个居家凡人发心往人生的纯净路走的触石。

回返真我板齿生毛

人在岁月流转中经历社会化，如一颗明珠，逐渐无明。一位寻求直索心源的修行者，即是反转时针，琢磨珠上尘蒙，还本来面目，原本光华。

《内太空——致明广》印融“内太空”三字成为一作冥思状婴孩。“致明广”则为白文行草书。二者合而为一新印。

弘一法师尚是未出家的李叔同时，在自行“断食”修身心法后，自己觉得脱胎换骨了，即改名“李婴”，用老子“能婴儿乎”之意。

东门西门南门北门

内太空——致明广

明广

天人合一

陈瑞献在一个访谈中也说："孩子是我们最要好的朋友，孩子的精神肉身的种种表现，是我在精神高度集中时某种觉受的具体外现。"

《内太空》印，便是刻者经历一番苦乐折腾后的外观造物。

儿时起，遨游内太空，是把世界停顿（Stopping the world），把"我"从世俗航行中逐渐抹去，回返真我，是"致明广"的启航。

《明广》印是一颗心打开了窗，打破了人与大自然的隔膜："日月"深远高悬，"广"成一帆行于水平线上，是了解和平寂静的心景。

这方印合象形简体成一幅挂在心板上的石印画，是治印必依习金石篆学说法的大反动。"宇宙即其遮盖，本系一丝不挂"，正如刀本无刀法，何来刀法言。解粘去缚，方能达"天人合一"之境界。

《天人合一》印，"天人合一"4字成波浪状流动成云人海，合成一宇宙，身身心心，无所不在，是身心一如的安和境界。

《光》印刻成一口"井"。观者俯视，犹如一只眼从头上顶端逐渐透视入丹田气海，旅程是心石不断投落，激起涟漪，扩大的涟漪环纹中，风景络绎不绝，形色殊异相涌，最后是"光"一片：光，生命的原始，万物之源。

然后是停顿世界，时间，时间是什么？

《零时日子》印，戴文治诗曰：

在井底

冥想

令铲镳蚀刻时光

至岁月

归于无

《零时日子》印是拼三字成画的一个美妙安排：O（零件）+（日）+（子）= 原印。作腕表状，表中无点数，谁是拨时人？答案是：山中一日，世上千年的时间啊！

《石乃久坐之人》印乃嵌字于石中，印下方加一辅助因子，看起来，左右前后远近有致。石乃人，是人在不干扰的融入自然景物中，有着王维诗《鹿柴》里的空灵：

空山不见人

但闻人语响

"板齿生毛"是冥想者一瞥的景致？

状如牙齿的《板齿生毛》印，是一则刻在石章上与"金毛狮"有异曲同工之妙的佛案，是不被知识和智慧所拘束的高度空间自由活动的心象展现。

结绳系连音闻圆通

刻印成绳，绳结万事。《结绳》印，是真我回归原始地，看艺术人生。

结绳为系连，结绳，是人类文化的起源。

光

零时日子

石乃久坐之人

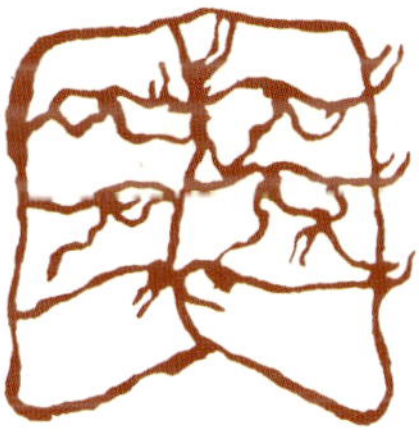

板齿生毛

绳子环环相结，如千万般事，千纠百缠，永结不休。《若纠缠然》印，是一个平凡的修行者与佛混成鸳鸯缘或从人类文化源头不停结下去的心灵写照。

仓颉造字，鬼哭神号，故此，万物皆具名。曾见陈瑞献画一鸟与一童身相混成云身，逸出山水，题名为《陈瑞献造仓颉——宇宙一大字》的水墨画。《仓颉之目》印，是一个神思驰骋在艺圃中的另一个造物，一方石章上，仓颉却是虎目一瞳，观一切，如禅语云：

山河并大地

金露法王身

《山水》印，见山之造形，也见水之波动。回头看山水，是“心随万境转，转处实能幽”，《山水》为形印，幽处，却是一枚“声”

结绳

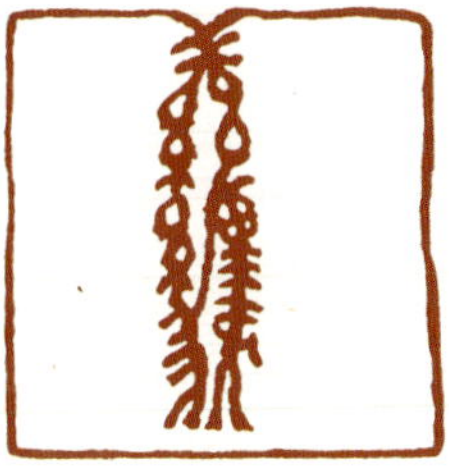

若纠缠然

仓颉之目

山水

泉咽危石

残砾

羽

雨

鸟鸣串珠

印，只觉：

随流认得性

无喜亦无忧

《泉咽危石》印，是道穿山的流泉，斜流的水是潺潺泉咽，动中寓静，静中生空灵。这种随流水而不任其流的境界，与陈瑞献在其《内空之旅》一文中说的是一样的，他写道："像在波浪的相互推动激荡上，了知水性的平静一样，苦乐、人我、是非、好丑、动乱万千的流转，了无差别的平等寂静。"

聆听水流而不受时流之淹没，是一个人已抹去个人世俗中的历史，不受别人思想的羁绊。而抹去个人世俗中的历史，即是粉碎"自我"，《残砾》印便是这个"自我"粉碎后的石块重组，是一个转换了眼睛后重回头来看未转换之前的"我"的一个美妙有致的构图。

《羽》印的再象形，是一幅和谐的天空图案。放眼再看，《羽》顿成《雨》，洒成满天鸟飞，姿势万千。《雨》印中满是鸟鸣唧唧，目不暇给，欢喜心生。

而把鸟鸣一粒粒地仔细收集，每一声音各有历历在目的度量频率，串成珠。这是冥想后的音闻圆通的具体表现，即为：《鸟鸣串珠》印。

传自真实心灵的一点信息

贾可梅提雕塑的手把万物的形象拉得瘦长

或放小到可装进一个火柴盒里。陈瑞献在一方3厘米乘3厘米的石章面上，同样施为。

《鹤》印里，他拉长鹤体，鹤眼瞪四方，戴文治诗曰：

孤鹤立尽寂塔影

预瞻明日墓碑铭

华人“驾鹤西归”的意念已形象化在刻刀底下，是一颗接近或意识真实心灵所传来的一点生的信息？

一读《向幼草细说》印，映现在我眼帘的是一首法国诗人雅克·卜列维的诗：

在草上面进餐

快吃吧

有一天

草会在你上面餐

诗人对人类如此说，谁向幼草说？

《向幼草细说》印，就是这种万物皆具性灵，皆平等的精神表现。

而这种心灵，使我联想起了美国人类学家卡罗斯·加斯塔尼达（Carlos Castaneda）在记述他与一位印第安老人学道的书《伊斯兰之旅》（Journey to Ixtlan）中，描述了这位印第安老人，为了摘集植物解渴，跪抚一株小植物—他口中的小朋友，说话时的情景。老人说：“用感情，喜欢‘他’，平等地对待‘他’。向‘他’道声歉，向‘他’保证，一天自己的身体也会供‘他’作食物。”

诗人，印第安老人与刻者的一草一木皆具德相的开放情怀是一体的，这种心灵在陈瑞献刀下，“向”字刻成一只张喙说话的鸟，“幼”“草”“细”“说”也都以不同的草的生命姿态，向天空诉说。

此印统观像一个纸袋，随手可带，上街入林无处不可去，因为无处不存有生命。

鹤

向幼草细说

老鱼跳波瘦蛟舞

三尸

35 枚印中，最具魔影，最具超现实意味，是句出李贺的诗《李凭箜篌引》中的《老鱼跳波瘦蛟舞》一印了。

陈瑞献在《8 人诗集》（笔者为其中之一诗作者）的序文中，说出了他以“诗的文字显现在注意的中点”的观想方法进入诗人的诗境的读诗方法。《老鱼跳波瘦蛟舞》便是这种观察想法读诗的获得：描写音乐中音符没入空无而呈现“物”之造形：是神秘、恐怖又美丽的舞蹈。

《三尸》印，就显得平静了：三具尸体吊在窗口，是由倒“三”连吊“尸”构成的印面。

遇死而忘了死，还有什么比这种生来得快乐呢？

《露西在戴钻石的天空》，一触此印，萦绕在我脑海中的是曾经风靡一时的现代摇滚乐先驱 Beatles 谱唱的 Lucy In The Sky With Diamond。LSD 是这首歌的缩写，也构成了陈瑞献刻刀底下，戴文治口中的这位如仙似幻的女巫的舞形字。

露西在戴钻石的天空

藉着服用“药物”以培养不寻常的感受去体会真实世界。陈瑞献在其《内空之旅》一文中有说：“这个世俗所谓的坏的旅程，可是，依旧是好的，你依旧到达彼岸。”

这种方法，虽然不是永远的，却帮助人了解本来对这世界“知觉”不到的部分。

《露西在戴钻石的天空》印的刀下流露的革命性，不仅在印的取材，更是物质与精神的相应关系的呈现。

晚晴可爱与有情的哀伤

晚晴可爱

《晚晴可爱》印，令我想起“晚晴老人”，弘一法师晚年在白马湖的庵居“晚晴山房”。法师在一封给丰子恺的信中，说了以下几句话：

犹如夕阳，殷红绚彩，随即西沉，吾生亦尔。

《晚晴可爱》印，刻者嵌镶四字于山房的窗格子中。浓厚暗红的封泥边，使印显得幽深苍凉，但仔细读印，是人间爱晚晴，毫无感伤气。

落花辞枝

每一扇之窗，都是这四句话的分别说明：

第一扇：“晚晴”二字，是老态日增，一张多皱纹的脸，是“犹如夕阳，殷红绚彩。”

第二扇：“可”字，是一张简朴沉静的神情，是“随即西沉”。

第三扇：“爱”字是一个坟墓，把爱与坟墓联在一起，是“吾生亦尔”，是一个了知生死的修道人心景的最好刻画吧！

诀别之音

接着的两方印，是弘一法师与丰子恺合作《护生画集》，共同弘法精神的另一转奏。

丰子恺画：画一只鸟，喉中箭，另一只，作苦痛哀鸣。

死亡之艺术

弘一题词：落花辞枝，夕阳欲沉，裂帛一声，凄入秋心。（诀别之音画）

《落花辞枝》来到陈瑞献的石面上，刻花枝于形，落辞于虚。花落成两个情状，一为悲，一为欣。达到华枝春满，天心月圆的弘一“悲欣交集”心态的写照么？

《诀别之音》印，下方一只鸟啄沉重下没，上方一只张口哀鸣，生离死别，从完整到不完整，最终，在读印人心中全归于无，有“裂帛一声，凄入秋心”的悲悯遭毁的震荡。

《死亡之艺术》印，戴文治诗曰：

若死亡之亦为艺术

何人曾见其碑铭？

骨灰堆中有性灵

看过生，再看死，你就会觉得不存在的不恐怖。这枚印是一个圹穴的横切面，棺柩中一人，作吉祥卧。

《骨灰堆中有性灵》和《子在巢中待母归》是陈瑞献印集中，比较上，较有传统韵味的朱白双文孪生印，这是以文字的布局与安排上来说的。但于“字体”的选择，还是自创门径。

子在巢中待母归

这两方印，刀痕累累，粗拙朴实，有着泪眼模糊的效果，是有情的一种哀伤。

究竟印：屋里的灯亮着

轮回

把“轮”字浓缩为中轴，“回”字刻成球的经纬，旋转，谁人超脱六道以外？

若猎人再世

为白兔

奈何？

戴文治的诗，使人读轮回，更是悲心！

箫声本来自竹子，竹子本来自竹林，箫声又回到竹林，《箫声入竹林》印，从高处看，是人体消灭后，超出轮回，脱离苦海，作宇宙自由遨游；往低处看，平凡生活中修道，往人生纯净的方向走，见本来面目，原本光华。

《箫声入竹林》印，字隐形中，形中蕴意。整体看来，是一支箫，再看，第一与第二节处，是“竹”字形，再看，第二与第三节处，是“林”字形。声呢？弦弦丝音在读印人心中来往穿梭，心呢？心包含整个宇宙。

箫声入竹林

一心读陈瑞献的35方印，走的是一条平常心摆的石子路，是一个我返回真我，是一个远行的人回家的历程——平凡绚烂淡远。

是到家了，屋里的灯亮着。

弘一法师

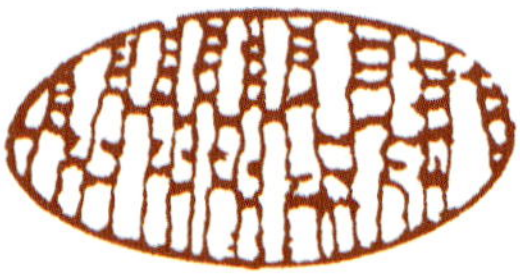

悲欣交集

明月松间照

南山奥义或青鸟殷勤为探看

虫眼

石田仙峰

杜仙斯基

在瀑布旁边筑巢的艺人

裸女或九重葛
（宣纸水墨胶彩）
1984，138 x 69cm

《联合晚报》1984 年 05 月 24 日

如果你是一位艺术爱好者，就此介绍你在明天、后天或大后天到国家博物院画廊去，新加坡画家陈瑞献在那里传达一种妙觉：其源或许是一幅又一幅画的色彩构图技法，或许是一份又一份的人间挚情，或许两相融汇，大家随缘应性。

瑞献就在那里用他的20幅油画，16幅中国画布置他的道场，呈现他36种迥异题材，冲破媒介局限而另创新猷的面貌——其道便发自其中。

11年前，由文学而绘画，瑞献在国家图书馆举行的首个画展：《冥想画展》，主要以线精心点绘交织成面5，融合东方哲思与西方绘艺精粹，独树一帜地震撼画坛。

之后，除了1979年在法国文化学院小型展出他的些许油画、水墨、纸刻和篆刻作品外，11年来的5个绘画作品展，都是在国外举行：大溪地高更纪念馆、法国百德廼画廊、台北法国文化科技中心、吉隆坡集珍庄和巴黎小桥画廊。

这位艺术老饕，虽然期间多种艺事频忙，包括出版篆刻集、纸刻集、艺术文集、世界最小华文诗集，还有破例两次公开演讲……繁忙如此，他的绘画作品，国人就只能在报章杂志或个别的集体美展中欣赏一二。

努力探索　不拘一格

这回的绘画作品展，作为一个别具风格，力行体现“自由心”的艺人，瑞献以何种具体姿态为我们展示美景呢？

且说他的《猫戏》：在仿古宣上，猫或相打作乐或扑或跳或翻滚扭缠追逐躲闪……细而观之，乐趣无穷。

他的《峇厘吾爱：狗哺猫》油画。在衬着竹筒、小花、蓝纹间隔的黄色地板上，一只黑母狗，祥和地让小猫吸奶——谁说猫狗本冤家，这番哺乳情景，爱已不是画者所独有的了。

瑞献说，《猫戏》主角是两只他小女儿收养的弃猫，狗哺猫之景，是他游历峇厘时亲睹的感动。

画是十足的“现实主义”是不？但其意，有如《峇厘吾爱》的边缘之蓝，延出框外，绵绵无尽。

但这只反映了瑞献绘画作品展中的风格之一。瑞献是一个曾经在精神意识界中游梭

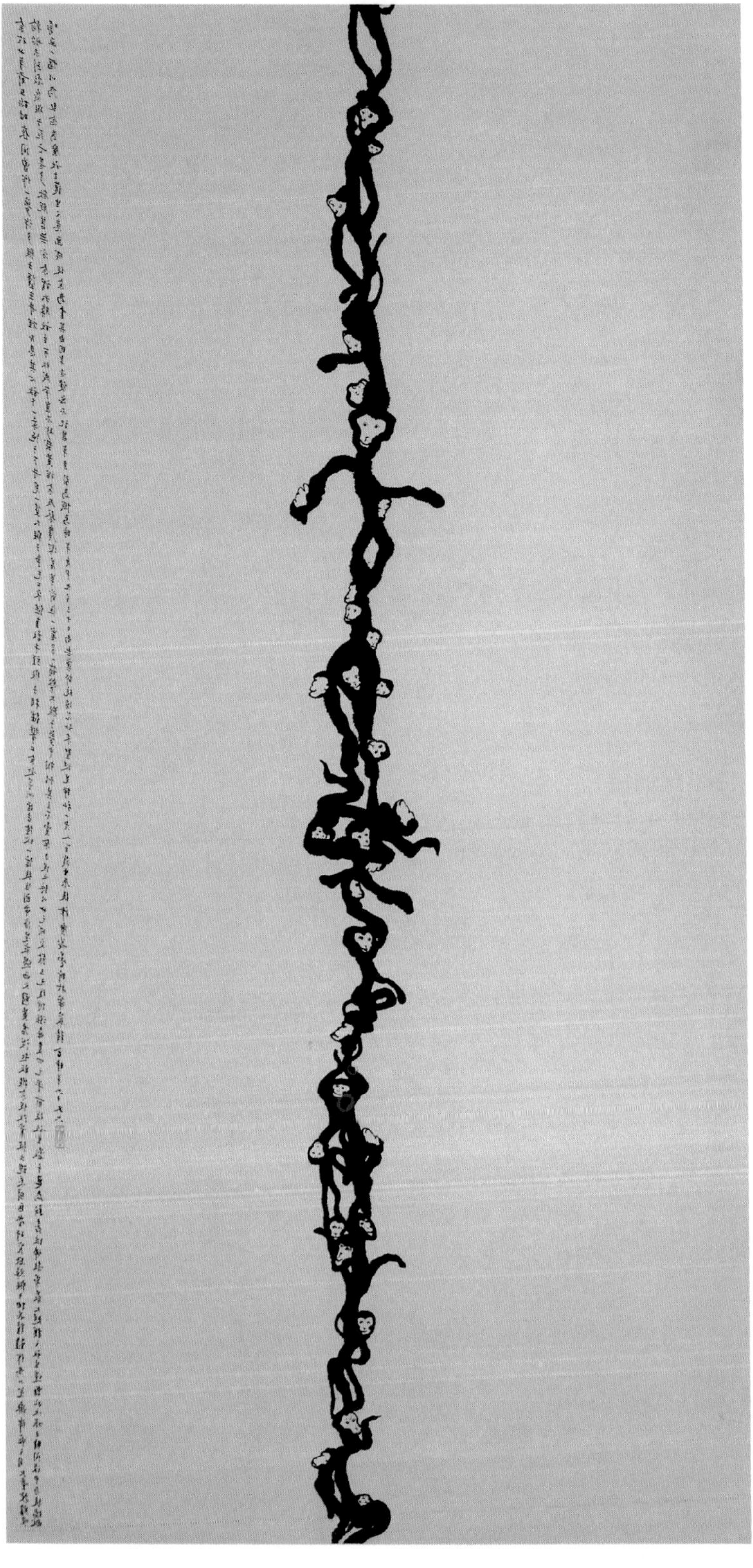

猴绳（宣纸水墨）
1980，140 x 70cm

的内空旅者，一番险峻，重返现世间，山河并大地，金露法王身，现实于他，无处不是道之所在，肉眼已不是心眼之障碍。

《红鹤霞光》，油画，若说“落霞与孤鹜齐飞。秋水共长天一色”是唐朝王勃笔下发出自然的原生美丽，瑞献画笔成就的红鹤与霞光，则是心灵与实物的交融无间。霞光与红鹤，红鹤与倒影，倒影与霞光，何者为真，何者为幻，欲辩已忘言了。

瑞献说，这是他在黄昏时到飞禽公园观红鹤时的感应投入。午后傍晚是早晚缝隙的过客，其予人的心觉是美妙的。

15 年前瑞献为劳伦斯诗《蜂雀》所动而将之译成中文，又常在飞禽公园久观蜂雀，他说：蜂雀在我眼中，是自由心的另一个美妙象征。《蜂雀竞飞》一画，前后上下左右蜂雀无所不能飞，甚而能定于空中与花草厮磨。瑞献与这种能不饮不食或大吃大喝都不减其速，体积至小战斗力至强的生命体共呼吸共生活，观者何如不是?

瑞献画猴　内涵佛理

如果说《冥想画展》充满的是依赖佛经，宗教色彩明显，这回瑞献的绘画个展，则是舍弃依赖心，是“自灯明、法灯明”的化境。

瑞献画猴，以油画潜水猴，墨画猴绳，到火焰山之道猴至近作猴变，立意技法，全然属四面异向而贯的造境。

《潜水猴》把泼笔用在油画，深水蓝白猴潜，极富青春的逗趣。《猴绳》中，瑞献以毫尖串猴，体现其师父广义法师梦缘救猴之悲苦情。油画《火焰山》之猴炙热中道之行者，到了《猴变》，瑞献把毛笔当炭笔，白描出了猴的诸种情态，提升了猴与树、树与猴，生命与自然的流合关系，一种箫声入竹林，返璞归真的境界。

特写手法　物体放大

勇于抛弃是不执着的钥匙，这就是为什么瑞献的作品，一幅就是一扇打开的窗，可见迥异的风景。瑞献曾说：“我一向不喜欢重复，我的作品是一张一个题材，这是由于我个人的气质、喜好与习惯的关系。我觉得重复不能带来创作的刺激，也不是一个好挑战。”

这回的展出作品，我们可以看到瑞献以大特写法，放大竹与叶（巨竹），放大水与石（大花海幻觉或冷泉危石新结构），显示中国水墨技法柳暗花明之一面。我们可以看到他用电影之慢镜头，谱唱《斑鸠之歌》；我们可以看到他把金字塔包扎成火焰山，红地毯上焗出手持菩提绿芭蕉叶浑身白热化的孙猴子，在格局上布出新的完美……作为一个画家，瑞献的幅幅作品有如他的水墨作品《在瀑布边上筑巢》的小鸟超乎动与静之寓意。而作为一个有缘先睹为快的作者，观画之妙觉绵延难尽，只能于此把这个画展的日期时间地点告诉读者：陈瑞献绘画作品展，地点：国家博物院画廊，日期 5 月 25 日至 27 日，时间：每日上午 10 时至下午 5 时半。

蜂雀竞飞（宣纸彩墨）
1983，138 x 70cm

静寂是一种语言（画布油彩）
1984，97 x 116cm

写出来的脸

画人用笔，不是笔用画人，这是诗人画家陈瑞献的创作信念。他自小把玩毛笔，对这种文房四宝之一，尖齐圆健四德俱备的媒介，掌握自如之余，突破历史重负，以之作人像画，他自称为枯笔画，蔚成一种独特的笔墨绘画艺术。

且请先欣赏他枯笔下的两个人们熟悉的人物。

两下笔墨见神采

就说霍梅尼吧。这名在 1979 年结束逃亡生涯，回到伊朗，赶走国王巴列维，以宗教热席卷整个伊朗进入风云翻覆境地的伊斯兰教什叶派长老，在瑞献笔下，深墨浓扫，成了他的压顶帽，一按一收的长锋笔，浓眉盖睛，顿生睥睨之感。随意笔的胡子，似火燃烧，两画成唇。

再看看中国一代文豪鲁迅。瑞献枯笔蘸墨，

左右走势，其头发有飞动之感。顺时钟勾画出的方脸中，横眉冷对立见。粗墨胡子，栩栩然鲁迅之神采矣！

始于 60 年代末

瑞献作枯笔书，始于 60 年代末，当时他编《蕉风月刊》，力介西洋文学，他巧妙地用一支破烂羊毫笔，作了一幅枯笔画为插图。

中国人像绘画，要到宋朝以后才得到平衡发展，李公麟以线描工笔勾勒填格，人物较平面。梁楷作《泼墨仙人图》，意笔酣畅淋漓，但凹凸感有嫌不足。“五四”以后的近代画家，虽然尝试融西洋透视法入中国人像绘画，却很多又跌落纯洋的胡同。

《联合晚报》1984 年 09 月 02 日

托尔斯泰（枯笔画）

毛笔有所谓的九法：点、横、直、左斜、右斜、左转、右转、左旋、右旋。瑞献巧妙地发挥毛笔的潜能。用性能较柔软的羊毫，或较硬挺的狼毫，他一一结合西洋人像光暗技法，以在不同位置，不同角度不同方式使笔产生粗细浓淡线条，光彩，空白来蕴生凹凸感。

妙在适可而止

毛笔的性能，是硬朗的西洋画笔所难比拟的，尤其是笔锋一着，毛笔更是得天独厚。瑞献人像画，吸取西洋速写画技法，但层面比钢笔或炭笔更具立竿见影的效果。即使带入漫画式的夸大，却是发挥人物的传神的适可而止。

瑞献笔下人物，非古人，李白杜甫，无长相可印证，各家各有想象画法。画近代人，无疑是大挑战。东西方各类人物五官的山岭和溪流，以狂草的速度与勾勒的准确性，抓住人物特征。脸，对瑞献来说只是出发点，而藉人物神采传出笔墨之美，才是枯笔人像画的创作终极目的。

《陈瑞献人像》绘书画，由智力出版社出版。A4 丌本，厚 134 页，是瑞献从 10 余年来所绘的约 1500 幅人像草稿中特选出来的共 110 帧。

毕加索说过：“假如我生长在中国，我一定不是画家，而是书法家，我会写出我的画。”瑞献毛笔人像画，无疑是中国书画同源的典型例子。

庞德（枯笔画）

爱因斯坦（枯笔画）

一本世界最小的诗集

陈瑞献微型诗集

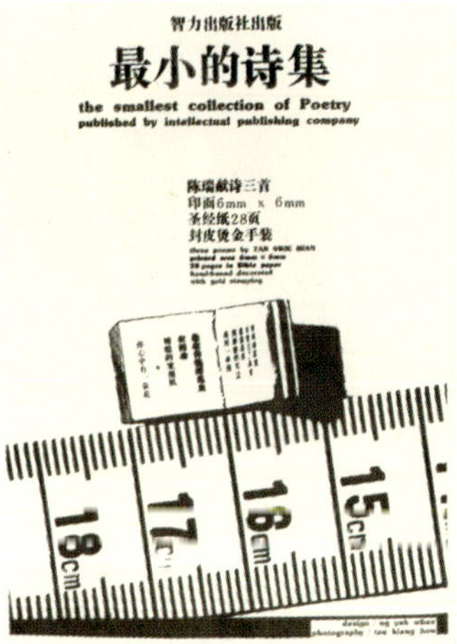

《陈瑞献诗》1983 年在新加坡国际书展上展览的海报。

据“健力士之最”记载，世界至今（1985 年）最小本书是日本在 1980 年出版的一本童话故事，画面长 1．4 mm；至于诗集，则无记载。个人所知，英国 Geoffrey Parker 出版的《华滋华斯诗集》堪称为世界最小诗集，画面为 5.5cm x 7.5cm。由此看来，《陈瑞献诗》可说是迄今世上最小诗集了，也是最小本的华文书。内收诗作三首：《深密》《果贼》《麝香》，共 109 行。

《台湾联合报》1985 年 06 月 01 日

12 年前，和瑞献从芽笼 28 巷他住家漫步到结霜桥旧货市场。在当时，尚是黑泥污水的梧槽河畔，话头兴起时，他随手摘来一片嫩叶，双唇一含，即吹起《啊！白鸽》这首意大利民歌。含叶吹音，并非难事，但要让绿叶的每个纤维脉孔，转化成徐速有致、高低抑扬有谱，就不得不耗几分功夫了。记得瑞献说，为了编串音符，他的小房子几乎变成了树屋。

瑞献是个艺人，为了几个天然妙音，他有在一方室内浮沉叶海的贯注毅力。听说他要出版一本微型诗集，猜想这必不是大型开本缩小那么单纯。看过他在一方板上丝毫不苟地刻传意念，也震颤于他用 35 方金石显现一个平凡道人的历程，把弘一大师生平事迹还诸 30 方刻印，无不是化平凡为不平凡。

时间是 1983 年七八月间，适值私事，也在印刷厂忙。某个晚上，在"金昌印务"遇见瑞献，他同印刷厂老板傅文才进进出出暗房，两人情态如临大敌，一张张底片冲晒出来了，互相轮流用放大镜，单眼聚精会神，从小镜口中细看平放在透光玻璃桌面上的底片。一张底片行行诗句是由普通级数字体的大缩小，字字如蚁。为了一个字的曝光过度，也为了一个字笔画的模糊，他们互相讨论、争议、比较，偶尔爆发几声自嘲笑语。

瑞献开始时是在印刷工友们都下班后才出现。近乎半月，就是一而再地摸黑探索，显影、定影，苦苦经营，难以满意，明晚又明晚。

摄影师 Robert Doisneau 是个纯粹主义者，仅为一张照片，时常要花上一整天时间才印好——单就这事实，就使许多摄影家气馁。他们觉得有更好的事要做，不必让时间漂在暗房的流液里。

对此，瑞献的注语是：真正的摄影家是在暗房的孤寂中工作。

瑞献不是摄影家，但于艺人心路而言，这一点是相为沟通的。Robert Doisneau 的精神，可以为瑞献制作这本微型诗集的印证。

犹记得，单是诗句中笔画达 21 画的"麝"字，为了求取和谐不裂的效果，便重拍了数十次，活像推石上下山的西西弗斯。当然，满意的底片是冲晒出来了，然而，这是消耗多少个夜晚和多少张负片的事了。

出版过 16 部作品的瑞献，对凸版印刷技术虽不陌生，毕竟还是个外行人。也许是外行，给予他更广阔的空间去听取、容纳、吸收、检讨别人的意见，化成自己的手艺。

在出版过程中，印刷厂的工友，几乎人人是他请益的对象。有些工友们笑他像是个分文必较的“悭吝者”。好玩的是，随着瑞献不再是他们下班后才出现的家伙，随着频繁的接触，工友们都成为了间接的参与者、关心者。这之中，他们津津乐道地把平时编打大字看大版读大书的经验，逐一缩减到必须用显微镜来工作的奇新味道，进而分享了出版过程中的疑惑、烦恼和快乐。

连装订厂老板都为这本小书的装订皱眉的当儿，瑞献还是孜孜不倦地思三索四。他是那种可以捧着数张小纸片低头苦思，不管旁边发生天大事情的人，印务厂老板叫他回家用缝纫机缝接算了，想来也是，如是照做，效果未见理想。

经营装订数十年，最后，装订厂老板也起了兴致，要为这本小书效劳。人言，驾惯大船未必会撑小舟，订好的小书，版面上下不齐，拿位失准，全成了废物。瑞献还是决定自己来，灯光下，张张薄薄的《圣经》纸，翻折、对线、钉稳，划定位置，才送去细针缝。

1968年，瑞献在《巨人》诗集封面上打下高度个性化，任何复制都不能传真的重磅指印，开启新马现代诗坛的新窗。15年后，这回他又以历经岁月与心智路程炼化的指纹，在精心制作个人的第3本，也堪称是世界最小华文诗集的封面上，印上指纹，烫金为记。

为书套封，瑞献本本亲自上胶，最令他汗水淋漓的是为书修边。小诗集放在切割机上，刀未及下，早被压扁，分毫长阔，无法拿捏得准，瑞献只好自操刀。

除了无数的尝试加失败不算，第一本《陈瑞献诗》，由封面到切割，求取绝对，几个钟头，可说是完全在定境的心识状态下工作。一个缺乏耐力的人，你真会难以忍受一个庞大身躯，一只硕大手掌，为成就一本只有6mm × 6mm周转余地，极小的书本而无视周围人群的存在。

心理学家马丁·布柏在讨论“我—你”这个概念时说：我们用心雕刻一块木头时，可以与木头建立亲密的关系；欣赏一棵树时，也可以与树建立亲密的关系，只要我们跟生命这样建立关系，永远不会感到孤立。作为一个旁观者，我是这么样看待瑞献的小书经营。

一份赤子心，可以使瑞献对任何人生或艺术兴起真情，投下巨大心力。《陈瑞献诗》准备出100册，每册附有编号，册册亲身力为。抛开约定俗成，把一个大我的自身缩小，这种心识体操，得精神集中，如一束穿过凸镜的光，受阻面小，较能穿过防碍，达一般人以为不能达到之境，超出正常阶段之外，反过来对正常起镜映作用。人的心识，如此可以拓宽。

读《吉尼斯世界之最》，最能惊讶领略艺者之无所不能：多次名列该大全中的法国模型家Jean Damery，造出了世界最小的火车头，可走动，最小的小提琴，可奏乐，他甚至把父亲的摄影沙龙整个缩小，拍摄冲晒出9mm的小相片；而在亲睹瑞献完成编号No.1的微型诗集的刹那，脑海中闪过的，是明末魏学洢笔下《核舟记》中王叔远巧刀雕桃核成舟的《大苏泛赤壁》异品；还有，怀念起那一位，当年第一个把地球缩小，把海陆空砌上圆球仪上的佚名家伙。瑞献把小诗集，如珍珠般装进小盒里，我又仿佛看到当年的贾可梅提（Giacometti），将一个可在指尖上旋动的细瘦雕塑，装进了火柴盒里的庄严。

造微型物，绝不能怀有侥幸心理，从意念的初发到着手制作，一切都须计划周密；失败了重新开始，丝毫不许有偏差。有缘亲睹微型诗集面世，难不为瑞献的能耐与心手之准确所动；过程中他那种如临绝地的工作态度，令我难不拙笔为文，同大家分享艺人果成之愉悦。

《陈瑞献诗》微型诗集出版后，即在1983年9月于新加坡世界贸易中心举行的国际书展上展览，为期两周，参观者逾万，出尽风头。男女老少，或借助于放大镜，或眯着眼睛，情趣无穷。

圣泉

问猫安否

珍惜蝼蚁生命

一个城市人心中的田园

《联合晚报》1986 年 10 月 03 日

晋人陶渊明化身为捕鱼人，沿溪行而入桃花源，阡陌交通，鸡犬相闻，但净土从此不再有人寻到；诗佛王维，七言乐府中行拾这还从物外起田园的灵境；今人陈瑞献，在喜马拉雅山一山谷村中，豁然见得，恍若隔世，遂有在一方纸上以形彩造境之画作《鸡犬相闻》。

山树花草，鸡犬房舍，良田美池，画家并非不食人间烟火，而是在蝼蚁浮尘中，为现代人的心灵开窗——作为一名观者，站在刻于 ArtForum 画廊举行的陈瑞献胶彩画展里，我如许感受。

东坡看山，横看成岭侧成峰，瑞献则宏观群峰，微视沙石，更点以想象的翅膀。《山翅》画幅，以红色为主色调的山云奔天而上垂天而下的一隙间，画家点山石成金，气势磅礴，乍然有如交响乐间中倏地拔高的众音符。当代印度杰出摄影名家，也是《今日印度》特约的两个摄影家之一的拉古·雷（Raghu Rai），面对这幅《山翅》，他说："自然并未赋予任何人从一山取下一石的权利，除非那一石能给予像那一山一样崇高的灵感。"

山石中颖悟大千，灵思的启发，也无非来自诚如柯尔培（G. Courbet）所说的："像好烹调，一嗅就知道"的这等心识。

沙中见草的感激

瑞献两年前游不丹、缅甸，睁眼或合眼与原始的大自然对话。南山系列画作，固是一个道人的菊花会心之色彩化。但对微小生命的最衷心赞美，却令人有沙中见草的感激，《野荸荠》并肩，留白色，在隐有草蔓滋长的红原野中，广袤里的温煦，天地真不寂寞。

这种光与本然的闪现与摄取，在空寂无人的山野，却也在一个城市中。看画作《突见好鸟一双》，两只白鸟如光，闪闪在藤蔓枝叶间，据画角题款，是画人一夜访友，临别于门边藤蔓间见好鸟一双，好梦方酣，因此而作。

色线是思感的绸巾

这幅《突见好鸟一双》，是用焦赭着于滑纸面，使画作仿佛古绢颜色。这是瑞献用胶彩作多方面探索与发挥所得之一种。

如果说水彩是诗，油彩是长篇小说，胶彩则有如介于两者之间的散文了。它色阶丰富，调度性能大。瑞献用之于排刷或流动成平整一片匀过的颜色，或者叠合，纹理皆可观；在大写意外，在作较细小细致的元素，他有泼点、眉笔以及更具特点的调色刀之运作，于滑、粗，或在屑缣毕露的不丹糙纸上更见机杼。若说色线是思感的绸巾，那么，这个胶彩画展，是瑞献诸多个国内外举行的个展中，舞得最缤纷的一次。

瓜果悬藤有光

萤火点睛，在我们这样一个把自然奉献给钢筋水泥的都市，似乎是湮没在打桩声中的记忆了。穿过时间的回廊，车胤萤灯苦读，使我们仍有贫窑诗书饱的缅怀。瑞献作《萤火虫果屋》，用调色刀代笔起棚长藤建屋，让萤火虫住进了瓜果，在赶走黑夜的孔雀蓝里，红紫青的瓜果悬藤有光，是一种与共的生命专注，互爱的理想，是诗的最清纯的音籁，是一种童趣。

瑞献以脑波作画，并非为画而画，是文学是音乐是宗教是幺想心感的有形面貌。东方文人画的火种，点燃他生生不息的题材，自由心的运作，这回的 30 幅胶彩作品，是用色线耕出了一个城市人心中的大田园。

萤火虫果屋（画纸胶彩）
1986，77 x 112cm

突见好鸟 双（画纸胶彩）
1986，55 x 75cm

渊明山谷（画纸胶彩）
1986，56 x 77cm

茶道几上传心

千坂精道法师监制陈瑞献《十牛图》木皿

《联合早报》1988 年 11 月 01 日

陈瑞献1983年一管毛笔绘就了《十牛图》，戴文治法文作诗，台北印刷面市。六年后《十牛图》因另一种因缘，以木皿形式，在日本的茶道几上“出版”。

这有何特别？一直以来，中外许多名家杰作，均成为日常生活用品上的装饰，予人用之余有赏心悦目之喜。然而，单件时是木皿上的一幅画，总合时变成一套传心运作，这是日本禅师千坂精道借道传道的一种巧思，也使诗人画家陈瑞献的《十牛图》，得以另一种方式让人会心欣赏，或铺成法传的桥梁，使它更超脱了存乎雅事这一层次。

十皿成套　外观像部大书

拾薪、提水、煎汤、沏茶，日本人茶道，以之为修心养性，甚是庄严其事。矮几旁，众人席地而坐，矮几上，配名小点，向来十分重其精致，盛点器皿，也讲究入微。日本佛寺禅院，供佛敬客，以共品茗为首。千坂法师以陈瑞献《十牛图》制作300套，一木皿一图，十皿成套，精盒包装，布绳打结，外观像一部大书。

木皿用原木浅褐横线色调，造就远近感，长阔为20cm×11cm。千坂法师说，每一图印在木皿左侧三分之一处，糕点是放在右边，客人在品茗用点时，也能品赏皿上图画，而在木皿背后，都印上所属之图幅名。（如《十牛图》之六：骑牛归家）

每一名客人案前皿上有一图，而邻坐者皿上之图一定不同。品茗用点后，客人中若有人见图画互异，起好奇心，主人就可指引客人翻阅木皿背，见图之题名，主人并可引发客人相传木皿观赏。千坂法师说，主人也就能与宾客有了欣赏分享的话兴，或解释《十牛图》的法显与意义。

《十牛图颂》（寻牛、见迹、见牛、得牛、牧牛、骑牛归家、忘牛存人、人牛俱忘、返本还原、入鄽垂手）是宋代禅师廓庵师远以图画来说明一个禅者，由修行而开悟再入世化众的心路历程，最早的《十牛图》已失传，10首颂诗却流传下来。千年来，不少修行者与墨客，以自身体验重现《十牛图》，或因颂会意而成诗入画。

千坂法师是日本东园寺住持，这回监督《十牛图》木皿的制作，是为了纪念其恩师秀峰和尚32周年祭日，因为秀峰和尚生前酷爱《十牛图》。

在众多《十牛图》中，千坂法师说，最后

受考虑的还有另两组：一组是日本国临济宗大本山南禅寺住持柴山全庆法师的遗作，柴山全庆法师也是近代日本名画家，13 年前于美国圆寂；另一组画作是中国古代高僧邝庵禅师手绘。最后决定，选新加坡陈瑞献《十牛图》。

《入鄽垂手》内容与古今中外画作异趣

个人所见之《十牛图》，对之《十牛图颂》，皆见图因文生义者多。鞭牛驯牛，人牛角斗，以至驯牛得牛，忘牛存人，人牛俱忘等。瑞献之《十牛图》中得牛者则与牛欢欣齐舞，牧牛则与牛相拥抱，不见鞭影，唯闻羌笛。（这究竟只是艺术层次的所见。）

千坂法师说，如何得道（得牛），人各有路，修行门径不止一条。瑞献作《十牛图》，艺术造诣固是上上品，但它之与古今中外绘作异趣者，妙点在第 10 幅图《入鄽垂手》。（这是坐破蒲团再回来世间的觉受。）

法师说，传统所见，图皆画一大肚腩出家人，提布袋，走向人间，助人化众。瑞献所作，却是牛变成了匾额，上书“吃饭劈柴”，牧童是一个朴素无华的庄稼汉，和妻子一起蹲着吃饭。

“开悟，并没有失去世俗的平凡。”

这也使我想起了曾来中土传法的西藏密宗禅师诺那呼图所言：打破了玻璃瓶，困在瓶中的空气（自性）又回到空间，与广大无量的空气融和。空气还是平凡的空气，只不过比困时更自由自在了。

禅，不一定在庙宇　禅也是“最世俗”的事

法师说，自身得道，并不等于自己是高高在上，与大众产生距离。今年 60 余岁的千坂法师目前也是日本国际临济禅交流协会的理事长，曾领导日本数个佛教组织，所主持的“报恩感谢运动”，是日本一项浩大的社会利生工作。

访问千坂法师当天，我们到植物园去，日午炎炎，身着衬衫西裤，头戴扁帽，驻足在一棵老树下听蝉，这位好谈、爱笑的禅师，说他戴帽子，是要使自己看起来和大家一样。禅，不一定在庙宇，他从事社会利生工作，和大家一齐旅行，把自己放在人群中，吃人们所吃，看人们所看，选上了瑞献的《十牛图》，他两次专程来新加坡，一次在 7 月，带来样本让作者过目，这回，是亲送完成品前来，他做着“最世俗”的事，的确是一个再平凡不过的人。然而，看他身披袈裟，手抱瑞献《十牛图》木皿套盒的庄严法相，顿觉得，阳光原来是一样地打在我们身上。

千坂精道法师与陈瑞献合影。

扶桑墨印

天合（铜版蚀刻）
1989，8.5 x 7cm

陈瑞献是本地艺坛的多面手，除了印石与纸刻，他的其他版画类种，对大家而言还是陌生的。1989 年 7 月，他到日本福冈参加第三届亚洲艺术展外，还代表新加坡参与共 15 国 18 位画家（日本多占三位）出席的亚洲版画工作坊。

虽为铜版石版画生手，陈瑞献这趟为本地艺术爱好者带回了 4 幅作品，这是他花约两个星期时间，在不断的交流、应酬、访问的间隙中，于福冈九州产业大学版画工作室和旅馆的晨昏中完成的作品。

“准备实验新效果”另一跨步

来自亚洲各国的名家都在紧迫的时间内、极大的压力下完成作品。陈瑞献这位来自赤道小国的艺术家，也能自如地配合方寸时间，在助手的协助下，不但完成了主办当局规定，印数 120 张的铜版作品《听经》，也另作 3 幅小品，在这个亚洲首次具有历

《联合早报》1989 年 09 月 24 日

史性的版画工作坊中大有收成。

就创作而言，版画对于瑞献是“准备实验新效果”的另一跨步。也许是他向来主张“画家用笔，不是笔用画家”创作观的另一次实践。在 1988 年 7 月接获社会发展部的选派通知后，他便开始筹备工作，深入了解主题，构想画面，也依据书本知识，比较自己刻印纸刻的凹版经验，并向从事版画创作的庄淑昭及陈水成等人了解技法情况，然后选定铜版蚀刻为版种。

知识是工具　创作取决于心灵

凡艺术媒介必有局限，但各种媒介在创作上有互通款曲之处，同时，能在甲媒介之短处带入乙媒介之长处，则可打破局限，产生新性能。瑞献说：每面对一种新媒介，先前掌握的一切其他媒介，立刻在心脑中组成一张参照网，而后把新媒介摆在网中最恰到好处的一点上，让它跟其他点起触类旁通的作用，从而看出其最佳性能，最后才作选择。又说：知识是工具，创作取决于心灵，无一法为万能，作版画只是创作经验的自然参合扩大，了解了技法性能，一切均历历在网里，刀就在自己手中。

福冈市美术馆这回主办的盛事，也是为配合美术馆建馆 10 周年暨福冈市建市 100 周年纪念。美展与工作坊的共同主题是：“亚洲现代生活的象征识见”。经过长时间的构想，在画好草图后，瑞献花了一个月时间雕刻，到拉萨尔艺术学院版画室与杨玉珠同学作蚀刻，才携件赴日作直刻部分。

“有备而来的做法总是对的。”瑞献说：“出门是代表国家，免不了交流应酬等与创作无关的繁务。时间掌握不准，最终难免会敷衍了事。对于工作时间，我是精打细算的。”

在工作坊，发挥最高的创造力

版画工作坊原是从 7 月 4 日至 28 日，活动频繁，实际上是从 7 月 10 日才正式开始。18 位代表画家被分派到 3 个地点的工作室。来自幅员广大的国家代表获配的是福冈美术馆这种有冷气设备的工作间，新加坡代表被安排到比较偏远的产业大学版画室，和孟加拉及菲律宾画家在一起。另一地点是九州设计学院。因地偏远，瑞献还向主办当局打趣道：像是发配到了西伯利亚。

然而，九州产业大学工作室仍因参与者协调合拍气氛融洽而发挥出最高的创造力。75 岁的福冈市日本书法泰斗石田仙峰特

陈瑞献到日本福冈市参加工作坊，福冈书法泰斗石田仙峰特为他举办欢迎会。

为这位来自新加坡的艺术家举行盛大欢迎会。仙台、东京、京都多位临济宗禅师特来福冈欣赏其作。在所有的聚会上，这位来自多元文化社会的代表，都能以他自如的应对，让人留下印象。

在国际艺术会上　与人平起平坐

一个文化小国艺术家，能在国际艺术风云会上与人平起平坐，并发挥影响力，才情不说，单对艺术政治与外交的轻重予取就必须深有揣摩。有位西方记者发出了这样的问题：“东方艺术是否被西方忽略了？”我们的画家回答：“我们向来就不断学习认识世界文化，这是一个你们必须自问自答的问题。”

谈及此行观感，陈瑞献说：在工作室，一个问题，任何问题，几乎马上得到解决，足见日本在版画技术设备上的先进齐全。画家需要协助，主办方甚至从别的都市飞来专人，足见日本人办事的认真有效率，此其一。

其二是此行学得技术，也购买了一些原料，希望能与爱好者分享，这也算是一种技术转移。

其三是与他协作的八木穗，起先以为只是协助艺术家的印刷匠人（版画制作以艺人为主，匠人辅之），彼此间参照稿样，反复研讨调整，每有收获。后来始知对方原是位大家。此人心胸开放，谦虚无私，倾其所知示人，使得自己同认为“一个好画家首先得是个好人”的看法又获得了一次印证。

陈瑞献此次的日本版画之旅，就代表国家或于艺术家而言，予人的感受是：一个自由心灵，在任何时空中，伸缩自如，调合主客观条件，使一事圆满完成。

听经

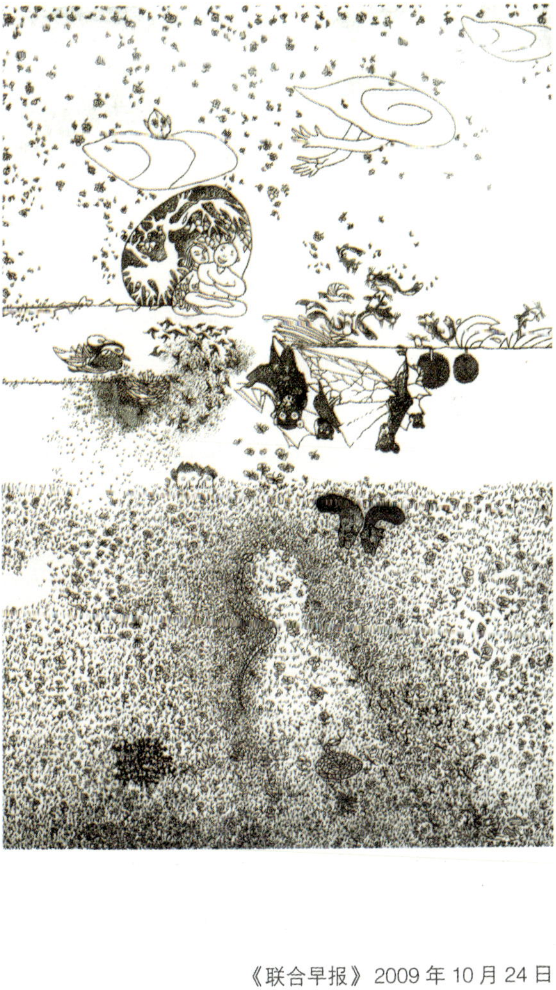

听经（铜版蚀刻与直刻）
1989，44.5 x 30cm

《联合早报》2009 年 10 月 24 日

一幅欢愉交织的景象：描述佛陀证觉，六道四生，欢喜赞叹，皆来听法的华严结构。天花飞坠，香草蓬生，都是美好语言。六道形象，艺术选择皆回归华人民俗与信仰，阿修罗有雷公相，天人是云中化开一双手。有情之人道畜牲道万物皆双双对对，如作薄意刻于大石前的情侣（幸福）、鸳鸯（情爱）、蜂鸟（自由）、鳙鱼（廉洁）、蝙蝠（吉祥）等等。佛陀之相只呈白色影，隐约扬遍一切处之光源。一蛇在气海，一蛇蠕动而上，喻示蛇火解放唯受调御，修练圆果。

画象征意象之丰富，慢工细凿，得细心欣赏。如挂着热带风情的榴梿，地界冒出头的饿鬼等，是一个艺人在现代生活中内外灵见的艺术组成。西方素描线法与东方白描线法在细针铁笔下的错综融合。华严景象，是这位本地超现实主义点火人的另一艺术造境。

青年慧能（铜版蚀刻与混合技法）
1989，8.5 x 6.2cm

听经（画布油彩）
1995，209 x 307cm

他或在彩虹示现处

雨后放霁，满幅烟云活，群峦峰中，光显处，一抹彩虹，仿若一道桥，观赏者临于苍莽，心里也有了猜度——《他或在彩虹示现处》，大宝森节，和摄影同事把陈瑞献胶彩画由屋内扛到阳光下，感觉是美妙的。“松下问童子，言师采药去，只在此山中，云深不知处。”贾岛千年吟《寻隐者不遇》，我在画里找到了现代变奏。

心灵与现实的交织

日间忙于朝九晚五的稻粱谋，夜晚才是创作的天地。或许对这样的画家而言，太阳、星星和月亮是同样眷顾人间的吧！有位铸铜世家子弟看到画家兼客厅兼画仓兼子女读书室兼猫狗来去自由乐园等共有的画室空间深感惋惜。他好心肠劝导画家应有间像样的画室（赵无极工作坊顶上就开了十二面天窗），而且必须北向，因为北来的光源一致，画人善解好意，但那种彻夜日光灯管下作艺，清晨煦光一洒，画面色彩之变化，绝佳心境尽在不言中。

在阳光底下看这幅胶彩作品，题目是诗的，感受是诗的，一抹虹彩，是诗意的符号，如一道慈光，把你带进山树耸动中的安宁和平静，这个吊诡，则是哲思的点化。

以艺术说法，是陈瑞献内修的外显。但在艺术的追求与落实、酝酿与构成途上，则是他心灵之旅与现实之行网络的交织图景。

体悟蕴聚成一释放点

访问画家，一起说山。1987 年他与友人登西班牙比利牛斯山，风大云深，寥无人迹，“我有如置身于宗教境界。”他回忆道。近年来，画人爬山不少，中国武当、喜马拉雅等，他提及为国人所熟悉的，到云顶的感觉，则是最典型“视而见，看而不昧”例子。他说，一回到云顶，云岚缭绕，整

《联合早报》1990 年 11 月 13 日

座山被环抱其中。映现在他的脑海中的是汉代的“博山炉”（刻在国家文物馆展览）。此炉座雕如山，凹凸起状，间中有仙子，炉肚点香，烟霓从小（山）洞口袅袅而出，冉冉抱炉，不就是神仙之境吗？

陈瑞献的涵养和学识综合成了他艺术的迷人连绵。他用自由心当写生簿，挖掘题材不让题材压制创作，试验技巧而不让技巧拉着心念走。四方八面的体悟只蕴聚成一个能量释放点：灵识创造，如经中说“心是工画师”。

走钢索之作

本文选择《他或在彩虹示现处》当主题，出于笔者有幸，从1973年瑞献的第一个个展至今，一路有缘欣赏到他的力作。而当我第一眼投注这幅中国传统笔触浓郁的胶彩画时，深觉这是陈瑞献体的一幅走钢索之作。

这幅作品实际上面临了中国传统山水画陷入绘山水、不与山水对话，擅梅花而为梅花淹没的厄境挑战。论气度，尺幅千里，工笔下热带树木，枝叶曲缠，近观点红绿草之质可见；而山岩嶙峋，依次远递，隐遁于排笔过处，水云交融与光的游移中。

我想象，如果间中没有了那一抹稀薄透明的彩虹出逸出谷，再高超细密的技巧，也无法成就这扛鼎之作。它使我们僵硬的山水感官有起死回生的新鲜可能，在此我们看到了艺术的真正动人神髓，也看到了现代文人画的一个契机。

瑞献作此画，我有“险峰看景”的撼动。

从寓言到画布

进入深邃哲学、活泼观念的层次，陈瑞献文学的、宗教的、书法的人文全面素养，使他如蜂鸟，在时空透视与艺术转寰上进入生命绝对的自由境地。

《虹法》一作，足以体认上述元素。

八道彩虹穿梭在8座孤踞如8座宝塔的仙山，闪见的亮光中，光为一切之初始，造就的立体晃动视觉，有如梵音诵唱。画幅下端，书道：

　　在旷野，旅者对一大团白光说：我无法正视。

　　白光立即化为8道彩虹。

“虹法”实为弘法。题款是瑞献最近发表系列禅味十足的寓言其中一则。他说：“我写的寓言，转变成再被我观察的对象，为另一出发点，我把它再从文字带回艺术中来。”

“比如《花鸟》，是我的雕塑《花踪》的灵感来源。《花鸟》使雕塑在造型上有了新的想象。”

“从寓言也可到画布。”瑞献说：“文字的好处，如诗，让心一颤动，即能让人进入经验，无视觉转换的挑战，但转化文字为映像，人在美的环抱中，在众无形中要有有形的挑选与安排。”

着眼世界寻身份

由七十年代初的冥想出发，由佛经故事的形象化到感悟的潜型化，由小岛国到周游世界，不论是心路历程或现实地理之旅，坐视宇宙或放眼世界，陈瑞献的艺术成就已经使人习惯了他那种“反人旧习”的危崖艺行。

有人说：“如果你在 X 地的话……”陈瑞献听了哈哈大笑。他说：“我住这里我家在这里，人家问我从何而来，我的答案是，我是一个国际化的新加坡人。”

他说：“新加坡人寻找自己的文化身份，应当着眼世界。”

“成熟吸收成就一个人的自然表现。”

在这句话里我们结束访问。画家问我：“你最喜欢哪一幅？”

而我心中响起了泰戈尔的诗句：创造的神秘，有如夜间的黑暗——是伟大的。而知识的幻影，不过如晨间之雾。

“松下问童子”的我毫不犹疑地回答：“他或在彩虹示现处。”

他或在彩虹示现处（画布油彩）
1990，209 x 307cm

《陈瑞献选集·散文/评论卷》 序

《陈瑞献选集》，
徐锋编，1993年长江文艺出版社出版。共分《散文/评论卷》《诗歌/寓言卷》《小说/剧本卷》《译著卷》和《美术卷》。冰心为《选集》题字。

1993年04月28日

1983年年中，连续两个月，当时还在法国大使馆为稻粱谋的陈瑞献，每当太阳拖去这城市疲倦的阴影时，他总是踩着“换一身新骨”的步伐，踏进加冷工业区的一家印刷厂，在暗房内忙碌，放大缩小，缩小放大，埋首于超微型诗集《陈瑞献诗》的制作。我当时也在印刷厂赶编一本文艺杂志，先是为陈瑞献这一举动所惑，后恍然大悟地为陈瑞献这种“心识体操”所动。

以世俗眼光来看，出版一本6毫米乘6毫米的超微型诗集，未免有“哗众”之嫌，但在领略一个艺术家“恒在工作”的精神后，我拿着这本诗集放在嵌有放大镜的小盒里时，看烫金的封面流泻指纹的瀑布，深觉它与“广为流传”无关，又实实在在地看到了一个身体力行的艺术家真实的一面。

陈瑞献是一个天才——当陈瑞献出现在人们面前，令人目眩而人们无以名此景况时，只能诉诸“天才”二字。托尔斯泰说：天才，就是具有高度忍耐力者。我相信上苍的确给了瑞献一座山，我更深信这一座令人神往的大山给了他大耐力，他开荒劈岭，雕树塑花，流血流汗，不断求索钻研。

用一双大手掌来制作一本小于一片指甲的小书，无疑是把正规的制书方式放弃了，把一个大我的自身缩小。在大我小我之间不断收放，能达一定境，使一种精神集中，如一束穿过凸镜的光，没去受阻面，穿过障碍，达一般人所不能达到之境，超出正常阶段之外，反过来对正常起镜映作用，人的心识，如此可以拓宽。

瑞献对我说：这是一种“心识体操”。

初识瑞献，记得是1970年，16岁的我与同学学人搞文艺杂志，因仰慕牧羚奴大名，登门求教。这位年长我们10多岁的新马现代文学的开创人物，带我们上街，摘路边的叶子，在与我们谈文论艺之余，吹奏

陈瑞献与冰心合影。

那热带的乐音。为了学口含一叶吹奏乐音，他曾经叫书房变成了树房。我们也听他说写《冰魂》这首诗，整天在冰店，就蹲着看冰，当呆子入神。我们听过许多他生活中无处不观想的小故事。天天在最讲时效的外交圈工作，他甚至连手表都不戴，锻炼自我敏感于身体的时钟节奏。他曾有四年不创作，只禅修，其实，他是处处在作自我心识操练。

有缘观察一个艺人苦苦工作2个月，看一本只能用两个小指夹着的小书从无到有出生，再串连起一系列耳闻目见的小故事，才来看大山似的一本大书，这样便构成一种特殊经验。

与微型诗集几乎同在一个时候出版的新加坡版《陈瑞献文集》，我喜欢称之为大书。“心识体操”是陈瑞献一种修炼发挥活力的特殊方法，成就超微型诗集是其成果之一；而大书《陈瑞献文集》，我认为每一篇文章也都是陈瑞献“心识体操”的锻炼成果。不论是书翰、访谈、评介、报道或游记札记等，他都不囿于理论的框限，而是借与各种特有心灵的沟通、互探、角力、切磋、出走、回头，与之心息相系、血脉相通，再将自己也是一个创造者的思维和感兴的触角延伸，像一部钻研不休的机器，把彼此生命的岩心从地底挖出来，喷洒成一柱令人惊喜的七彩喷泉。

这一柱喷泉在日光或月华的照耀下，显现撼动人心的变幻光彩；但当我们把目光对焦在个别的水柱上时，起起灭灭，灭灭起起，又使人感到那么饱满充涨，那么宽广无限。瑞献作为一个风格艺人，一个艺术多面手，他的文字，有如在电脑晶片的一方面积内，容量令人屏息，那是诗声与画语的贮藏，更是无限美的有待欣赏，这与超微型诗集的制作，是一脉相承的体现。

一方电脑的晶片即使具有亿兆的容量，毕竟有其极限点。人脑是一个小而完整的宇宙，一个大我的生命的充实，一个小我的弃我执，其唤起的明觉感，却可引通深远无限的自由创作世界。瑞献的“心识体操”，不断拓宽拓大他自身的容量，终与万物同心，毫刻幼蚁，或巨笔兴涛，靡不伸缩自如，令知识与智慧交会，在自然天成一点。1988年，我在瑞献家中那又是画室又是猫狗休闲往来之地的客厅，看他的油画近作《蜂鸟次元》时，我有千分之一秒的惊顿，蜂鸟竞飞，上下左右无天空弗届，这是瑞献力行体现的“自由心”最传神的象征。

面对瑞献这样的艺术家，我们真的不知道该怎样收敛我们的掌声——当我同《联合早报》文艺版的同事策划陈瑞献专号，以向读者宣布、分享他将在中国出版大部头选集的殊荣时，我们竟不知道要怎样下笔才能介绍这名已享盛誉的艺术家，最后只写了以上的一句话。而瑞献向我这小辈索序，更使我受宠若惊，他于我，亦师亦友，午夜灯下，我拿出自己珍藏、置放在放大镜盒子里的陈瑞献超微型诗集，再翻阅我常置书桌上的《陈瑞献文集》，写下“小书看大山”5个字。我每一次温读，每一次都得到思想世界偏僻处的一瞥景物，新觉新受，绵绵不绝。一位马来西亚年轻朋友在看了这本书后，有“读后令人感到渺小的书”的浩叹，深得我心。

我想起有一回同瑞献到马来西亚彭亨森林探望原住民，入晚回到乡下小镇。由于瑞献曾义不容辞地捐画为当地小学筹款，当晚慕名抱感激之心而来的农人，围着这大都市里来的大画家问画画的事，酒淡情浓，他们话着菜蔬也说着齐白石毕加索，我则从板缝里看农家闪闪烁烁的灯火，微雨过后，蛙鸣虫唧，瑞献胶彩画《萤火虫果屋》来到我眼前，那天然的契合流动着妙音，《陈瑞献散文／评论卷》便是陈瑞献艺术硕果里的萤火虫，藉此，走进陈瑞献的世界，亮着盏方便的灯。

天地的艺术　时间的艺术

秋风寒凉，从湖北宜昌市上路，长江时隐时现，循山路而行，路面时平坦时颠簸，沙尘飞滚，农人在田里劳作，横亘顶上的，是穿山越谷气势雄伟的高架公路。我们经过的是长江西陵峡段，三峡大坝工程的重点地带，映入眼帘的景象，古老，现代，那么的不协调又那么的生气蓬勃。一个多小时的车程，我们来到了西陵峡峡口天柱山麓一个叫石门的山地，就在山道急转弯处，眼前豁然一亮，山，以满壁的龙飞凤舞欢迎我们。

这里即是“三峡刻石第一观”的现场。

人文艺术　人与自然契合的中介

我们先登上一个小山，地上散置大小形状各异的印章刻石，个别都是画家印章的放大。与小山接续的是一面环形崖，当代书画家的墨迹，由绵柔的宣纸飞上金刚石壁；向前往小径拐，下石阶，岩壁与岩洞上已是书法画作相间相容。驻足小平台上，三块青石拼成一长方大碑，刻的即是我国艺术家陈瑞献书写的序文。居高纵目，向右，长江曲曲，向前，俯瞰仰观，两面陡壁冲天拔起，天缩成一线，两壁崖面都是一幅幅岩画。

老画家关山月《人定胜天》墨宝，刻在环形崖壁上，沿途所见，大坝区土木大兴，已淹没的中堡岛只存在友人的话语中。移山，倒河，迁徙，安民，还有即来临的截流，三峡跨世纪大工程，不正是人与天争的最佳写照！我在秋风拂面的低回里，浏览这摩崖刻石景观，“山川之眉目显于人文”，陈瑞献序所记述，描绘，议论，唱赞的，确是人与自然契合的中介——人文艺术，那令人奋发的品质。

三峡刻石，是由湖北省美术院，中国画研究院和广东画院联手筹办的露天刻石艺术馆。如果没有三峡工程，会有三峡刻石吗？

《联合早报》1996 年 12 月 25 日

世界华人画家三峡刻石纪游序碑（行草）
1994，220 x 360cm
立于中国湖北石门

陈瑞献与潘正镭在“印林”雕刻工场合影。
眼前的大卵石刻的是《瑞献所作》一印。

对于发起人冯今松来说，答案是肯定不会有的。跨世纪的三峡工程在湖北，该省的美术院，肩负时代之托，能不为三峡新文化建设做点什么吗？

长江水长，孕育滋长中华文化的世世代代。大自然本存在着，天工，并不刻意为人类创造什么，但人类与之生生相息，心灵感性的属性，却为大自然所启迪，传下千古不绝美的实在。多少诗人墨客，艺术巧匠，穿透时空，或留迹江畔，或留痕诗文中，三峡是形而下的实体，更是形而上的存在。

摩崖刻石，在中国源远流长，其绝大多数出于宗教的因由，或政治、地理标点的需要。以景观之，以艺术观之，本都不是原制作者的本意。无心插柳柳成阴，却贮积成为中华文化的基因库。三峡刻石，非出于宗教，非出于政治，也非出于旅游的诉求，而是基因库里因子转化催生的有心铸造。

目前的印林，一眼望去，是 100 多“枚”石头的乱石阵。我在尚未装上基座的石与石间游走，石重，我无力如书般翻阅，这群自三峡岸精挑而来的鹅卵石，姿态来自与长江水的长久沟通厮磨。寸方刻石的放大，像生了五官，自成一格为雕塑，朴拙有神。“印林”是首创之举，其意念衍生自碑林。名章、闲章，当代华人画家的身份，在这里都化为艺术的元素。印章这一符号，是印章与雕刻艺术结合获得新生命的呈现方式。

古老而现代，尊古而不泥古，石门刻石凸显的当代意义，纵向展示了继承保存之功，横向则体现了转化创造之力。

楚地的超逸浪漫　南洋的飞想热情

我这个在热带生长，却背袱满袋诗书情牵的游人，以往多次远来，名山大川前，几乎都是与古人游。如今在摩崖雕刻群中，感应着当代的人声与天籁和鸣，凿痕与纹路仍是那么的有迹可循。清新的经验，萦绕着主其事者的想象力，在这个构想里飞越了历史与地理的屏障。

站立平台上，看两片天公斧劈的峭壁，在在令人联想起这百年来龙的土地的大伤痛，一线天，宛若结痂而永不会复合的伤口，如今响应艺术的号召，散居世界各地的 138 位华人画家通过 283 件作品，以情感与意趣来升华流离的痛楚。在我广角的视野里，从平台上远眺，穿过树木田野，只感觉到江水陪一艘载着楚辞唐诗的小船流动着，在层峦叠嶂的护卫下，闲雅转弯，漫入寒气空蒙的山水里。孤帆远影碧空尽，惟见长江天际流——只有李白才在秋静里穿透时空在人心里唱赞，文化的回馈，在时间的长河里回流。

我站在平台上，抚摸这块宽 237 公分，高 155 公分的大碑。

这 296 字的序文书法，出自陈瑞献这个新加坡岛国艺术家之手，立在刻石展示馆的中央，与之相应的，是刻在一线天出口，山脚端面向长江石壁上同一作者的屈原像。这不存在于文学的想象与期望中，它在现实世界中变成了现实——这是一个里程碑。表征跨越地域，在华人世界脉络中的意义。

据我所知，从来没有一个外来艺术家，在这片古老的土地上，在这么盛大的艺术际会被如此肯定接纳为主导地位。而长江恢宏的气度，因此体现在三峡刻石组委等人的身上。

屈原（摩崖石刻）
1994，200 x 130cm

中华文化　在海外历练的风采

由于新闻工作的关系，我常有机会接触国内外各类艺文活动。期间，小国艺术家，纵然有再人的能耐，也不过是大会里聊添的一笔，更多时候是牡丹园里的小绿叶。一位大诗人对我说：“没有四季的国家，怎么出诗人。”。一位名噪一时的小说家对我说：“小国出不了大小说家。”个人可以拥有大陆，个人或只属于小岛，但是，人人都可以拥有世界。浩浩长江赴沧海，天朝中心的主导观念，使他们忘却了长江、黄河都是流向大海的。

江河汇大海，大海通五洲，这是一个世纪以来华人命运的写照。体现在艺术创作上的，是在中华文化母体上萌长的异体，纷呈丰貌。陈瑞献的序文，有楚地的超逸浪漫，南洋的飞想热情，天地的奥秘与文化期许，在幡动的线条里穿串宇宙为一大星空的生命追寻。既发芽于中华文化的深厚土壤，也有热带雨水与阳光的浇灌，兼具欧美文风的熏陶，显露了独特的易骨文采，中华文化在海外历练糅合，另具面貌，在当代的长江畔立碑文，意义立显。

从他们身上　看到长江的泱泱气度

三峡刻石组委以兰亭的期许，邀请中台新4位能书善文的艺术家撰序，最后选定陈瑞献的序文为主序。冯今松说，陈序对艺术发展有形象化的描述，兼具现代观念，且对今后文化有启示性。冯先生曾二度来新加坡，我们做了两回报道，陈瑞献潜三个月一心一意撰文，296字，字字有来历，间中与三院负责人就文体文意用字的书信往还，字斟句酌，争议，坚持，谦纳——我们朋友群中，由于“一字之推敲”成了作者征询意见的对象。

在纸面上，我对三峡刻石的过程有着一定的熟悉，但此刻我侧身立体的空间，却用情地思索、整理意想不到的思绪。华人的艺术，在百年来文化江河与大海的激荡下，互动、透进，其内在性的核心，在华人世界脉络的坐标上，具有更宽广的指向空间。文化如江河，唯其交流，使能有所进展，唯其宽容，使能显其博大，唯其激荡，乃有精深之可能。处此经济大潮翻天覆地的中华大地，我在冯今松、陈立言、刘文湛及詹志峰等位艺术家的身上看到了长江的泱泱气度，他们以一世人只雕一个佛趾的心志，落实三峡刻石的理想。

“三峡刻石第一观”，占地不过是20余亩，不及整体规划100亩地的四分之一。刻石现场艺术总监陈人钰向我们展示序碑的第一张拓片，墨迹水纹，相互晕染，原来是在蒙蒙细雨夹着纷纷雪花下硬着头皮拓就的。一年来，山上结舍的刻工，为融墨石为一体的文化工程，勤勤恳恳探索前进。冯老说：“历来中国石刻景观都是由一代一代的有识之士共同用心血凝结而成，我相信三峡刻石一定有后来人。”

春风、夏日，秋雨、冬雪，还有不时飞来的植物孢子，会徐徐地为当世之华人艺术家，以当代之艺术为长江山川点画人文眉目染上天然的色彩；小鸟、蝴蝶、昆虫，星光月华也会缓缓地相为和鸣。三峡刻石是天地的艺术，更将是时间的艺术。它是长江与大海复回的相濡沫，是在世界中华文化跨世纪的坐标起点，有如一首伟大的诗永远有其未来，三峡刻石邀请我们去体会了这一点。

世界华人画家三峡刻石纪游序

陈瑞献与太太小菲在序碑旁合影。

附录一

甲戌年陈瑞献

人烟起炊于江河，原野茂而丝袂飘谣歌可闻。人观夜窗，惊见星空之眩目，复灯明图腾符号以惑众；彩绘器皿以增馔饮之趣，佩玉和鸣共天地语言；揭开梦幻纱帏，梦中所见铸成青铜一灵禽。江水长，长江乳育中华五千载，花发寰宇不衰。

山川之眉目显于人文。看神兽隐入密穴，身影一帙丹青，好屿天风引来千秋之人帆，而悬棺扣花魂不堕于造化；是以四季有感官，节令传情，人于自然怀抱，遂如云之逍遥于岫。浩浩乎长江水，水位升，香草望神女，栈道高古，赤壁朝新波掷下猿啼，两岸人文之冲积，一代更厚出一层。

甲戌秋，世之华族画家，应中国画研究院，广东画院及湖北省美术院之召唤，展神思鹏翼，飞渡创造之三峡，过灵感之鬼门，抵大江岸。彼以刀笔，凿证艺人立东方，无异于筑巢之蜂穿岩之涓泉，乃自然不可分割肌理；与化海生物为仙鹤石之巧匠并肩，秉一生仅雕一佛趾之坚忍，孜孜作业江岸。取与自然至为榫合圆融之法度，龙呈线之无休止律动，寸色寸痕皆奇迹，蚕茧万变之空间缠结，寸通透寸光靡非天启，霍霍然凤翔一带造型结构之美，令造化于斯时斯地更净化，长江令人长留连。

释

附录二

白话译文 / 潘正镭

《世界华人画家三峡刻石纪游序》

人类文明的起源总是在江河流域。农耕发达，原野变成茂盛的良田，纺织的进步，使人得以穿起丝绸的衣裳，又在劳作和休憩的时候唱起了歌。人在家居向窗外望，为夜空中繁星的奥秘感到惊奇，他点上灯火，让他创造的图腾和文字符号去感动别人。他在陶瓷的器皿绘上彩纹，为烹调和饮食增添情趣；在身上佩带玉饰，让那玉串相互撞击的声音，去跟天地取得沟通。人在梦醒后揭开了梦的面纱，把梦中得到的灵感，用青铜铸成一只鹿角立鹤般灵异的禽鸟。长流的长江水啊，长江你养育中华民族已经五千年了，华族的文化在世间一直开展不衰。

山水是因为有了人文的参与才显出生命力和吸引力。看着一只辟邪一般的神兽走进秘密的洞穴，人就依照它的身影画了一幅画。美好的洲屿，款款的天风，把人类创造的帆船带到江上往还不休；而高高在山崖上的棺椁，把华族的魂魄跟自然造化紧紧扣在一起；所以说四季是有感觉器官的，时辰节令也都在传达人类的思想感情。人在大自然的怀抱里，就好像云霭在山岫里逍遥一样。浩翰的长江水啊，葛洲坝使你的水位上升，岸上的香草和峰上的神女看来更接近了，栈道却仍然是古远的遗物，历史上的赤壁向新涌来的波浪掷下猿猴的啼叫，长江两岸的人文文化的资源，每一代人都做出了每一代人的成绩。

甲戌年秋天，全世界的华族画家，响应中国画研究院、广东画院以及湖北美术院的号召，大鹏鸟展翅一般发挥出想象，想象力飞过艺术创造的三峡那样的高度、广度与深度，又越过了最险峻的表现灵感的鬼门关，大家才来到了长江的岸上。他们以刀代笔，通过雕刻来证明：在东方的艺术家，跟筑巢的蜜蜂以及滴穿岩石的泉水没有两样，是自然界不可分割的有机部分；他们跟一批能把海洋生物变成仙鹤化石的巧匠并肩，秉承那种准备用一生的时间来雕刻一只佛的脚趾的坚忍意志，在长江岸上不倦地创作。他们采取跟自然的理路最相配、最融和的法度，创造出蟠动着的龙不断产生的线条的韵律感，每一点的颜色和每一条的刻痕都是奇迹；创造出蚕茧那样在缠绕中变化无穷的空间结构，没有任何一点的空间变化，或者任何一线透射过来的光，不是天然的启示，像一只凤鸟那样在这一带霍霍地飞翔，而形成这一大片的造型和结构的美，大自然便在这个时代、这个地点得到进一步的提高，长江更是一个到来的人舍不得离去又让人永远怀念的地方。

关于《世界华人画家三峡刻石纪游序》之写作

附录三

文／陈瑞献

文湛，立言，今松，

改稿，信敬收，至谢。

序文改动建议，我大致都同意。

“人”字用得稍多。又如第二段起首句“无诗西湖水一泓，黄山欠丹青堆堆土石”太突兀，又西湖黄山较之于三峡，以小境界喻大境界实不妥，也无必要特别点出此二地，删去后，“山川之眉目显于人文”立显气魄，遂与第一段起首句“人烟起炊于江河”紧承接，相呼应。此第一流之朱批也。诸君目光如炬，可佩可佩。

第一段中“梦中所见铸成青铜一灵禽”中之“一”字不能除去，盍此“一”灵禽专指战国时那件青铜鹿角神鹤雕（湖北博物院），且无“一”字读来太过拗口。

第一段“佩玉和鸣以共天地语言”句：“和鸣”意念好，并遥扣文末之“凤翔”，好意见。唯“以共天地语言”中“以”字我除去，使之与上句“彩绘器皿以增馔饮之趣”在字数上不相等，不成对子，以避开形式上僵化之对仗。排偶对仗乃我有意在为文时（作对子时则仍采用）避开之陷阱窠臼，因我无意仿作骈体文。其实，拙序中可对仗处颇多，如第三段中“展神思鹏翼，飞渡创造之三峡，过灵感之鬼门，抵大江岸”，只稍在文词平仄上略推敲，即可成二佳偶，但我刻意写成 5 字，7 字，6 字，4 字，以求结构及自然韵律之多变，而仍不失其内在文意之偶对。选文言写作，乃因文言作为一修辞体制容量大，弹性高，但文言在今日有诸多窠臼。今人创作文言，最大挑战乃能否在古人之典范外另出新貌，而非步趋古人文体文风。时下之序跋，多为内容陈腐缺乏新体会新观点、文风食古不化之作，殊堪为鉴。

第二段“看神兽隐入密穴，身后一只人眼”中“身后一只人眼”或现代感太重，但整句删去，则影响文思理路及节奏之开展。现改为“身影一帙丹青”。此二句与第一段中之“揭开梦幻纱帏，梦中所见铸成青铜一灵禽”二句，同为“梦中梦重叠之超现实手法”之应用。

第二段“好屿天风引来千秋之人帆”中之“人”字不好除去。此“人帆”乃文中最具原创性意象之一，且此段申述人文之重量，在长江，或文化江河上，代代人才创造人文之千秋大业不断，故“千秋之人帆”。潘正镭为本文电脑置字，他与其他几位朋友都以为此处之“人”不可弃。

第三段“一代华族画家”易为“世之华族画家”。此为陈典琦建议，亦一好意见。郑板桥题画有“世之”用法。

序之节奏主调如箫之长音，如法诗人魏尔伦写《秋歌》起句时用冗长母音拟声，固有特别意图者：滔滔不绝之流动感。序主调之产生由于我刻意经营之长句，此长息之句法有意声拟长江文化滔滔不绝雄浑交响之流势。

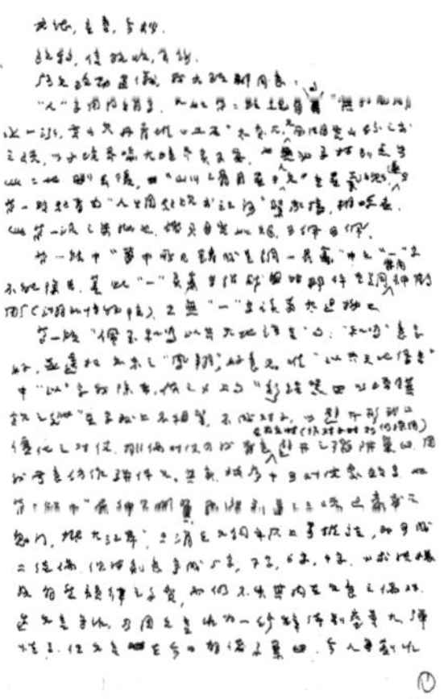

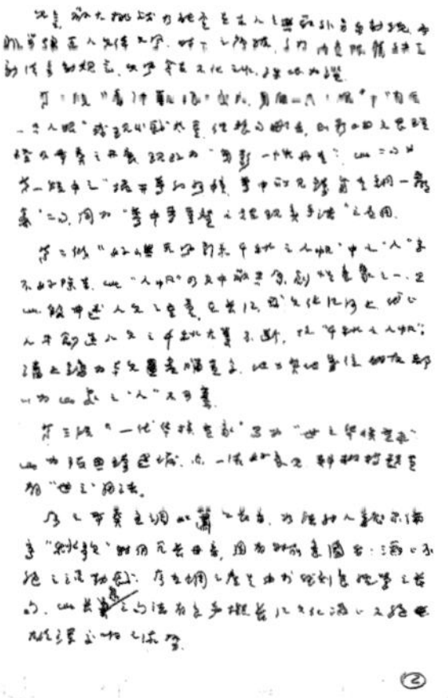

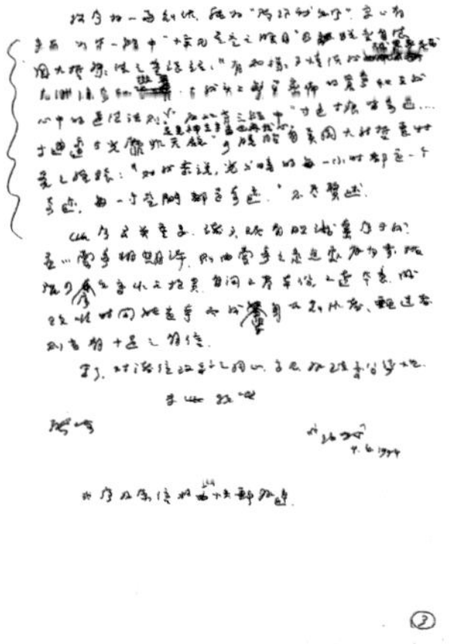

拙序为一篇创作，纯为“陈瑞献文风”，字字有来历，如第一段中“惊见星空之眩目”乃蜕变自德国大哲康德之墓志铭：“有两样事情使我越思考越充满惊奇和敬畏：在我头上繁星密布的苍穹和在我心中的道德法则。”“……寸色寸痕皆奇迹，……寸通透寸光靡非天启”乃脱胎自美国大诗哲惠特曼之经验：“对我来说，光与暗的每一小时都是一个奇迹，每一寸空间都是奇迹。”不尽赘述。

此序至关重要。诸君既有胆识索序于我，并以兰亭相期许，则由兰亭之定点处再向前拓展乃序文写作之抱负，自问已尽本分，已达本意，成败唯时间能定夺。而我辈身为创作者、甄选者，则当有十足之自信。

临末，对诸位改稿之用心、高见，再致万分谢忱。

专此敬颂

艺安

弟瑞献 1994 年 06 月 04 日

在开天以来就拥有的安静中

一切智园，陈瑞献大地艺术馆

一张陈瑞献累倒在原始深山林地上沉睡的相片，令人想起以天地为栋宇屋室为裤衣的刘伶。他没有刘伶的酒精也不裸裎，只同满山的槐树一齐小寐片刻就一跃而起，再认真地干活去。

在山石岩壁间干活，是艺术家陈瑞献于2001年5月底，在中国青岛珠山风景区的陈瑞献大地艺术馆“一切智园”动土后，留在当地每天的主要创作生活。

从他带回来的一些图片里，我们看到画家把大石头当作画布，而在山坡高处的石头或石壁，则搭起架了，画家在半空作画写字，再从旁督导刻工雕凿，必要时亲自动手修饰。

2个月的时间共完成了30件作品，都在上山路段，都是人类文明史上有深远影响的人物，如毕加索、齐白石、爱因斯坦、牛顿、加加林等人的头或身像以及他们的智言慧语的雕刻。

有一只“老虎”则是自然天成，艺术家的“参

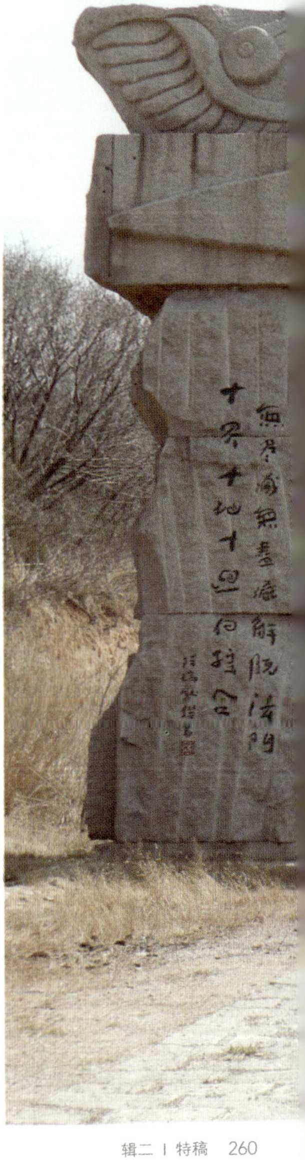

潘正镭摄于“一切智园”重1040吨朴厚雄劲的山门前。横梁上为6块巨大石雕，左右两大柱子由12块体积超大的花岗岩构成。上刻陈瑞献撰写的长联：一沙一石一草木，示现不可说不可说证悟胜境；十界十地十回向，综合无尽藏无尽藏解脱法门。

《联合早报》2001年08月19日

一切智園

与”只是向大家宣布它的存在，同时在一块状若虎牙小石上刻上布莱克的名诗《虎》的摘句：“虎　虎／在　夜的／森林中燃亮。”鲁迅铿锵的名句则行草在他的侧面石面上。查里·卓别林的经典造形采用浮雕的形式表现，其语录则刻于其旁活像一张天然纸张的方石上。和瑞献一起工作的刻工初为 40 名，后增至 200 名，都来自河北曲阳。

由于创作的基本信念是就天然崖石的形状纹理为本，读出经典义蕴。瑞献谈起沿路的石头造型怎么与内心的意念相为呼唤时，欢喜之情，令人感觉到这些山石树木，好像是在那儿等了他好久好久了。整个山脉就像一部《华严经》那样展开在他眼前。

石头本来就是上天的杰作，姿态天然地在那儿静静地躺着卧着，艺术家为它们添雕几笔，或命个名，或召来古今中外精致灵魂的诗文精华，就和艺术有了美好的契合，这些作品，将成为这片计划发展成自然与人文巧妙天成的文化生态环境的组件。

块状似侧卧女体的大石在那里躺了千万年，艺术家把古希腊女诗人萨福的典故带进去，丝毫不动石头，便成了一件命名为《女诗人之母》的杰作。萨福的两行好诗也出现在卧女身旁：“凡是声音必定带着我们的合唱，每一座春之林都含着恋歌。”

瑞献说过：“从一只小小的蚂蚁一直到一个庞大的山景，我创作。”小珠山让这样

《心经崖》，共刻 294 字，每字占 4 平方米约 20 层楼高，总刻面约 2000 平方米。由数十名刻工费时 3 个月才完成。

一个心灵自由的艺术家，自由地调整身心，随处工作。有架子或顽石垫脚还好，有时要让刻工在屁股底下撑着，或站在刻工肩膀上，工作时就更要眼明手快。

“一切智园”占地 2 平方公里的园地，游览路程为8公里，分上山的“菩提心路”、“善知识界”、主峰的“觉悟顶峰”和下山的“华藏风光”四大景区。由山门、幻往桥、海云比丘、大雁听经、心经崖等多个景点组成。

来去匆匆，瑞献在 6 月回新加坡，便埋首于他那本筹备经年，重 5.2 公斤的画册的制作。那天在雅阁《大拇指》美少年颁奖会上，他兴致勃勃地告诉我用巨石群摞建的山门，及准备刻满草书《心经》的 77 米高主峰，都在积极施工中。画册如今进入装订阶段，他又得赶去小珠山，很多山里的“好朋友”在等着他。此去又要 3 个月。

一切智园——陈瑞献大地艺术馆，是青岛开发区第一个中外合作的文化与生态旅游项目，它也将是全球第一座大地艺术馆。整个工程计划在 5 ~ 10 年完成。《文艺城》先与大家分享这位艺术家在青岛深山里创作的进展。

问瑞献第一次在深山创作的感受，他抄引了一段日记给我：“每当山风撼动，山涛哗哗一如山神的大合唱，我的内心充满敬畏，以及一种身临定境的豁然，这毕竟是脚下的每一株草每一粒沙每一只昆虫第一次跟人类接触的地方。我的举动带着谦敬，谦卑发自自称为万物之灵的人类的浅识，敬意则是由于这必然是更高秩序的吩咐，否则一只信鸽的脚上就不会扎着一圈工程的信息，飞来这里惊动这一片自开天以来就永有的安静。”

上：　齐白石的头像是“借山寄萍别有胜人之天趣。”白石语录是：“扫门者四时风。”

中左：陈瑞献与刻工合力刻出卓别林深雕像，边上是卓别林的名言：“不论天资有多高，他仍需要学习技巧，来发挥那些天资。”

中右：上山野营的学生，老远就喊着莎士比亚的名字了。这幅大岩画，陈瑞献只用一个竹梯和一根毛笔，在一个小时内完成。三位雕工雕了三天才雕好。莎翁名句则刻在边上的另一块石头上：“玫瑰换个名字一样芬芳。”

下：　天女婆须蜜多圆雕。

上：依据巨石天然的纹理与形状，把毕加索一个变形的大头画上去。陈瑞献必须站在一个助手的肩膀上才能把一条皱纹画完。在下头的一块更大的巨石上是毕氏的名言：“你了解月色的美，鸟儿的歌唱吗？”

中左：德国文学家歌德像，石头上刻着他的语录：“那株无花果树，这条小蛇，那个挂在窗槛下的茧囊，都安静地等待未来。这一切都是隆重的征象。”

中右：奥地利音乐家莫扎特：“我无法形容创作的欢愉。”

下：《乔陶画绵羊》，3 块大石 3 只天然的绵羊。乔陶是意大利 14 世纪画家，小时候在石上画绵羊被老师发现他的天才。在他之前，欧洲人画人总像神，自乔陶以后，人才真正出现画面。他代表人本主义的兴起。

《海云比丘》：25 米宽 22 米高山崖浮雕。
陈瑞献依山崖形状创作，并带领数十名
刻工历时 2 个半月才竣工完成。

"一切智园"游外记

山就在那里，走向山，与山对话，与山和鸣。艺术家通过山的空间形态，山也因为艺术家的体力耐力和智慧灵源的浇灌而展开对话，对话是自然人文的，和鸣是巧手天趣的。在青岛小珠山，在料峭的初春，我们穿过"一切智园 -- 陈瑞献大地艺术馆"，花岗石雕摞建的《净眼山门》，沿山径"菩提心路"，与艺术家用毛笔画写镂刻，古今中外名士哲人打照面，沟通交融，转入主峰路"善知识界"，进入艺术山石的内里，感应身心本源，达至山顶的"觉悟顶峰"以及诵经场辨经台，听风吟心颂。

陈瑞献用特制各色大玻璃球嵌入山峰上一块状似一只大神狮的石头头部，即完成威猛震摄魔怨的文殊菩萨坐骑。

每一块石头，每一片山岩，每一面崖壁，都活泼跃动。艺术家赋予眉目，它们成了人类精神宇宙精灵的化身。8 公里山路，3 小时行程，山石成了一条牵引的链带，串成游山者心里的念珠。

25 年前陈瑞献用 35 枚印石刻出一个在家人修行的足迹，由小径上高山，有如小河

2008 年 08 月 25 日 青岛

流向大海，于今是以天地之趣铺陈灵思的艺术大全，人游一遍山，是涉览一位艺人呈现的华严胜境。

开辟一座山为“大地艺术馆”（Earth Art Museum），其气魄，堪为全球首创。

“大地艺术”（Land Art，或称 Earth Art 或 Earthworks）发端于 60 年代，为西方一个艺术流派（或运动）的专有名称，艺术家应用自然环境和材料创作。大地艺术名家如美国史密森（Robert Smithson），其经典作品《螺旋防波堤》，在美国犹他州大盐湖上，集合石头，泥土和水藻，筑起一个螺旋形渡头，在涨潮退潮间鼓荡环保意识。澳洲罗杰斯（Andrew Rogers）跨国连锁作品《生命的韵律》，注重群体参与。在中国，个别艺术家选在戈壁沙漠，用石头推布出中国元素的图案。

这些显赫的大地艺术家，都身具一套艺术观和创作手法，皆以定点的单一作品呈现，有异于传统这种可移动选址摆放单件作品的作法。“一切智园 -- 陈瑞献大地艺术馆”，完全是一座由一个艺术家创作，手法和材料应用独特，部件多元，有总体的思想系统，而最后以现代艺术语言为表达形式，并以一个艺术家命名的个人艺术馆。

善用地理条件，人类用以表达心识意图，为我们所熟悉的，古已有之的如云岡，龙门等石窟艺术。但这和现代意义的“大地艺术馆”的本质和创作背景是有别的。

我和瑞献一起瞻仰乐山大佛，他曾有巧匠

上“觉悟顶峰”前安住地神住所之《花岩》。善财童子参访摩竭提国菩提场时，安住地神在欢迎他时，一切香花奇树美食异果，顿时全部成熟。

“秉一生仅雕一佛趾之坚忍，孜孜作业江岸”之赞叹。和瑞献谈起它们与大地艺术之异同，他说，云冈、龙门等石窟艺术跟大地艺术馆是有所不同。石窟艺术是民间艺人作为供养人或为供养人雕刻的佛像，手法单一，雕刻动机纯宗教。它与大地艺术在雕刻手法上有点相通之处，但在观念、立意、多元材料、艺人的定位等方面不同。正如西方有抽象艺术这个流派，中国书法虽含有抽象艺术元素，但它不是也不能称之为“抽象艺术”一样。

左下角为《花岩》，图中为善度城鞞瑟胝罗居士之栴檀佛塔在大光明中之一切诸佛。

在创造“一切智园”时，瑞献曾说，古代有大地艺术精神且对他有启发性的作品是经时间长期“再创作”后的汉代霍去病墓的石雕群，英格兰的巨石阵，以及今人如史密森等位的作品而非石窟佛像或史前洞穴岩画。

“阅读”一切智园，亲历现场，用手足，感官，诉之以性灵来体验。寒风裹身，躯体沁发微汗，暖意单纯想是来自天光，或许从前真有谁来过，布好了石阵，等着一段因缘，让一个艺人前来点睛。山山禅石，我震撼于当今世上最大的山崖深浮雕《海云比丘》的情绪未了，来到气势壮阔的《心经崖》，行草飞扬，我仰观而后瞑目持诵，芽未见秃枝，唯闻清溪潺潺，睁眼时，瞥见岩缝一角，残雪犹白。我和同行的艺术家黄意会，谈起海明威笔下有一只冻死在非洲一座雪峰上的豹。没有人知道这只豹何以独自来此，在文学上是个谜。

时空的距离感，唤起我的思绪接续到陈瑞

献的水墨胶彩《黑豹（松）》，豹与山树合一，不知何为树，何为豹；当他画到《黑豹（白）》一幅时，有一只仰天长吼，另一只豹却往山下走去。

山树怡然不动，但留存了黑豹的体温记忆。

一个热带小岛艺术家，跑到中国大陆东北的小珠山，留下了思想的体温，下山，回家去了。他没有冻毙以“以血肉与山合一”。

“一切智园”一座山，是陈瑞献至今最庞大的修行以艺的圆融标注。

左：山峰上一块状似一只雁鸟的石头，陈瑞献只刻上“大雁听经”4字，即把北齐大觉寺僧范讲《华严经》至《十地品》时一雁腾空而至伏地聆听的故事注入。
右：入“善知识界”前的“一切智园”标识。

陈瑞献站在一根横杆上毫无视距地在大石头上画爱因斯坦头像。

净眼山门
（钢笔素描）
2009，106.5 x 147.5cm

超越宗教的心心相印

远在北非阿尔及利亚的伊斯兰教苏非（Sufism）宗派圣哲阿拉威（Syekh al'Ahmad Alawi）纪念馆，其正墙中央将悬挂新加坡多元艺术家陈瑞献为阿拉威大师绘画的毛笔人像，成为该纪念馆的珍藏品之一。

这象征着人类通过艺术，跨越宗教、语言与文化领域相互交流的普世意义。

负责把这幅画带往阿尔及利亚的法国作家兼记者伊莉沙白（Elisabeth D.）给本报带来这个消息。

阿拉威大师是伊斯兰教苏非宗派圣哲。大英博物馆东方稿本部研究员玛丁·宁（M. Ling）著《20世纪苏非圣哲阿末阿拉威大师》一书，即是对阿拉威一生的行持与教示的论述。

苏非宗派是传扬"美、仁爱与自由"的伊斯兰教神秘主义教派，其宗风近于佛家禅宗。

事缘今年7月24日，在阿尔及利亚的莫斯达加仁（Mostaganem），该宗派领袖孟顿（Syekh Khaled Bentounes）主持为期一周的阿拉威苏非宗派100周年纪念大典。庆典在莫斯达加仁大学举行，阿尔及利亚总统为赞助人，共有6000多人出席，包括来自世界各地的200多名心灵导师、知识分子、艺术家和经济学家。陈瑞献也是受邀贵宾之一，惜因事未能参加，但他仍应孟顿之请，为其曾祖父阿拉威大师造像。

孟顿1949年生于阿尔及利亚，现居法国，常来往于两国之间，投身文化与社会工作，2000年开始参与法国政府关于伊斯兰教的咨询工作，2003年法国成立伊斯兰教理事会，他受委为理事。由于对促进宗教和谐的贡献，2006年世界和平联盟荷兰分会授与他和平大使荣衔。

《联合早报》2009年10月08日

孟顿导师（站立者）在阿尔及利亚莫斯达加仁的阿拉威纪念馆内，向信众展示陈瑞献为阿拉威大师所画的毛笔人像。

法国作家兼记者依莉莎白（披头巾者）负责把陈瑞献作《阿拉威大师像》送交给阿尔及利亚伊斯兰教圣哲阿拉威纪念馆。

自由心的相会

孟顿与陈瑞献的会晤，在 2007 年 11 月 24 日，这位当代北非阿拉威苏非教派的心灵导师到古楼画室看望陈瑞献。

两人会面，是自由心的相会。他们谈得投契，特别是在静修方面的心得，更是心心相印，证实只要有了自由心，人即可超越宗教、语文、种族而契合。他们也就世界两大书法体系，即中华书艺与阿拉伯书艺，进行深入探讨。

阿拉威大师纪念馆坐落在阿拉威宗派总部的中心地，邻于大师墓葬以及阿拉威伊斯兰教堂。馆内珍藏其手稿，私人用品以及数部得自世界各地的古本《古兰经》。

全然一首诗的光度

记妆艺大游行压轴节目《天网》

2008年2月15日及16日举行的妆艺大游行，主办机构人民协会特邀本地艺术家陈瑞献以多元方式演绎《天网》，作为压轴节目。除了22米长的花车雕塑外，还配合华乐演奏、合唱、诗歌朗诵，陈瑞献也在12米高的空中画出大型水墨画《空中之树》。

一棵生命之树，在画家迅笔疾飞下，在一张8尺×4尺的大生宣纸上，飞快地生长，政府大厦前草场看台上与周围的观众，昂头而观，在新加坡华乐团、人协舞蹈团、南艺艺术合唱团的颂唱声中，在天空爆满火树银花，在激光的炫耀中，那《空中之树》瞬间完成，65岁的画家转身，向现场近万名观众高举双手，把2008年的妆艺大游行，好似用一个大浪，推向高潮。

前后3分多钟的时间，多元艺术家陈瑞献以绵延千年的中国水墨，在众声喧哗、色彩交织中，把黑白交织成煊赫的亮点。数十年为开拓水墨新境，贯彻以速度超越局限的坚持，在妆艺大游行这样历经36年的嘉年华，艺术家与众同欢，展示了艺术创作可以用不同的形式呈现，大家又可在近距离现场，或银幕上，感染艺术的创造与画家挥舞大楂笔绘画的气势。

在政府大厦这座维多利亚式历史建筑的石台阶上，以升降机的平台当站台，画家站在12米高之处，对着大白纸，凌空下笔。妆艺大游行编导范东凯和工作人员，莫不担心艺术家的安全。瑞献谢绝扣上吊索，以能遂心随意。他的自由心，如蜂鸟之前后上下左右飞翔，唯恐吊索反成累赘和束缚。瑞献作画，向来铺地而为，从不用画架，在空中作画更是第一回。最大的挑战，莫过于在画纸和升降机皆晃动摇摆下得站稳马步，拿捏准确。

他的迅笔，有如南美一只老资格也最耀眼的阔尾蜂鸟，快速腾升几米的空中，又向

《联合早报》2009年10月08日

下俯冲，快速往复。蜂鸟疾速冲飞时，翼尖会发出金属响的颤音，但在如此情绪高昂的场景，当然我们听不到艺术家急速的呼吸。

在妆艺大游行压轴节目的欢乐颂中，升降机间有不灵光的片刻，艺术家视“安全”如无物，往四边围杆空隙伸出手笔就画幅旋转挥动，着实有令人直冒冷汗的刹那。散场路上，我接到了在场另一端家人传来的手机简讯：“要告诉瑞献和锐勋太棒太感动了！舞蹈音乐歌唱花车绘画完美结合画上完美的句号。”

一首属于大家的诗

的确，今晚最激动最松了口气，最想带着这个圆了的“美梦”回家的是蓝锐勋。当年在南洋大学，策划领导无数云南园同学当义工的同窗，走出校门，乃矢志于社区服务。十多年来由参与而主导每年春节的妆艺大游行。两年前，一次闲聊里，他提出要把妆艺大游行，推向另一个面向和高度的想望，“瑞献，”他说：“是我心目中的不二人选。”

“思维、勇气、行动”，妆艺30多年，思维要破格，需要勇气，勇气则要用在尊重艺术，尊重一切与艺术家的互动与推行上，新猷始有可能。瑞献是锐勋在南洋大学读书时就仰慕的一位学长的名字。2007年4月，他出席《陈瑞献选集》9卷新书在新加坡国家图书馆举行的发布会，惊叹瑞献送给主宾许文远部长的立轴书法《如风画空》，当场要求作家在书扉页上签上这4字。这4个字和这9卷浩瀚著作，让锐勋自觉更靠近艺术家了。3个月后，他在新加坡华乐团10周年音乐会上，第一次欣赏到《天网》，诗歌、音乐、朗诵，那么美，那么有力量，内心震撼之余，他告诉自己：“这就是了！”

《天网》是2003年陈瑞献应国家艺术理事会委约，为艺术节创作的作品。作者立愿“它应该是一首一块石头或一个外星人听了都要感动的诗。”一首体现同体大爱，一首属于大家的诗——宇宙如一张天网，由数不尽的明珠交织而成，每一颗明珠互相辉映，都含着彼此。

锐勋说，那再切合妆艺精神不过了。

在福建街“发记”潮洲菜馆，锐勋宴请瑞献、华乐团指挥叶聪、经理碧云，还有人协编导范东凯。忝陪末席的我，犹记得大家谈兴一起，原始构想，是海上浮动舞台最理想，想象那路上花车，海上灯船，天上烟花，台上闻乐起舞，诗意冠华……由于FI工程之故，地点最终设在政府大厦与政府广场，以177行的《天网》为主题，一辆巨型花车，一场动用450人的演出，由艺术家现场挥毫，历时11分钟，是妆艺大游行有史以来最盛大的压轴演出。《天网》将成为一个里程碑。我对锐勋说：“瑞献在妆艺这个节目将不是这座大厦前面的最后一场表演。但它在这建筑作为政府大厦的最后一章，又在它变为国家美术馆迎接新文化使命之前，画上了一个美丽句号。”

一首诗的延伸

《天网》由一首诗，已然延伸为一系列复合式的作品。从2003年艺术节新加坡华乐团呈现《千年一瞬：与陈瑞献的音乐对话》开始，它由罗伟伦创作音乐，并由夏川和王德亮领诵，188人合唱团齐诵合唱。2007年华乐团10周年演出，南洋女中学生参与。2008年“新加坡节”在北京和上海举行，华乐团动员两地共160名合唱团员参与。其实，这之间《天网》已先后撒向了泰国、广州、澳门、深圳、台湾的高雄、印度的真奈和新山的南方学院。

妆艺《天网》的前奏，也拉动了文学与美食的色香味。人协特为第一次邀请大艺术家合作策划压轴节目，特在陈瑞献艺术馆召开别开生面的“艺术午餐”记者会。Restaurant Ember主厨黄炜喆从诗中汲取灵感，呈献了“天网明珠”“一只孔雀”“拉到山川河岳”“一生一世的奉献”和“普世性花毯”五道精致的新潮派佳肴。一首诗的牵引何其大呀，记者会上我把诗和画和味蕾丝丝相缠。

今年春节初十的妆艺大游行，《天网》由室内投向户外一个诉诸公众的嘉年华的演出空间，让诗的声光色影，熔一炉而冶之，一辆诗与绘画与舞蹈与雕塑结合22米长的花车是一个发光网，是一颗大明珠，一首诗的雕塑，是两位东西文化象征人物，

在高空完成《空中之树》的陈瑞献。

《华严经》中天女婆须蜜多和希腊神话中大地女神盖娅的舞台，是诗的流动飨宴。当这一切统摄呈现在政府大厦之前，作为也是诗人的我，感觉文字此刻已消融为符码，诗的语言在音乐、朗诵、舞蹈的相互交汇时已分化为个别而又和谐的元素，以众河汇海的方式，来表达生命的经验，并在此综合生命本然具有的通感，以及其所涵盖的宏大的新结构，在原型中升起了新典型。

一首诗的容量

一首诗的容量，能有多大？这就好像问天空能有多高？大海能有多深？心识能有多广袤一样。《天网》一诗，其语言之朴素，其音调之行云流水，其意象之丰饶亲切，其内涵之博大感人，见诸一诗的牵引，引来那么多艺术工作者和匠人的共参，那么多的观众在不同层面的观赏。一首诗的牵引，体现了“一即一切，一切即一的意蕴”——这牵引的延续和开展意义，又从那炫耀的场面，人们亢奋与感动里，回归精纯的本体：一棵黑白水墨的树，“一棵树枝向上生长着不同类型叶子的空中之树，一棵展现着存异求同的和谐之树，一棵非常新加坡的树。”

一棵非常新加坡的树，与群众一起屏息，看画家画树，根、干、枝、叶，生长中的树不也是一张寓意上的天网？一棵树吸取泥土里的养料，那可能是一只蚯蚓的劳作，天雨的灌溉，阳光与月华的祝福，风的摇晃，然后撒下一个大荫给在树底下玩乐的几个小孩，或是向遥远村落里一个在树上留了果子给予飞鸟的农夫致意……一棵树给予你，给予我又给予他。

一颗树之从大地向上延伸至整个宇宙，一个天网。

全然一首诗的光度！

《天网花车》长 22 米，闪烁着艺术的精美。

陈瑞献雕塑装置作品《天网》
2010，L3.5 x W1.22 x H1.23m

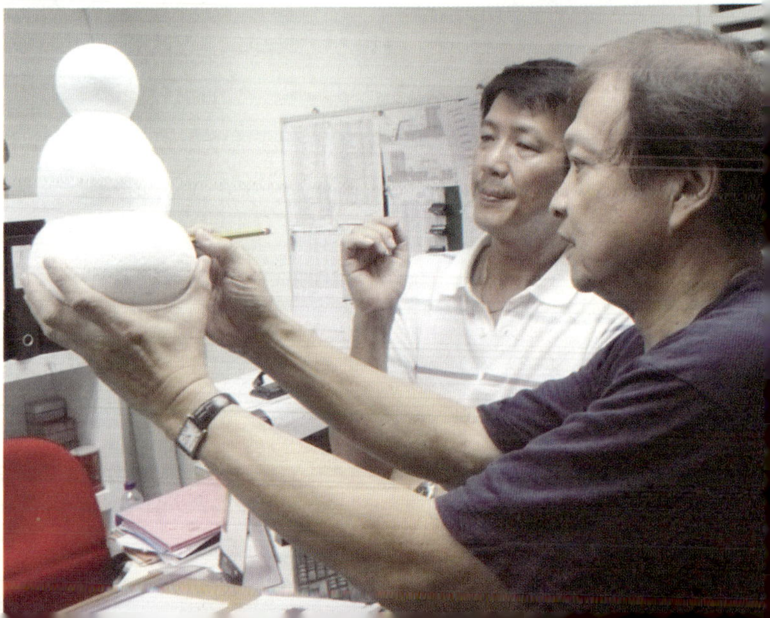

陈瑞献与雕刻师陈国清。

The tables of [illegible] are Buddhist thoughts crystallised in his experience as a meditator. ~~They are a straining of~~

and expounded through vividly told

As its title implies, the celestial net ... is based on the image of an immense net enveloping the whole universe or the dwelling of Indra, a god in the Avatamsaka Sutra.

meditation experiences. They are pearls on the lotus

It depicts the

which will bring you closer to the inner light when you become more ~~[illegible]~~.

The theme of the poem is the interconnectedness of all beings in the universe, i.e., all existence form a community. The modern physicist

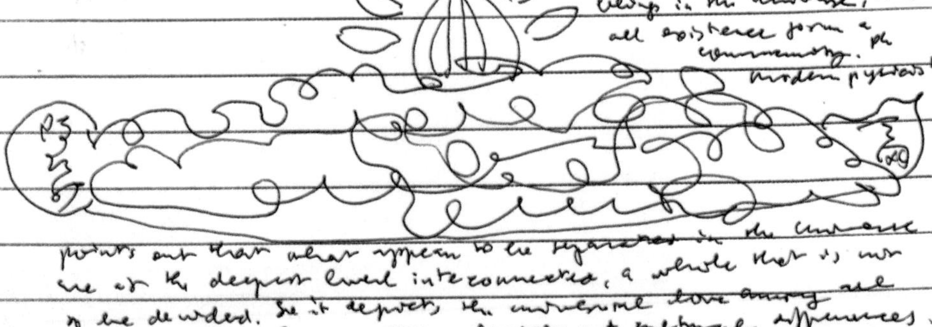

points out that what appear to be separate in the universe are at the deepest level interconnected, a whole that is not to be divided. So it depicts the universal love among all people regardless of race, religion and cultural differences.

[illegible]
27.12.07

银碗里盛雪

陈瑞献雕塑装置作品《天网》创作纪实

这是一件结合雕塑与装置艺术的作品。我们看到的半个椭圆形大网，上开莲花，网间网中密密吊挂着物相繁复的小型雕塑。上端的莲花底部，悬着南洋果中之王的榴梿，基座大椭圆镜上一尊无形无相的大日如来，由于基座面是一片澄静的大镜子，倒影形成虚实相合，实观是个统和的无穷无尽的天体。

这座雕塑，即名《天网》。退几步看，整座椭圆雕塑给予的是禅诗“银碗里盛雪”的感觉与呈现，磨光的钢座与钢条银亮，白瓷般的雕塑雪白。

《天网》是诗人陈瑞献一首共177行的现代诗。诗为发端，是这位多元艺术家实现一系列多元创作的“母语”，其语汇衍生了不同的表达形式，也衍生了与不同领域的创作者共事创造的机缘。自2003年以来，《天网》作为当年新加坡艺术节开幕节目《千年一瞬：与陈瑞献的音乐对话》中的一个组成单元，即以乐队演奏、合唱与朗诵的形式开始呈现，及至2008年成为新加坡妆艺游行的压轴节目，它集合上述演出元素，再添入舞蹈与22米长的天网花车雕塑游行，最后由艺术家在政府大厦前，12米高的空中舞台现场挥毫绘画推

《天网》手稿。

《联合早报》2010年06月21日

向高潮——这一首表达生命万物互为牵连的同体大爱诗作，6 年来，在国内外呈现了 15 场形式不一的演出。

妆艺的《天网》花车，由优士广告公司制作。由于《天网》的成功，出身南洋美专的公司老板陈仲广，在陈瑞献的要求下，一口答应为陈瑞献艺术馆另制一座较小型的《天网》，置于馆内永久陈列。

如女神盖娅把全体生命拥进怀里

较之妆艺游行花车雕塑《天网》的绚烂璀璨，这座叫时光凝固的《天网》雕塑则含蓄玲珑。

童心起兴——当我在今年 5 月第一次踏进位于友诺士工业区的"优士广告公司"一间偌大的工作间，晾挂木杆上，一眼望去，等待漆干的小件雕塑群，童趣洋溢。再望过去，一座如刻石镂空的座架，挂吊着琳琅满目的雕件。啊！孩子们也一定喜欢。

近身端详这件尚未完工的雕塑——《天网》，起兴的童趣又回到那内在与之一体同感大爱的虔诚力量。

远观近赏，境随心转。雕塑为不锈钢条绕成网体，钢条图案间及网内挂满各种塑有具象、半抽象、抽象的立体形态。雕塑作品，隐隐含着艺术家的书法线条，画作笔触，雕刀刻印等多元风格的形神。有新创，也有来自他在各个媒介原型的集成。形皆温润，宝光徐闪，含有白瓷的内敛。

两个星期后，这座长 3.5 米、宽 1.22 米、高 1.23 米的雕塑，已然完成。这件力作其实是前后费时 3 年的成果。

松鼠，壁虎，马头，鱼，云，花朵，猪，鸟，舌头，口唇，鼻子，耳朵，眼睛，左右佛手，榴梿，海马，芦荟，诸色人，蛇，贝壳，蜥蜴，龙，蘑菇，胡姬，昙花，龟，海浪，八爪鱼，翅膀，蚱蜢，甲虫，菜叶，诸色神，菊芋，猫头鹰，石榴，鸡蛋花，螺，鼎形菇，猫，熊……

原型雕塑共 52 件，除了两件各复制 3 个，其余每件复制 4 个，加上一尊佛像，总数为 207 个。每一个造型都值得仔细观赏玩味，两条蛇左右弯曲相靠，构成了曲线犹似幽美的相背人体，乌龟背甲纹一朵花。象征中华文化的"鼎"，有两个传统锐变造型。瑞献为 Omy 部落格奖设计的取材自周鼎的奖座，变奏成了一好似外太空的"天船"。在本地动物园诞生的动物明星，曾因将来可能被送往温带国家而引发争议的北极熊"伊奴卡"，也是一个成员。原诗中闪闪亮亮的明珠中的各色人种，各色神明，都立体化成黑白棕黄蓝紫绿形态不一的人体雕塑，相互辉映，牵连和谐，如诗里希腊神话中大地化身女神盖娅，把有情和无情的全体生命，都拥进动情的怀里。

全力以赴追随他的灵感

艺术家与优士广告公司合作，令人联想到 20 世纪初德国包浩斯学院鼓吹融合艺术与技术的美学理念。《天网》由创作意念开始，经材料探索，制作过程到完成，历时整整 3 年。最初本意，雕塑质材采用琉璃，在国外寻找名家做若干试验后，限于无法掌握造型所要求的效果，方转而利用玻璃纤维。

“工程”基本上分两组人进行：一组是焊工，一组是雕塑师傅。两组工作人员原来也是花车雕塑的队伍。艺术家在创造花车时与工作队伍的融洽度以及跟他们之间建立的友谊，是这项工程最重要的基础与成功的保障。总策划符传裕说：“和久仰大名的大师合作，起初大家的神经很绷紧，他要求虽然严格，却有最大的灵活度，常常在大家想破头无法解决问题的时候，他就转弯作出新建议，把死结打开。他完全没有架子，和他一起工作，大家都很愉快。老板仲广也十分赏识他的人品与才情，我们都追随他的灵感全力以赴。”

画家先起三维图案，骨架由焊工担纲，雕塑师傅则负责原型塑模。

难度最高，最繁琐的是原型雕塑。工序是：第一件雕塑由陈瑞献先雕塑成件，定下造型风格的大方向。接着数十件则先根据三维图稿以宝丽龙塑形，由艺术家修定，然后固化，翻模，始以玻璃纤维浇铸成型，再经打模，补模，上漆多道工序才脱稿。

总共 52 件原型雕件，每一件都是各自独立的创作，进一步由 52 件复制出 207 件作品，工序之繁复可想而知。艺术家与助手之间的沟通、心思和耐力投入，更非寻常。而挑战还在后头：如何把众多不同类别的造型有韵味地悬挂烧焊在缠绕的钢网上，而组成一个和谐悦目的诗境，则非有灵见不为功。

我们得有能耐只用两条线条

我参观师傅们作业时，雕塑师陈国清正修整一尊佛像。他不时拿着雕模让艺术家过目，一起详看分析。“你看，”瑞献说：“两道眉应该改成浅浅含眉，慈祥才会时隐时现。”当我再次探班了解工作进展时，原尊又已换成全然不同的造型。只见艺术家端着新的佛像雏形，用铅笔调整佛身的线条：细节的描述与指正，艺术家带领着巧匠进入创作的某一时刻，是一种精神。

这是一尊“大日光佛”— 大日光佛不具形象，而是通过无所在无所不在的大自然元素说法，可以是花香，可以是水纹，可以是彩虹。瑞献创作的这尊大日光佛，是根据一己的心感中的形象，披着袈裟趺坐，运用简约线条带出佛身，这尊要置于雕塑底座大镜中央的佛像，为万物说法，艺术家创作的是心感中的艺术形象。他一再跟国清强调，我们得有能耐只用两条线条，没错，只用两条线就把花香，水纹，彩虹，云朵，山岳表现出来。

这是一个快乐的工作间。与艺术家并肩工作的伙伴，是一组长久以来，从事广告和制作惯常造型的专业人员。在艺术家和巧匠之间，材料和技巧，怎么过渡到一个称心的成品，这过程存在着微妙的专精合作关系。

我充其量只是一个工头

名爵士乐手麦尔斯·戴维斯说：“你若懂我说的每一件事，就变成我了。”此一看来再也平常不过的认知，让他“知人善任”，成为公认的乐团模范领袖，一生屡创新猷，被誉为“为爵士乐开门的人”。

艺术家“开门”的钥匙何以打造？匠人是艺术家的代手，要怎么让代手走进艺术家的原型？

在这个环节上，代手不是艺术家的机器人。艺术家要在高度尊重的敏锐观察中才能看出代手的强项与擅长，然后将之化为他要进入的空间和要达到的高度所需要的元素。怀抱大自由心，艺术家就能包容，随时随地应变，突破框框，把造件带到一个预期的平衡点，成就完美的创造。

谈及与这群伙伴们的再次合作，陈瑞献说：“任何工作之中都存有无限变数，任何空间都很宽广，艺术家必须看到巧匠的优秀点。我在青岛小珠山跟200多名刻工一起工作，在湖北与厦门的铸铜厂跟一群艺术家与匠人工作，我和舞团、乐团以及各种不同媒介范围内的创作者一起工作，我都只带着心识中一个创作的原子以及它周围无穷大的虚空。走进优士工作间，我的态度也一样，天庭清爽，一片虚心，我充其量只是一个工头。

“国清与张宇顺的写实功底深厚，亦即再现实物时的准确度很高。他们对着一个对象作业，他们能一飞标即中鹄的，关键是鹄的再小也还是一个范围，要求射到哪个点上，还得要有个定夺。李炳洋是实用美术出身，知道设计可以无中生有，对元素在远近大小前后左右各方面的安排是否停妥，他的感觉很好，所以在悬挂雕塑品方面能起参照作用。”

“有一天，我请传裕与另一位工作伙伴碧钗在诸多雕塑中寻找不发瓷光，而发出木光的少数几件，婉转把脱漆不达标的缺点提出来。总之，要带着大而无外的自由心识走向人群，走进任何工作间，让心识中那小而无内的创造原子不停去找，不停去发掘挑选对一个特定创作意念可能有适用性的一切元素，然后进行综合的创造。人心识的构造与特征都一样，分别在于有的人还没觉知到它的存在、积累与能量罢了。”

长于制作约定俗成塑像的匠人，让他们面对艺术家的设计，让制作的思考从惯常的工作中跳脱，艺术家必须从想法及造形的指点修饰上，引导他们把灵性放进去，走向感动的原点。犹如让他们把杯子倒空了，再装满新生氧气之水一样。

长于制作实物造型的陈国清说：“与大师工作，获益良多，比如，对雕塑品的角度，线条等，从中得到珍贵的启发。”

他拿起一件飞鸟的雕塑。这就是第一件，一只飞鸟。陈瑞献先行用陶土雕塑了这一件。入行30多年的陈国清，雕造多少维妙维肖的鸟儿都轻而易举。独独，这只飞鸟，是艺术家心识之鸟的瞬间捕捉，通过变形，凝成雕塑，从任何角度看，它恒在飞翔：它不单只是视觉上的鸟儿，而是让观者同样经验了鸟的飞翔。

对陈国清来说，这真是个挑战。而他终于在艺术家的督导下，如一个撑杆跳选手，不断地改变力度，调整姿势，凌空跳过了一定的高度。

52件原型作品，巧匠的惯性手法，逐渐消解于无形，最后207件雕塑，都随着陈瑞献的第一只飞鸟，在天网上活动起来。

我看《天网》，其雕塑的结构布局，一直接轨到艺术家多年前创作的石版画和大幅油画《听经》。当我们从心光中拉出一条线，穿梭虚空，如以梵音牵动一切心弦——万物动情，人间天上，满溢喜悦。我渐行渐远，回头一看，《天网》上各种千变万化的白色，都渐渐凝成在一只银碗中的一堆雪。

正云楼记

一栋大宅非凡的艺术考量

“正云楼”主人吴学光为家人兴建一幢新宅时，来到室内设计这一环，他有一个特殊构想：将所有的墙面都留白。

让谁来处理“留白”呢？他心中只有一位不二人选：新加坡多元艺术家陈瑞献。

如果你现在生当壮年，想到60年代末常听到收音机里流出的手风琴乐音，就会记起吴学光这个名字。这位手风琴演奏高手现为星雅集团主席，也是重量级书画藏家。

金光灿灿的发糕是整幢大宅的中心亮点

当我来到这幢坐落在武吉知马区的楼房时，华灯初上，放眼望去，状似两翼开展的玻璃墙内，画幅连绵，与室外高底起伏的园地树木，一体有机地呼应，从各个角度观看，皆流淌着不同的韵味。我走下石阶，从泳池前端的水帘往上望，建筑物的线条与画作色彩交融，天阶月色拉开了背景，让整幢建筑化为一件艺术品。

一座金光灿灿的大型雕塑《发糕》，整幢大宅的中心亮点。

“发糕”是最传统最朴实的祭礼供品，从中国南方传到南洋，是“母亲”的象征，深含历史和文化意涵。在艺术家的感念中，它像莲花一样，绽开四瓣。学光说：“所以它灿烂辉煌。”

此一典型的意义，正如陈瑞献在《正云楼序》中忆述一次与学光的晤谈：“一夜与之叙，论全球化思想议题，规其界说，认一民族必根深于母族文化，嗣开散枝叶，广纳他族文化精华，津为己血，卒能以自家之建树回馈全球。”

位于武吉知马的正云楼，状似两翼开展的玻璃墙内画幅连绵，从泳池前端的水帘往上望，建筑物的线条与画作色彩交融。主人吴学光说：正云楼只是陈瑞献作品的外框。

鎏金铜雕《发糕》

那烂陀的传说、遗址、蜕变与发光

正云楼艺术作品的创作起点，始于人类史上最早的大学那烂陀（Nalanda）。复原印度那烂陀遗址，复兴那烂陀精神，也正是当今新加坡积极参与的亚洲文艺复兴计划。

早在1996年及2002年，陈瑞献两次参访那烂陀。他说："从5世纪到12世纪，在那烂陀出现一个很接近佛陀的时代：高人如云，从老师到学生，个个聪慧绝顶，心地光明，知见渊海，神通广大。那烂陀的遭毁只是人类愚痴的周期性显露的结果，它一定会再绽光明，这就是正云楼一系列以那烂陀为题的作品的中心思想。"

从宴客厅的序文书法《正云楼序》，正厅两边走道巨幅那烂陀传说，会客厅的遗址与蜕变，到一楼圆顶下的巨构《那烂陀发光》共6张。

瑞献说："传说与历史的依据是玄奘的《大唐西域记》，蜕变与发光的元素是我的观想所得。《那烂陀发光》尺寸657×620cm，创作时占满整间画室，画中的佛塔是未来人类心灵新导向的象征。在创作时我数度进入出神状态。"

学光说，这幅巨制所处之墙面，上方原本要造一个弧型书架，为了安装的空间需要，只好打消原意，雕塑《发糕》置放之处，是正云楼的正中，本辟为电视室，最后也改变初衷。《发糕》透过三面方形玻璃大墙环对着天地，向内则对着《那烂陀发光》，这一金光对照金光的安排，鎏金发糕恰好成了佛塔前的供奉品。当所有的玻璃窗帘都拉开，在灯光照耀下，反映在连环的玻璃窗户上的，是走马灯式的无穷无尽的莲花发糕，现出一个"一即一切一切即一"的华严境界。华严思想是陈瑞献佛学的研究重点。

前年，那烂陀顾问团主席阿马迪亚·森教

一楼圆顶下的巨构《那烂陀发光》

以藏文六字真言设计的正云楼铁门。

授访新加坡，外交部长杨荣文商借了正云楼设宴招待一行人。陈瑞献还把《那烂陀遗址》的草槁原图送给这位诺贝尔经济奖得主。

“只要艺术家点的，那就是我的事了。”

吴学光典藏历代大家名品无数，却决定把墙面全部交给陈瑞献，他说：“我向来收藏瑞献的作品，总感觉这位兄长的能量，不懈的才情，总处在蓄势待发，有冲出画框的状态。这次，因缘俱足，我就想到让他运用大画面来挥洒，也为新加坡留下瑰宝。”

那可不是要他画壁画，或把藏画挂上去那么简单。就建筑整体的上正下楼层，内外空间组构，从主题到秩序，都必须形成一个有机的流程，单一是一件创作，整体又得是个大制作。这何尝不是华严思想的考量？

创作除了灵感还有材料上的考量。那么大的墙面，需要那么大的油画布，哪里去找？需要那么大的画笔，哪里去寻摸？

“只要艺术家点的，那就是我的事了。”学光强调。

好一段时间，学光在中国，乃至欧洲巴黎，也屡寻不获那么大尺码的画布、画笔。幸好在北京画家村宋庄遇上了经营画具的叶鹏飞老太太，她在看了艺术家的作品后，斩钉截铁表示：做得到。不过，悄悄地传话，要求艺术家的一幅“叶老太画布仓”招牌墨宝。

叶老太太张罗起来，通过中国国家土畜产公司，全国各地收集猪毛，制作了 9 种共数十支的大笔，最大号的画笔，长 122 公分，毫长 18 公分，直径 19 公分，形状像个炮弹，重 5 公斤，蘸上颜料后达 6 公斤。最大的油画布，则是长宽各 6 米。要制成这样大尺幅的油画布，在拼接处，必须采取人工织结方法，方能不见合缝。由于墙面的面积各异，张张画布尺寸以及内框的木料都得“量身定作”——就这么，一个 40 尺货柜，

外交部长杨荣文（右二）得知星雅集团执行主席吴学光（右一）住家有大量展现那烂陀精神的画作，特向他商借豪宅，设宴招待前来出席由东南亚研究院主办的区域佛教研讨会的诺贝尔经济奖得主暨那烂陀重建顾问团主席阿马迪亚·森教授（Amartya Sen，左二）。陈瑞献将手稿《那烂陀遗址》赠予贵宾。

擘窠大字《天行健》。

《雪莱像》与《问梅消息》。

运抵新加坡。

“怎么画梅和牡丹，完全是我的主张。”

这使艺术家深受感动了。在谈起应邀和互动时，陈瑞献说：“一个有水平而自觉性高的收藏家，肯定有眼光去委约真正的创作者来创作，同时清楚，真正的创作者最难说服的是他自己，而不是其他。因此，十足的尊重不可缺失，互动才有可能。”

瑞献提起有一次与学光谈到画花卉，瑞献说：“学光提出梅花和牡丹，我同意。但怎么画梅和牡丹，完全是我的主张。”

学光说：“我当时提出画梅和牡丹，这是中国画的千古题材。我深知，以瑞献的大自由心，一定不凡，《问梅消息》，《王者之香》两大彩墨作品完成时，果然是。”

陈瑞献共为“正云楼”创作38件作品。很多时候，“新作圆满”的喜悦分享，思忆犹甜。有一晚，吴太太发现“不见了丈夫”。原来，凌晨2时半，学光接获瑞献来电：“我正开香槟庆祝呢。”学光悄然披衣而出。静思祈颂12天，擘窠大草书《天行健》三个字终于在龙天护法的护念下一

宴客厅的书法《正云楼序》
与陈瑞献绘制的瓷罐瓷盘。

口气完成。

从大门进入，正厅正墙前有一道旋梯，瑞献说：“我将之融入正墙的那三个大草书《天行健》的粗大黑线的结构中，而使设计更有肌理。”

两边墙上则是一对楹联，形式传统，处理手法全新，把油画布染成古绢颜色，再以深紫色胶彩书联，并刻意加强抽象泼墨效果。联句如下：

正思惟收视反听素怀渐滋添内学
云中君心游神变霞蔚立效出新光

陈瑞献巧妙的在对联中嵌入宅名“正云”，主人夫妇“素霞”与“学光”三名，对仗稳当，诗眼对着巧思。

雪莱、毛泽东和蓝睛白虎

正云楼的底层为歌乐空间，瑞献将之定格为“诗之一方”。

他说：“我画了浪漫派的雪莱，他符合我对诗人一定得长得漂亮的偏见，学光也仿佛有雪莱的样子，只是画中少了根烟斗（作者按：学光喜叼烟斗）；我重译了雪莱的代表作《西风颂》，并用“永字八法”来书写英文字母，呈现原诗，同时融入绘画元素；此外，便是《问梅消息》《王者之香》以及四幅‘一切智园’景观的钢笔素描。”

另一居室内，是诗之一方的延伸，为青年诗人毛泽东的肖像，配以用新手法书写的毛泽东名篇《沁园春·雪》。吴学光说：“年轻时的毛泽东是个俊美诗人和理想主义者，我也把书法当画来看，气质气象非凡。”

瑞献和学光夫妇都是南洋大学校友。一楼通向主卧房的右走道，一幅《裸泳南大湖》，一幅《长风万里》，瑞献说：“前者画中有一双一丝不挂的无鳞鲢鱼，正是学光与素霞以及所有南大情侣的象征；后者是大笔狂挥而就之作，表现的是大业千秋的精神。”

访问学光夫妇时，我们在餐厅品茗。墙上挂《蓝睛白虎》，远近丛林草叶，背景则是一片紫色。我请教他俩如何看这幅油彩胶彩作品。

学光说，背景非暗而紫，用色出奇，虎身完全留白而只染上光的反射，眼光敏锐，有王者傲气。而吴太太却形容虎的眼神内敛笃定，不在乎一切。

我稍后才知道，学光是肖虎的。

企业家与艺术家以共同愿力展现精彩

正云楼底层是诗之空间，陈瑞献画了一幅青年诗人毛泽东的肖像。

正云楼书法刻石。

在拍摄外观时，学光一再强调，建筑是轮廓，画是主体，他是把建筑当成画框了。“正云楼”是本地企业家与艺术家以共同愿力，在实践真善美的互动中，展现出来的晶莹透剔的精彩。借陈序中言：“负大志趣于高云，诚雅啸也。”

夜深为文，陈瑞献以电邮回答我的有关“功成感想”之问，他写道：

“为正云楼创作的作品总面积相当于一个篮球场的大小。一个人凭一双手一点一画创作出一个篮球场面积的书画，回头一看，我把自己吓了一大跳。灵思当然无时无涯，人身毕竟只是血肉，我的大地艺术馆‘一切智园’（作者按：位于中国青岛小珠山）虽辽阔无边，我创作当时 58 岁，而且有 200 名刻工帮手，为正云楼创作时，我已经 66 岁，还能有这样的体力精力，来挥动一根 6 公斤的大笔，为时一年半，我除了感谢学光素霞有耐心等我度过煎熬，实现承诺，我也衷心感激佛菩萨的庇佑。”

“正云楼”餐厅墙上的油彩胶彩作品《蓝睛白虎》。

从一层旋梯的半圆空间看
《白度母像》。

陈瑞献与吴学光。廊道墙上的
另一则巨制《有龙曰那烂陀》。

四大部洲岁月 / 七金山海星辰（书法对联）
2008，604 x 198cm

我带上你的心

走入国大医院心脏中心陈瑞献石雕园

2011年4月21日，卫生部长许文远（现任国家发展部长）为新加坡建的国大医院心脏中心主持开幕后，在总监陈淮沁医生的陪同下，进入设于中心庭院的石雕园参观。这是新加坡首座在医院的庭院内建造的石雕园，由新加坡艺术家陈瑞献创作；园内竖立四座灰色大花岗岩雕，与四条花岗长石凳，在格局中兼有两片黑底浅池，两棵琴叶榕，四方花圃，地面则是以米黄胡椒粒水泥及浅褐人造木板构成。

许部长与陈瑞献同是佛教徒，两人特有缘分：《陈瑞献》大型画册与《陈瑞献选集》9卷的发布会，都是由许部长主持。他两次都发言分析陈瑞献的艺术作品，眼光锐利，意见高明。因缘真是奇妙，陈瑞献的石雕园迎来的第一位贵宾又是许部长。当他看到在第一座长方灰色大岩雕正面，由两颗凸出石面16公分的高雕心脏，与在荔枝皮纹石面铺满的飘逸草书凹线，所构成的画面时，便脱口说道：“看上去仿佛是心经。”这真是一语中的，多义表述。

首先，“心经”自然是指大乘佛教的重要经典《般若波罗密多心经》，描述的是在最高境界中的“心”，毫无挂碍的“心”。但为什么“仿佛”呢？因为来到心脏中心的“心”，还是一颗需要另一颗心照顾爱抚的心；只当“心”从生理、心理到心灵的各阶段都进入健康欣愉的境地之时，《心经》的经义才会出现。

《联合早报》2011年06月02日

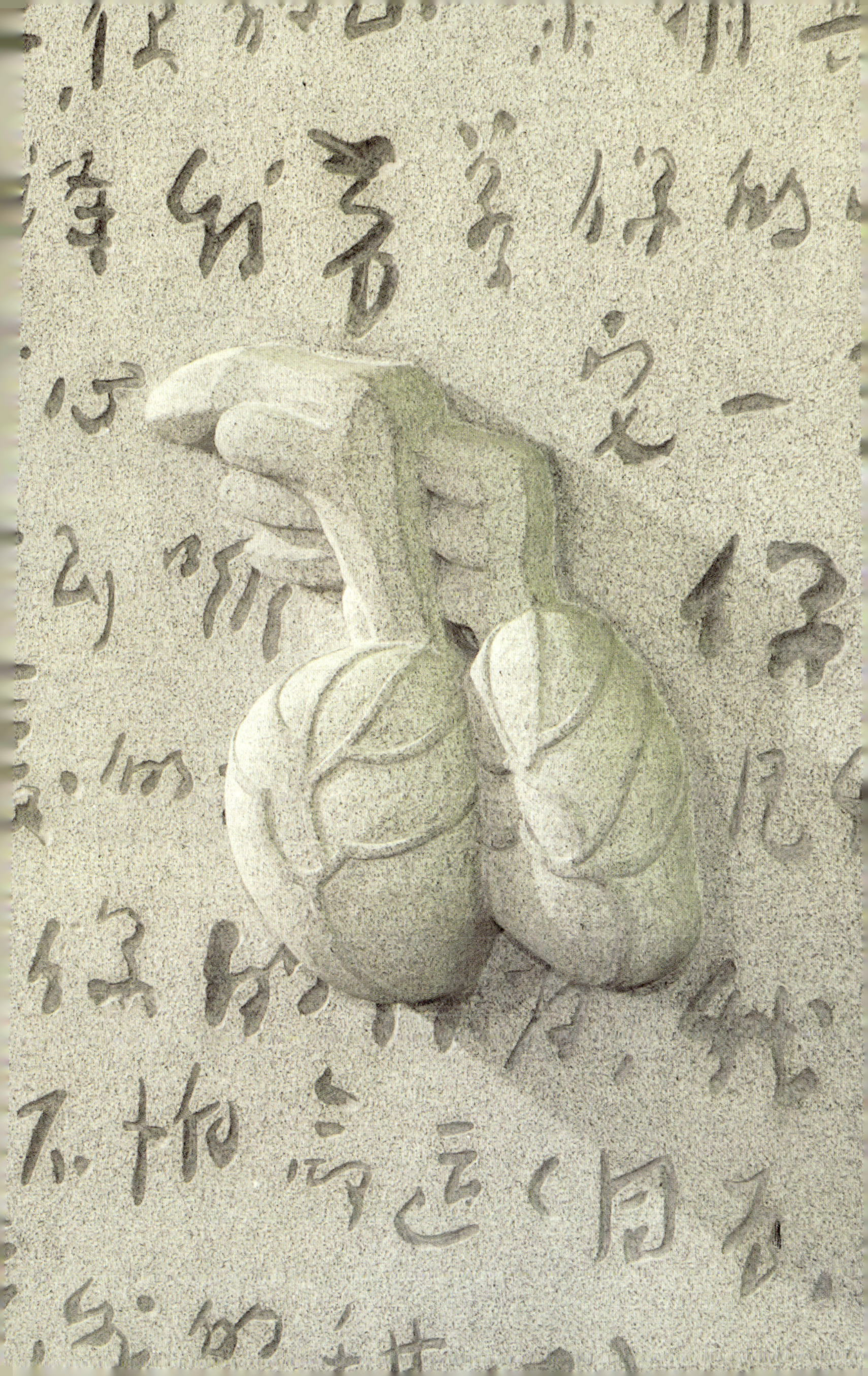

所以，我想许部长完全明了陈瑞献用以创作石雕的，为何是一首写爱侣的心的情诗，它也就是 20 世纪美国著名现代诗人卡明斯(e. e. Cummings，1894－1962)的名作《我带上你的心》(I Carry Your Heart with Me)：

我带着你的心（你的心在我心里）
它一直跟着我（我到哪里你也到那里，
亲爱的；凡我完成的就是你的作为，我的爱人）
我不怕命运（因为，你是我的命运，我的甜心）
我不要世间（因为美丽的你是我的世间，我的真心）
而你是一个月亮常要意表的一切
一个太阳一直要歌唱的是你

这儿是最深的秘密没人知道
（这儿是那根之根以及那花蕾的花蕾
以及一棵树的天空之天叫着生命；那比灵魂
能企望的或心识能隐藏的更高的成长）
而这就是叫星星远隔一方的惊奇
我带上你的心（你的心在我心中）

这或许是卡明斯最有名的一首诗，它的优美深情拨动了普天下有情人的心弦，它弦歌寄意，让心上人把心捧在手中走过来。

诗意象与修辞的奇特，音韵与节奏的起伏回旋，境界与寄托的高远，完全是卡明斯的天才表现。卡明斯写诗只用小写字母，从不用大写，连名字也不例外；他爱在字行中间分段，加括弧置插句，把动词、副词、形容词当名词用，又把名词当动词用，自由转换词性；他把语言的空间，视觉与造句的元素当材料，来创造书页上的一种物质效果，使标点与排字成为文学表现的用具。这些在形式结构上的新创与发明，有效地把他的官感与深情表达得更为淋漓。

这首佳作，来到文学翻译的老行尊陈瑞献手中，便灵动地被转换为一首华文诗佳作，它也同时成为他创造这座石雕园的出发点。

体现融合“艺术、医学与仁心”的理念

国大医院的主楼建筑，经有四分之一世纪，翻新修建落成，连接即将启用的地铁环线肯特岗站出口。经过新盖的圆顶天篷走进大厅，左侧即为石雕园。陈瑞献纯以“艺术义工”的身份，从思考环境、创造、制作、监工到安置，亲力亲为。这组结合诗歌、书法、雕塑的庭园作品，虽然以心为主轴凸显心脏中心坐落的楼地，其生命哲理与人文关怀的广泛含义，已延伸至与改建后现代化建筑结构相为呼应，创造出美妙和谐空间。医院是人的情绪、感情起伏最大的地方，艺术的节奏，相期与人心流转，在来往的人群中划起祈颂的波纹。

开辟石雕园，负责统筹设立国大心脏中心的陈淮沁副教授说，感谢这位蜚声国际的艺术家送给国大医院这份珍贵礼物。“陈瑞献是我的叔叔。”致欢迎词时，他引以为荣地告诉到场观礼的嘉宾。

陈医生说，新落成的心脏中心，提供全方位的心脏病医疗服务与医学研究，整体设备与设计，均环绕这个重点，包括开辟雕塑园，体现融合“艺术、医学与仁心”的理念。

来偷听心的叠句

石雕园设一方小石台，以中英文镌刻作者的创作注，也是篇向导文。记者与艺术家深谈，逐步来偷听心的叠句。

石雕一：我带着你的心

根据瑞献的创作意念，“心”是心脏也是心识，是人身体与精神的主宰。两个人可同时经历同一种经验，比如坐过山车，结果是一个惊恐，另一个快活，又各自分泌出有害的与有益的两种不同荷尔蒙，也各自进入两种不同的精神状态中。因此，凡是“心”一定都得在一种安宁幸福的状态之中，像情侣的心心相印，生命才会是一首歌一种天体的舞蹈。

所以，瑞献的第一座石雕便是以两颗心型，在石的一边凸出石面，在石的另一边凹入石面的心型为焦点，而心型含有古玉龙胎的造型元素，并以篆书的“心”字线条结构代替血管的分布，完全是一对艺术化了的心脏，其上又系着一双状似翅膀的向上扬的手掌，在四面八方的草书卡明斯诗句的簇拥中飞翔。

在这座长 214、高 170、宽 110 公分，重 5.7 吨的石雕的前面，就像在其他石雕前面，

摆着一条长214、高45、宽110公分，重2.6吨的花岗长石凳，其磨光面凹刻着瑞献独家的毛笔英文书法“I Carry Your Heart”(我带着你的心)。

石雕二：我以众多的梦与触摸带着你的心

两颗心飞到第二块长214、高170、宽110公分，重6.9吨的灰色大花岗石上时，整座雕塑便铺满千万翅膀状的手掌与心脏。这是“I Carry Your Heart with Multiple Dreams and Touches”（我以众多的梦与触摸带着你的心）。许部长形容这是“手牵手心连心”。

这件作品的繁复刻工叫人叹服：浅雕深雕高雕的雕刻手法全部用上，让有限的造型变成无限。瑞献在他好友、厦门大学雕塑系主任蒋志强教授的协助安排下，到福建惠安崇武与一队刻工一起作业，他的才情与眼光，理念与坚持，感动了这群由陌生人变成朋友的巧匠，为他出尽全力，在短短一个半月时限内，把他的灵感化为8块石雕的真实。

这第二块石要表达的是父母的，兄弟的，情人的，朋友的，医生师长的好心肠。人类的这种好心肠，瑞献说，会令已生恶灭，令未生恶不生，会令未生善生，令已生善增长。

石雕三：我带你的心到歌声的河流

以上是石园左边的由两大两小石雕组成的景观。绕过庭院中间玻璃电梯后边的过道，便来到石园右边，摆着第三与第四座尺寸与重量接近前者的大石雕，以及另两条长石凳。

第三块大石是座贝形雕，置于一片四方形池底铺着黑毛石的浅池中。它像是从水中翻起来的白浪，在白浪的旋涡中心点，正是两颗巳经合而为一的一颗更为简洁的心型，它所象征的幸福与欣愉感，仿佛使一条河流向右旋转起来，唱起了歌来，正是《我带你的心到歌声的河流》（I Carry Your Heart to the River of Songs）。尼加拉瓜诗人达里奥（Ruben Dario）写道："我找到的螺贝是个心形。"

瑞献的好友罗马尼亚大诗人索列斯库（Marin Sorescu）也写道："我藏在一颗海螺里，但忘了是哪一颗。如今我每天潜水，以手指梳理海洋，来找我自己。"

在诗人的自我追寻中，艺术被创造出来。这座半圆的圆雕对周遭的全部横竖线条的

方方结构，起着一点缓和柔化的作用，尤其在晚间，在含蓄灯光的烘托中，圆雕更有催人入梦境的魅力。我看到在水池底有好几枚银币，有人在这里许过愿了，当人专注聆听，就会听到石头河流树木星星，一直在说话，石头有知有情，会让许愿的人如愿。

石雕四：我带你的心到星云的探戈

第三石的旋转，绕个弯儿，旋入第四座圆雕《我带你的心到星云的探戈》（I Carry Your Heart to the Tango of Nebulas），那两只星云手臂向左边曳去的旋转之中，二石于是形成一个倒 8 字形的永恒的旋转，形成一个歌舞的宇宙，在两条生命一心起舞心识臻于妙乐的周围起舞，像瑞献译介的 13 世纪苏菲玄秘诗人鲁米（Rumi）笔下，一切元素都呈现出来的那种永恒的旋舞。同时，鲁米写道：“在我们内里有一种秘密的旋转 / 它叫宇宙旋转。 / 头没觉察到脚，脚没觉察到头。二者都不管。 / 它们一直旋转。”看石园的人心中有一种旋转。

第一、二座的方型石线条密集，这两座圆型石的大手笔的圆滑流线，恰好将前者融合起来，使一座石雕园的美学元素俱足，让踏进来看石园的人，他的艺术自觉感立刻得到增强，进一步来偷听心的叠句。

世界上最有名的石园或许是日本京都龙安寺的石庭：15 块大小不一的天然黑褐色石头，分 5 组，摆在长 30 米、阔 10 米的铺满白碎石的长方庭园中，白碎石面用耙子耙梳出整齐的水纹，让 15 块石完成海中浮岛的缩龙成寸。瑞献参观过龙安石庭，在造《我带上你的心》这座约 1158 平方米的石雕园时，龙安枯山水是否也曾浮现在他的心头？在回答我的提问时，瑞献说：“龙安石庭约建于 15 世纪，作者据称是一位画家兼造庭家。1980 年我看了石庭，从此忘不了，写了观后感，刻了一张纸刻，一方印，它也影响了我在山水画的布局。但在造《我带上你的心》时，我已经完全把龙安消化殆尽：我的 8 块石全部人工雕琢，诗书题旨独立，又源源注入祈颂的愿力。这么说吧，龙安石庭的艺术高水平，是我艺术追求的标杆。”

潘正镭

忘掉玫瑰之后

《2012 陈瑞献北京书画展》

《酒乃水握住之光》（宣纸水墨胶彩）
2011, 180x97 cm

香港《明报月刊》总编辑潘耀明来新加坡，约晤陈瑞献等三几好友叙旧。在餐席上，耀明问瑞献的艺术创作近况，艺术家透露，他今年秋天在北京将有一个个展，正在积极筹备之中。

已完成50幅作品，一半油画一半水墨，是陈瑞献三年劳作的成果。

新观点，新元素，新技法——在陈瑞献的书法水墨油画胶彩中，从题材构图的经营，到诗情哲思的表达，处处呈现出他多元探索的心感投射。

陈瑞献年轻時在捕捉胶彩的明丽璀灿之余，就落力以特定题材来实验这种原料的特殊性能，借用他的话说，即是“让星月和萤火之光终于在生宣上出现；也让这种跟油彩相反的水底原料，使飞动的浪花可以在麻布上凝固下來”。

《王维在普罗旺斯》一作，即是水墨与胶彩在宣纸上晕染出时空交错的自由心造境。陈瑞献这样题上画款：“王维在普罗旺斯熏衣草田边，百花丛中种榴梿，养北极熊及一热带黄狗。”万法唯心造，現实中不可能并存的时空与物体，在画家自由心的配搭下，有了可人的和合，呼应王维

《小童》（油彩胶彩）
2010，140x206 cm

集四季之花卉于一画幅中的心灵虚景，也唤起我人神往的共鸣。

《酒乃水握住之光》一作的题名，是天文学家伽利略说的有关葡萄酒的名言。葡萄从阳光、土壤、雨露的滋养，种植人深情的关爱，酿造师的巧艺酿制，到化酒入瓶，不正是因缘聚合，让水在瓶中握住了结合催化万物的阳光？园地层叠连绵，素人手法的青葱情调，溢着金黄阳光的阡陌，组成意态兴隆的葡萄园心景。画家曾经说，葡萄是人天合力创作的出发点，而葡萄酒则为到达艺术终点之结晶。

陈瑞献的彩墨作品，在试探中国山水画之新转机，每有新内涵新意理的诞生，这种原创性也见诸胶彩油彩画如《彩虹新见》一作：在诗化了的山水情景中，有两株树木的缠枝构图，合为父母双亲之象征，而彩虹一反彩虹的形式常态，化为一朵喇叭花，则是神识投生的含蓄描绘，饱含经作者艺术化了的对“十二因缘”的观想，形制是西方的，元神则是东方。

瑞献挥毫，贵在“于古人止步之处”继续往前走，开发笔韵墨象的新面貌。他运笔造形，如《齐白石像》，乃以秒速计时的闪电笔法，既快又准地抓住人像，又立即由前所未见的笔韵墨象蹦出人物的神韵。《赤兔奔驰》则从变形用色取胜，由于变形用色奇特，使跃动的节奏更为奔腾，艺术的真实让历史名驹穿过烈焰向现代奔驰而来。

陈瑞献自成一格的私人语法，即便在西洋画布上，也尽显东西两种根源的水乳交融。

马蒂斯说画家创作一朵玫瑰之难，莫过于在画玫瑰之前，得把先前所有被画过的玫瑰全部忘掉。南美革命志士仄·古拉花则说：真正的革命者是为一种大爱所牵引，我们无法想像真正的革命者缺乏这种素质。陈瑞献在《忘掉玫瑰》中，以大油笔醮玫瑰红胶彩，用草书笔触，在油画布上飞快的把仄·古拉花的头像用隐象法隐入玫瑰花心，画出了一朵符合马蒂斯的高要求的玫瑰花来。

油画《人与天人之约》，艺术家以佛家的“六道轮回”入画，彩饰意境，让人情感得以升华；魔幻境界，导人入生死轮回之感悟，更使观者踩前一步，产生对真理的一种明白。

再从油画《落霞与孤鹜齐飞》观之，野雁驮着层层飞云，马上可以看出那是草书之深功透过巧腕之劲，结合而出此滚云磅礴之气势。天地宇宙，透明静寂， 自由穿梭，无限无时， 是陈瑞献登上滕王阁遥应千年前王勃孤高之心感，而表现出来的一位东方画人吸纳天地灵氤自成气候的面貌。

《忘掉玫瑰》（胶彩）
2010, 140x206 cm

《月圆时候》（胶彩）
2012，140 x 206 cm

2012年12月2日，在北京保利举行的“现当代中国艺术夜场”中，《月圆时候》以1087.5万成交。这是陈瑞献作品在中国的首次拍卖。

情侣

陈瑞献作李光耀伉俪像

2013年火烧古楼画室，多元艺术家陈瑞献损失惨重，而大家真的爱莫能助，也难以感受艺术家日月全力处理善后的心情。显然，该割舍的，他毫不留恋地割舍，譬如那14张完成的油画和水墨作品。也就在这种完全放下的行动中，他寻回一些已经在忙碌的岁月中完全遗忘了的珍贵点滴，譬如那张15岁时画的铅笔人像《玛丽莲梦露》，1982年一篇他在巴黎拜访20世纪最杰出的女画家丽奥娜·菲尼（Leonor Fini）的记录，大诗人纪亦维（Eugene Guillevic）送给他的雕像纪念章以及一篇有关纪氏的记载等。

另一方面，一些他不为人知的创作，也因为火灾而曝光，譬如那张在2009年情人节动笔，以新加坡建国总理李光耀伉俪为对象，用油胶彩和水墨混合创作的大幅作品《情侣》。

国立脑神经医学院院长李玮玲医生在古楼画室失火消息见报后，在《联合早报》副刊专栏中写道："在《海峡时报》的一张照片里，一个男士站在湿漉漉的房间，另外两人则背对着相机，正在做清理工作。我仔细端详照片正中的男士，他似乎正微微而笑，但眼里却没有一丝欢乐，有的只是悲伤。"文中她描述了她打电话给艺术家的情景："他（陈瑞献）告诉我，他是'苦笑'而不是开心地笑。"

陈瑞献从画室救出的6幅画，李医生写道："其中一幅画的是我的爸爸和妈妈。"

这幅受水及烟炭严重损坏，瑞献形容经过火与水洗礼的大画《情侣》（213.5cm × 339cm），以建国总理李光耀和夫人柯玉芝女士在英国剑桥大学留学时期的校园合照为蓝本，描绘他们那值得奉为典范的完美爱情与婚姻。

近年来，李光耀已然成为画家取材对象，而大抵以他作为一个政治符号来表现。用这种角度画人像，往往因为画家藉对象来

《联合早报》2014年10月14日

谈论发表自己的观点，有时甚至会把对象变成是自己个性中的另一面，也就是变成所谓的“他我”（alter ego）。

英国20世纪顶尖的人像画家弗洛伊德（Lucian Freud, 即精神分析大师弗洛伊德的孙子），要求画英女王伊丽莎白，结果是女王被局促在特小的篇幅内，油膏大笔触厚涂而出的灰头灰脸，使女王五官看似弗洛伊德自己的五官，而让王室哗然，媒体大作文章：“女王看去像一只受伤的皇家柯基犬。这张画应该挂在茅房里。”弗洛伊德的好友，地位跟他一样伟大的另一位英国人像画家培根（Francis Bacon），也以好友为对象画画。培根用他一贯的屠宰手法，把弗洛伊德的头脸切成一堆堆血淋淋的三层肉，来表达他的现实观和创作观，弗洛伊德的脸只是他的出发点罢了。

瑞献解释说：他的文学是悲苦的文学，他的艺术是快乐的艺术。悲苦与快乐手拉手一齐在人生的道路上走，正是他写的对子的描写：“赤岩流万花绽放，酸雨下百鸟高飞。”他的文学是赤岩酸雨，他的艺术是百鸟万花。他选择的人物一定是他崇敬的对象，他的媒介与手法可以千变万化，最终目的是用最适当的媒介与手法，从人物的真实面面观之中把最适当的真实面表现出来，他是个善颂善祷者。

瑞献还告诉我一段掌故：1997年由著名中国摄影大家杨绍明（中国前国家主席杨尚昆之子）带领世界华人摄影家，合力来拍摄新加坡的面面观，然后把各个范畴的佳作编辑出版一部精彩大书《今日新加坡》的一件往事。作为被杨绍明拍摄的对象之一，陈瑞献有机会跟这位邓小平的专属摄影家多次接触。杨绍明让他看他在一个集会上拍摄的李光耀像。陈瑞献觉得那帧还不是这位能将人类的思想感情，跟蓝天白云结合出惊人效果的摄影家的最高妙发挥，建议再挑一帧。杨绍明表示书已经在

情侣（油彩胶彩水墨）
2014，213.5 x 339cm

The holding hands have to let go
All have ceased to remain
To remain forever in the sky
Beyond the Women's Charter
Or on the blissful Singapore River banks
You have only found a long-concealed footnote
In the shining classics of Asia
The gait as wearing jade ornaments
And the greeting as fragrant orchids
Looking at the time and space where life changes
Sure no one has ever returned from the hereafter
As it just can't be helped
Sorrow knows no end for the motherless children
Sorrow knows no end for the remaining parent

香港印刷中，陈瑞献说那只好叫机器暂停。隔天，杨在电话中说他把照片换了。

我聆听过瑞献从各种角度谈论创作这幅作品的旧事。这幅选择返璞归真到人世至情至性的面向来描绘的作品，在2009年开笔，就在当年的情人节那一天，瑞献想画一对最完美的情侣，他想起曾在《李光耀图片集》中看过李光耀伉俪的一张非常动人的黑白照片，觉得他们相濡以沫，相爱一生的爱情令人钦佩，这是最难能可贵的人生境界。李夫人是李光耀身边最坚贞的支持力量，她曾在唯一一次的传媒访问中说道："正如一位称职的亚洲传统妻子，我总是跟在丈夫后面，比他慢两步。"这谈话让艺术家印象深刻。这幅带着中西笔触的作品，画中还嵌入作者用中英文书法书写他在2012年李夫人逝世时写的悼念诗《情侣》：

> **一直醒着的安然入眠／牵着的手得放下／临末的一行读过千遍的诗／随着最后的一片叶子飘落／不论是烽火的年代／或是翡翠的家园／一切都不再停留／只让贤慧领着一切美德／永久停在天空／／没听过您在妇女宪章以外／或在悠悠的新加坡河岸／公开说一句话／您只在亚洲千秋的典籍中／找到了久藏的一个注脚／在两性平起平坐以后／您说是一名亚洲的传统妻子／选择在丈夫背后／相敬地走慢了两步／／天空是一种仰望／仰望一种典范在高远的距离／其立如碑／其行如佩玉／其欽衽芝兰／看生命更替的时空／还没有人从那里回来／那有什么办法呢？／失去慈母的儿女不断哀伤／失去家室的家长不断哀伤**

火灭距今一年半，画已完成。

陈瑞献说：婚姻的概念论者一再检讨，最近时兴的探讨方式称为"刻意分离"（conscious uncoupling）：一对夫妇可能仍深爱对方，不过还是带着"满心悲伤"，决意优雅地离婚。社会中的高离婚率值得思考。一套理论说，旧石器时代晚期人类出生时的平均预期寿命是33岁。然而在过去的114年中，男性的年龄增加了43年，女性48年。由于人们将活到80多岁，大部分人在一生中将会有超过一次的长相厮守的关系。

不论论点多好，还是有一对对的男女缔结良缘，白头偕老，至死方休。李光耀与夫人柯玉芝的婚姻便是其中的完美婚姻。这个佳例证明浪漫派大诗人拜伦所说的，没有一生的热情，就如没有持续不断的地震或永久的发烧，这句话只对写诗来说可能才是对的。

这张用油胶彩与水墨创作的画历时 5 年，因为瑞献得从黑白照中想象出颜色来，用轻云般的红蓝黄绿色来遮去复杂的校园背景，好让人物凸出成为焦点，并添入诗与象征的元素来创作一件艺术品，而其间最大的挑战，莫如从照片中投在李夫人脸上的暗影看出表情。

画到半途，不幸在 2013 年 1 月 15 日，大火像烧红莲寺那样烧起古楼画室来，给这个画家聚落的 6 个单位带来大灾难。《情侣》是瑞献从火场中救出来的画作之一，救火员的灌水灭火对画面造成相当的破坏。

瑞献继续为这张经过水与火的洗礼的画落力创作。他一反传统把诗题在油画上，又在李夫人身边画了两朵连理的卓锦万黛兰，以及在画的三边画上浅绛的造型，用以忆念在一幅长久的东方作品上惯见的，钤盖其上的历代藏家的藏印，其所表达的认可、珍赏与雅爱。

辑三 | 诗文

潘正镭、陈瑞献与庄布忠在法国香槟区葡萄园合影。

还有，友情

雪一夜无眠，晨早的微光里，在窗外叫早。客房的矩形长窗，左右是一幅抽象画，临睡前在电话里与家人贺岁，我选择不把画合上遮窗，好让这一场冬雪，待我醒时飘成对家人深深厚厚的春望。

开门，啊！门口放着两个橙子，一瓶矿泉水，布忠和怡敏，心思好细密。今天是大年初一，由于跟瑞献的深厚友谊，一群好朋友老远到法国的香槟区团聚。

和瑞献从瑞士达沃斯乘车前往苏黎士。三角形杉木制成的小箱里，装着他刚领取的世界经济论坛水晶奖。雪山胜景，一路以

《联合早报》2003 年 03 月 01 日

诗画的韵律挥别。心情舒畅的布忠，老远在巴黎租了车，一路开到苏黎士接我们。

就安排在香槟区的主要城市兰斯。一个多月前布忠听到瑞献将到达沃斯接受荣誉的消息时，就准备开香槟，地点最好就在香槟。那里还有一家荣获3颗米其林星的法国餐馆“白垩”。更要呼朋唤友，从各地前来分享庆祝。

我们都肖羊，正是三羊开泰。途中在一个中世纪的乡镇歇脚，餐厅老板知悉客人是一位带着荣誉的艺术家时，兴奋地跑去厨房通知太太，端来三杯咖啡，奉上了美意。想起我们在香槟落脚的旅馆老管家忙着与艺术家说话的情景，她对艺术家流露之情与餐厅老板的咖啡一样香浓。法国的文化原来并不只是展示在罗浮宫里。

10多小时的车程，抵达香槟酒镇埃佩尔奈（Epernay）的旅馆时，我们的“巧克力大王”詹俊兴听闻楼梯响，立刻捧着礼物下楼，人人一份。他笑说自己从来不带巧克力旅行，这回纯例外。俊兴由德国转机再从巴黎乘火车先到兰斯，而在巴黎念法文的怡敏也随后赶来会合了。

香槟区位于法国东北，与德国毗邻，至今许多建筑上仍留着两次大战的弹痕。居高眺望，白雪覆盖着的葡萄园和农舍，整个香槟近乎冬眠。莫埃·尚东酒庄热情迎客。全球最负盛名的香槟“唐·佩利麓”的酒窖总管吉弗洛依，特地在一般上在冬天杜门谢客的豪宅里，以珍藏的四品好年份香槟款待我们。乐器、乐谱、塑像，拿破仑与音乐家华格纳都曾在这里做客居住。还记得《结婚进行曲》吧，实是一切至美的结合，当然包括当晚的一瓶 Dom Perignon 1962。

香槟兰斯的古老天主教堂，13世纪以来，法国共有37位国王在这里加冕。一面高耸的染色玻璃窗在战火中被毁了，我们在教堂内仰望法籍俄裔画家夏戈后来受邀彩绘的染色玻璃。白垩餐馆柜台后挂的正是一幅夏戈的油画，它以蓝梦和飘雪的轻诗调迎接客人，还有掌厨的灵魂人物波雅（Boyar）。

名家名画名厨名餐厅，在寒雪中，温暖的还是友朋从各方而来。除了新加坡、勃艮地的朋友，波尔多兰芝·巴治酒庄的丝维，专程从伦敦捎来两瓶她、布忠和我的出生年份的 Lynch-Bages 1955；她当医生的先生和家人则从波尔多赶至，把瑞献为他们家族酒庄所绘的画印制成海报为致谢礼品。

在兰斯的庆祝晚宴上，
左起：戴诺农库、陈瑞献和大厨波雅。

当今法国葡萄酒界备受尊敬的，香槟的传奇人物戴诺农库老先生在女儿的陪同下到会。“二战”时，流着贵族血统的年轻的戴诺农库，为报兄长被德国人杀害之仇，家园被蹂躏之恨，以100瓶香槟，换得加入坦克部队的资格，从小兵一直晋升到指挥官。退伍后回到家族酒庄，从小工做起。他维护香槟酿酒传统，人格风范，被誉为“法国诸多英雄式人物中的最后一位”。

他的女儿亚丽桑德拉就坐在我身边，优雅大方。曾读过布忠对她的描绘，言谈间惊讶于我对她的“认识”。今晚酒菜固为一时之选配，但我独钟以亚丽桑德拉命名的新勾兑的玫瑰色香槟 Grand Siecle Rose Cuvee Alexandra。

“Alexandra 源自希腊文 Alexandros，意思是‘热爱人类者’。”她说，“我的名字不算什么，我是以酒标上能显现这个字所含的意义而自豪。”

餐后在咖啡室里，波尔多的朋友透露，当年，亚丽桑德拉出嫁时，戴诺农库表示要为长女举办一个香槟最盛大的婚礼。善良的女儿却恳请父亲把办婚礼的费用捐给贫苦人家。父从女愿。那时，亚丽桑德拉才20岁出头，父亲送给她的珍贵礼物，是一款新勾兑的香槟的命名。在8世纪的兰斯，葡萄酒曾被修道院用来作为行善的一种激励。

席间布忠坚持要瑞献以法语发言。瑞献便从孔子谈到兰斯，说今晚的新知旧雨，没有一个住在兰斯，却都从远方千里跋涉来到兰斯，出席由一位知己为一群好友摆设的这个晚宴，任谁也忘不了这个“友谊万岁之盛宴”。

朋友、分享，使美酒佳肴化为锦上之花。最让爱尔兰诗人叶芝感到写意的是“给我书，水果，法国酒，以及好天气。”叶芝，请让我给你多添一点吧：“还有，友情。”

陈瑞献与法国英裔名演员朱莉娅・奥蒙德，同获 2003 年
世界经济论坛水晶奖。

惊醒的眼神

来之前对瑞士达沃斯（Davos），只知它是个滑雪之乡，与毗邻的克洛斯特同为滑雪好手心中的圣地，若不到此滑飞一回，就会有不到长城非好汉般的遗憾。对世界经济论坛(World Economic Forum)的理解，也仅知它不过是个政经人物毕集、高谈阔论的舞台。

瑞献获得世界经济论坛水晶奖，我随行采访。1月底的达沃斯，冬雪皑皑，虽处海拔1500英尺，小镇是两山夹成的谷地。天地雪花不为寒，此时为山镇加温的，不是滑雪好手，而是涌自世界各地，2000多名各个领域的领袖人物。

《联合早报》2003年02月15日

保安极是严密。“9•11”之前，抗议声只限于反全球化的街头人群，自从恐怖分子处处魅影幢幢之后，大会期间，瑞士政府声言加强天空保安，下达凡不明飞机一概击落之令。

虽然如此，在达沃斯，即使像美国国务卿鲍威尔这号人物，也不见有如强敌当前的开道阵容。比尔•盖茨在雪地悠走，也属常事。会场内，克林顿先生在我面前翩翩走过，转个眼又看到那个把亚洲闹得凄风苦雨的老头索罗斯，若有所思地穿过人群拥挤的大厅，他不会走错礼堂吧！马哈迪还在里头发言。

欧洲《华尔街日报》，天天在达沃斯论辩条目下，大篇幅报道。其中色彩纷陈的记者日志，可侧见盛况之一斑：巴西央行行长雪地上跌断了腿，当时与他同行的是国际货币基金第一副董事经理；号称拥有机队可列世界第十一大航空公司的速递公司UPS副主席和总裁两人，因飞机误点，人到会行李则不知所终，他们当然不敢吭声，该公司的服务诺言不就是“天涯海角，隔天必到”吗？而升阳微系统首席科学家的开场白最具想当年之感，他说场外示威的人群“可爱，行为良好”。又说这是因为“他们比场内的我们年轻20岁”。

总部设在日内瓦的世界经济论坛组织，为一个非营利机构。除了年会，也在世界各个区域举办区域高峰会议。它肇于一个年轻大学教授施瓦布（Prof. Klaus Schwab）理念的实践。30年前，出于汇集执世界工商业牛耳的群英于一堂的意念，施瓦布选在达沃斯举行不过数十人参与的论坛，其规模和影响在这个年轻教授的运筹帷幄之下，逐渐成为连国家领袖也看重的组织。李显龙副总理这回就受邀谈论“亚洲经济的前景”。

基本上，它的1000名会员，均属世界霸级公司。近年则增设未来领袖的新秀会员名额100位。

春夏秋冬，浪淘群雄，施瓦布却像个地球村的民间领袖。有这样的说法：施瓦布一通电话，世界上不论哪一个领域的领袖，都会接听。陈瑞献这次获颁水晶奖，事前他亲自来新加坡会见艺术家。对艺术家的尊重，执礼至殷。

大会闭幕后当晚，我们在一家名餐厅巧遇施瓦布夫妇。瑞献礼貌地说这甚至不是华人习俗，只是发自他内心超越一切的盛情：

请教授和夫人接受他的回请。六十开外的论坛主席爽快大方地接受："我无法回拒。"在座的国内外朋友对两人的应对感到也惊也喜。

大会是以达沃斯会议中心为主，一些活动分散在多家酒店举行。我打开 6 天的活动表，除了政经，举凡关于人类福祉的课题巨细靡遗。大多数的活动都必须事先登记，人不贵多话则求精。人来人往，我喜欢静坐旁观。世界经济论坛把达沃斯变成一块磁铁，它是举世最大的社交中心和人际关系的网络。

"为什么我们会衰老又为什么我们恨老"；"CEO，给多少才算过多"——两场晚餐讲演会，从与会者对前者的热烈反应，施瓦布很清楚，世界经济论坛虽然以商为轴心，若要再提升，必须另谋计策。艺术与文化是人类不可或缺的一环。10 年前受到好友，小提琴大师梅纽因的提点启发，他设立了水晶奖。今年进一步把艺术与文化从边缘节目纳入正式活动项目。

因此，在会场上我们可以看到新加坡、俄罗斯、非洲、巴西和美国艺术家的作品。我们可以在一个小室里聆听美国诗人洛姗的朗诵；在另一个场合里聆听巴西文学大家保罗科尔贺，美国作家、诺贝尔和平奖得主维瑟教授和波兰第一夫人一起和与会者探讨"文学能促进了解吗"的课题。

也许，我的收获，是在人们聆听了本届另一位水晶奖得主，纽约大歌剧院列文指挥的音乐会后，再观赏我们这个热带小国艺术家的画作，听他在现场吟诵用毛笔挥就的古典诗文，并以英语和法语回答问题，咀嚼他在领奖谢词中彩虹与白光的妙喻。

在围绕的人群中——陈瑞献来自新加坡？！——我读到许多惊醒的眼神。

陈瑞献在世界经济论坛获颁“水晶奖”后致受奖词
（瑞士达沃斯，2003 年）。

陈瑞献的水晶奖受奖词

人在开悟时，其心识浸入一片大白光。由霍金的理论推论，显示一切存在的基础是电磁波，它也可以称为光。然而，日午的太阳太炫目，使人无法正视。人必须用金字塔、悉堵波，舞者的身躯以及诗人的歌，把白光破为不同的波长，让它现出一道彩虹。歌德说：“颜色是光的行为和受苦。”而艺术是引向人与宇宙的究竟真实的彩虹。今年，我有幸获颁这块从瑞士山中取得的珍贵水晶，由于它的反射，我一直以来在创造的彩虹，一定会在来年显得更为通透、鲜活和明亮。我站在这里，证明我的国家新加坡一样获得殊荣。

让艺术
成为新加坡的骄傲

附 录

联合早报社论

新加坡多元艺术家陈瑞献获得世界经济论坛颁发“水晶奖”，不但是本地艺术工作者获得的崇高国际肯定，也让新加坡得以领受来自国际人文艺术领域的热烈掌声，对一个艺术事业相对渺小的国度，这是莫大的鼓励和荣誉。陈瑞献的艺术光谱和成就，照亮了新加坡的艺术前景，肯定也是新加坡人内心的骄傲。水晶奖过去几年的得奖者均为国际赫赫有名的艺文大师，陈瑞献获得肯定，无疑是新加坡艺术史上光芒耀眼的一天。

就文化艺术领域的生态而言，新加坡显然是幸运的。在建国短短 30 多年岁月里，

《联合早报》2003 年 01 月 11 日

始终有极少数对艺术文化工作坚持奉献的人，他们在相对缺乏支持的环境底下为理想不懈创作。无独有偶，这些在理想国度身影伟大却相对寂寞的艺术创作者，几乎都是先在国外受到肯定，再回过头来才在自己国家找到认同的眼神。对此，我们不能不说，加诸在新加坡的艺术成就不啻是大大小小的奇迹和祝福。

无可否认，在新加坡建国奋斗历程中，为了国家和人民的现实生存考虑和需要，国家发展蓝图的规划自然而然出现重经济，轻人文的倾向，以致这段过程也形成国家后续发展日益明显而碍眼的偏差。近年，政府及时觉察新加坡应平衡过去因种种因素养成的孱弱艺术体质，大力推动文化艺术的教育和建设。2000 年的《文艺复兴城市》报告书被视为是官方对艺术文化的具体长远规划，勾勒出新加坡作为文艺复兴城市的愿景。

文化其实是一个先解决衣食住行问题，安定后有教养，然后才形成的生活概念。此刻，文化产业成为越来越多人接受，甚至借力的概念，正是新加坡经济上了轨道的自然发展。致力把新加坡发展成一个文化形态丰富、文化人才荟萃的国际都会，已经成为新加坡举国上下的共识。然而，我们必须认识到，文化艺术首先是一个水滴石穿的事业，更是一个汇百川，然后才华出众的形成过程，要有愿景，也要有一步一脚印的落实决心。

诚如陈瑞献在得知获颁水晶奖的感言："新加坡永远是我的家园，是我走向世界的立足点。"艺术家要在新加坡立足深耕，然后走向世界，我们的艺术教育和文化政策的相辅相成是关键。此刻如何改变家长的心态，提供有利创作的环境，培养拥抱艺术的国民，是未来新加坡文化艺术水平的重要指标。

今天，陈瑞献再次让新加坡因艺术而骄傲，但我们必须虚心地同意，陈瑞献在国际艺术领域插上新加坡国旗，只不过是新加坡艺术成就的另一次偶然。日前，本地商界领袖郭令裕接受访问时，发出"文化财富在新加坡变得可有可无"的感慨，无疑道出艺术文化工作者面对的困境与挑战。陈瑞献这次的得奖除了带给新加坡骄傲，更能唤醒新加坡人对艺术和文化的冷漠陌生心态。如果社会条件日趋完备，艺术道路反而寥落清冷，下一个陈瑞献也许不会出现。

艺术家是一个国家的文化表征，期待陈瑞献在国际受到的肯定能转化成国内的艺术推力，形成振兴文艺的力量。

陈瑞献在日内瓦世界经济论坛总部施瓦布教授的办公室。

陈瑞献与罗布－格里耶观赏中文译本中的历史照片。在场者：左起潘正镭、蔡深江、林任君、郑英豪。

罗布－格里耶参观陈瑞献艺术馆，陪伴着他的是陈瑞献和法国驻新加坡大使夫人王秀惠女士。

继续寻找另一只老虎

在我年少的文学启蒙期里，罗布—格里耶是我接触西方现代文学最具挑战意味的名字。中学时期的文学营养，《蕉风》是最大源泉，对西方许多现代文学的认识，都从这里汲取。我读毕克，读的是《结局》，对话的形式，轻简阅读，即便是对内容不甚了了，青涩岁月，读书总有偏向虎山行的天真好奇渴求的蛮劲。“新小说教皇”罗布－格里耶可是一只盘踞山林入口的猛虎，在那儿不动声色蹲伏着，虎皮斑纹清晰，虎眼生辉，散发魅惑，就是无法令人亲近，遑论是欲绕虎入林，探索山林及山林之后的奥秘了。

《联合早报》2004年02月26日

那天，接到总编辑林任君的电邮，告知罗布－格里耶将到新加坡做客。啊！我有一股被触动的惊喜，马上回邮：他就是罗布－格里耶，世界级文学大师。他那种织得密不透针的小说，开创小说艺术的另一条先河。

2004年2月14日晚，在乌节酒店的华厅，多元艺术家陈瑞献宴请罗布－格里耶夫妇。35年前，瑞献便多次为文介绍法国新小说，向中文世界推荐、翻译尚不为华文读者所知的罗布－格里耶和他的作品。我首次的接触是在1970年211期《蕉风》小说专号里的《场景》与其他作品。在《场景》引言里，提及罗布－格里耶是川端康成倾心的作家。川端康成是我所景仰的日本作家，但当时阅读《场景》，只能说，很有挫折感。高人眼里的月亮，总有异常之处吧！这也使我开始对“新小说”这种反小说作品的在意。这些年来中国大陆、台湾陆续出版了这位大师作品的中译本。我间而散读，偶也买得一些英文本译著。罗布－格里耶无师自通地写分镜剧本，后来更自导自演。我看过新浪潮电影导演雷奈的起飞之作《去年在马伦巴》，这是完全根据罗布－格里耶文字景象拍出来的电影。

而今晚，我就坐在罗布－格里耶的身边。言语不通，很多时候要阅读大师的表情动作。他蓄着大白胡须，健谈，兴致高。法国驻新大使夫人王秀惠女士是位中文作家，幸得她的通译，为我们架起了法文中文沟通的桥梁。

我说：罗布－格里耶先生，托瑞献35年前的引介，我结识了文学上的您。您的作品令人迷惑，即使是通过流畅的中文翻译，我总读不了第一段以后的文字。

（罗布－格里耶来了一个理所当然的表情。他说：如果那么容易被接受，就不是艺术。）

我说：要等到我19岁时，我们8个年轻人合出了一本诗集，瑞献为我们的《8人诗集》写了一篇短短序文，这之后的某一天，我才突然间领悟到阅读你的著作的方法。

（罗布－格里耶这时露出一脸洗耳恭听的神情。）

我说：汉字的“鸟”一字，很象形。瑞献在序中说，他用“鸟”（序文中是用“鸟鸣婉转”）字为物体静观，一笔一画地把字体解构，被解构的笔画在他心中，重生为一只美目灵动，歌声清亮的飞禽。瑞献说，他用这样的方法阅读我们的作品。

(这个情节看来引起大师的一点动容。)

我说：这个短序对于我日后阅读文学作品的启示很大。有一天，我接触到您的一个短篇，题目我记不起了。就讲几个人到一个小岛，必须越过一个浅峡回来的事。内容很简单，也说不上是个故事。

(罗老在听了秀惠女士的通译后，在那儿喃喃一会，又对坐在圆桌对面，同是作家的太太问几句，说出了这篇文章的题目。中文翻译为《回来》。)

我说：面对这篇罗布－格里耶的文字，真如履薄冰。我想起把"鸟"字解构的阅读方法。解构实际上就是用心意重组。我豁然开朗地，用一种精神体操式的，非惯性的方法阅读罗布－格里耶。

(何老鼓励说，总值得继续努力，找寻方法。)

我说：今天我读《妒忌》我读《迷宫》。随你单单两三页的描述，我可以一点一滴地建立起一幢看起来应是亚热带的大屋；柱子、光线、几何线条的阴影、人物的头发、远远处一只百足虫等方位准确的文本场景。我享受这缓缓长长的阅读时间。

我说：这是一种静观。

(好家伙！老人家喝起彩来。对，是静观。)

Bravo！这好比是大师送给晚辈的一份嘉勉礼物。也想不到这个静观观点能得到他的赞同。

我说：一个30多年前被您作品迷惑的文艺少年，今天坐在您身边，真是莫大的机缘与荣幸。让我敬您！

这时，我们刚好喝到甜酒迪琴酒庄1988(Chateau d'Yquem)。

"创造一个相似之物的技巧"——阿根廷作家博尔赫斯论创作的诗作《另一只老虎》开首引用莫里斯的名句，最能贴近地形容罗布－格里耶的文字漫游艺术。在我所读过的罗布－格里耶的访谈与资料中，何老吝于赞赏同行，博尔赫斯却是少数几个曾被他赞赏的名字。

想探索老虎的斑纹，想一览它颤动的华丽皮肤所披盖的骨架，这是恒常的探险。因为82岁的罗布－格里耶仍创劲十足，2001年出版新著《重获》。

问他"新小说"的未来，他说：创作本来就没有止境。

11 '01 09:28 ☎86 532 6895389 QINGDAO YENOM

潘正鐳先生收 (0065)

一切智園 陳瑞獻大地藝術館
The All-wisdom Garden Tan Swie Hian Earth Art Museum

吠声久長 陳瑞獻
——悼貝貝

你以兩百年的孤寂
分分秒秒
陪着一扇家門的風雨
以及十里陋巷的煙塵

• •

要入老奶奶的唸誦
你跟蓮香雲去
因為兩对小小腳鞋
已經長大
一只只愛欺弄你的更小的動物
已經長眠
在一个香香的池塘
你已經燦然
燦然長上

• •

馆址：中国青岛珠山风景区
办公：中国青岛开发区长江中路 177 号
电话：(0532) 6870927 传真：(0532) 6870101 邮编：266520

常常
静静
去鸣
我用
未触
住在
你绝
更用
偷看一

不停
不可思
不能表
解脱
又是無

电话：

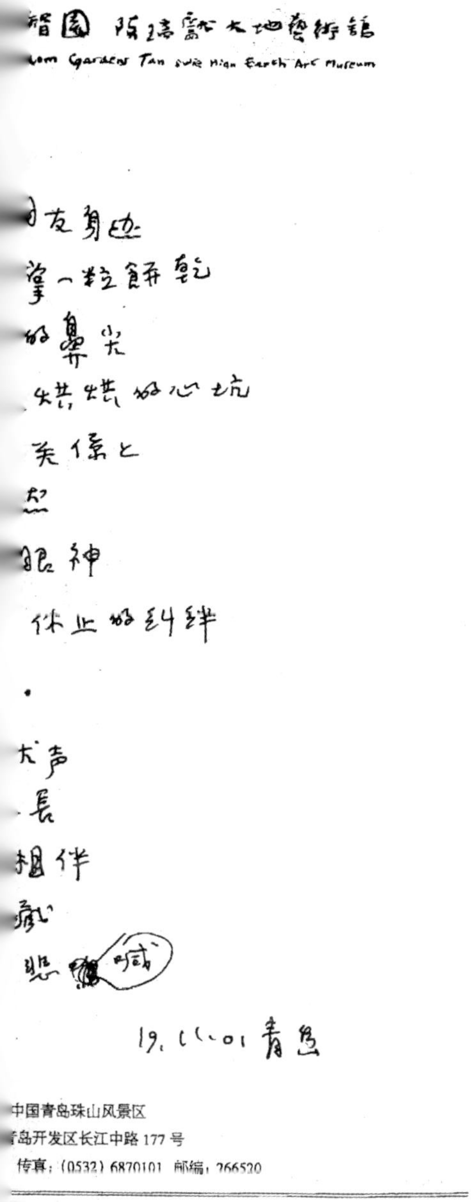
智園 陳瑞獻大地藝術館
om Gardens Tan Swie Hian Earth Art Museum
友身边
拿一粒餅乾
的鼻尖
烘烘的心坑
关係上
想
眼神
休止的纠缠
吠声
長
相伴
悲 喊
19.11.01 青岛
中国青岛珠山风景区
青岛开发区长江中路 177 号
传真：(0532) 6870101 邮编：266520

吠声久长

贝比走了！电话那端，声带伤感。瑞献嘱我赶快到他家，代他看看贝比。贝比是他家的老狗，如果以人与狗的岁数比例来算，贝比已是 200 岁的老寿星了。瑞献远在青岛珠山，忙于大地艺术馆的创作。有事我们通常都在午夜通电话。人在深山创作，需要确定些资料，我在“后方”借助互联网或藏书查找。他记忆惊人，但即便是一个英文字母，或自己翻译过的一句诗，仍不敢掉以轻心，得再三求证。

近两个月来，白天的两通电话，都是伤感的：一是家里一只爱睡在他行囊上的小猫，在他这回远行到山崖后，悄然离去，一直没有回家。瑞献随后传来一首诗，附言：“正镭，我们家又失去一只小猫，十分难过。”诗刚见报，不久又传来贝比去世的消息。

我赶到陈家时，农兽局的人还没到。贝比安详地躺在客厅一角，像任何生命一样，很有尊严。

“你真心所爱，最终为所爱者所伤。”——这是好多年前瑞献到报馆来刊登寻猫启事时对我说的一句话。他家走失了一只猫，小菲和孩子都很伤心，寻遍整个住宅区不果，决定登报。广告部同事也爱猫，他对我说，这是一只再普通不过的猫种。

瑞献家养的狗儿只有贝比，来来去去猫则有几只。有者是弃猫，是从路边沟渠捡回来的；有者是野猫，看到这家人对猫不错，就一步一试探的，时机成熟，就赖着不走了。猫很工于心计，彼此也经过一番“斗法”后才相安无事。去年来的新客，脸半边受伤，眼近乎瞎。原来在原主人家被冰箱门夹伤，瑞献女儿把它带回家治养，也不走了。

猫狗在陈家吃好料，来去自如。客厅也当画室，瑞献在地上作画，从不赶猫狗，猫狗也有自知之明。毕竟是兽物，画家有一幅油画《金鱼》，画面便有猫儿的协作。

瑞献喜欢到国家体育场散步走禅，结识几只狗儿。有只交往5年的野狗，有个晚上竟然出现在他的古楼画室，他打电话叫小菲准备些食物。小菲心想，怎么会？瑞献肯定是忙昏了。食物照准备，不喂冯京喂马凉也一样。其实就是那只短尾会打圈的狗儿。夫妇俩欲把它载回体育场，狗儿硬是不肯。至清晨时分已不见狗影。赶到体育场时，“老友”已回到那儿了。大概下了两天雨，没到体育场去，狗儿就来了。

人说猫犬有世仇，贝比是老大，性格温驯，以礼让促进居家平安。瑞献有一胶彩画《沓厘吾爱》，画的是母狗喂猫图。

贝比逝世，我们家人也感到惋惜。女儿卉岩13岁了，从小时起，每到陈伯伯家，一定要喂贝比。贝比连过年的糕饼都吃，相信它也喜欢新年吧。小菲说，瑞献最疼贝比，从青岛打电话回家，总叫女儿乔篆把手机放在贝比耳边。贝比病情告急，昨晚听电话的时间最长。次日早，贝比就去了。

当晚他是向爱狗说很多话，念往生咒吧！

贝比幼时原主人为娼寮老鸨，有事避难，弃之不顾，自此始沦为街狗，常来陈家门

在世 28 年的贝比。

前乞食。平时和另两只某公会豢养的狗儿为伍。有天，有一头发难，咬了人，三只狗儿都被捉去。接获儿子急电，当时在大使馆工作的瑞献赶到农兽局要回狗儿。负责人说：只要你叫出狗儿名字，狗有反应，你就带回去。

他就喊："贝比！贝比！"果然这只小狗摇起尾巴，向他走来。这是家里小孩常到街头喊叫这只狗的名字。而另两只费尽唇舌也要不回，下场可想而知。

从那时起，贝比就成为陈家家中一员。原狗主在避过风头后现身，拿食物要来喂狗，却被新主人赶了出去："这狗儿如今在我家吃的是鱼翅，你不要再来！"——吠声久长，28 年的感情。

峇厘吾爱（画布油彩）
1983，97 x 116cm

猫犬的故事

三则记事，是对一个艺术家生活的一丁点记录。短文刊于 1988 年 1 月 11 日《联合晚报》李永乐采访的《陈瑞献专辑》中，让大家看看艺人家居生活的另一小面向。

之一

瑞献来电，嘱帮他在早报刊登一则“寻猫”启事。

广告部同事说，这是他经手的第一宗寻猫启事，况乎只为寻找一只稀松平常的本地猫种。

“你真心所爱，最终为你所爱者所伤。”

瑞献在话筒中感慨。

瑞献说：小菲、碧臣和巧篆，母子女儿三人为猫失踪而忧伤非常。

一家人出动，寻遍整个住宅区，草丛沟渠，即使命丧，也该有个尸身。但一切了无踪迹。

瑞献家豢养猫两只，都是路边渠旁的“弃婴”。一家人是因怜悯弱小而抱回饲养，本欲待它们成长，有觅食能力后放走，谁知这一豢养，变成了家中良伴，欲放不能，进而生爱了。

一只，在1984年的最后一天，横死车轮下，时瑞献在缅甸旅行。小菲说，是邻人通知噩耗的，邻里都知道这是陈家的猫。他们将猫葬于家门前。

这只，恐怕已遭劫数了。

花百元刊则“寻猫”启事，是不放弃最后一线希望。

据慕媛说：小菲说及猫，竟落了泪，发誓以后家中不再养猫，不养任何动物。

去电问讯，谓启事见报后，有几个来电，竟有恶作剧者，虚定地点，小菲依约赴约等候，半天不见人影。

启事见报后数日，瑞献再出寻，未果。

瑞献有画作猫图，以毛尖点彩，绘出猫之诸种神态——如今，画在，猫亡矣！

之二

两只狗斗架，惊吓了人，邻居报警，原产局派员抓拿“滋事分子”。被赶进铁笼载走的，还有一只与世无争、无辜乖巧的狗儿。

在芽笼28巷发生了这种抓拿冤枉的事。狗主人据说因大耳窿屡屡上门，早已远匿避债，唯留狗儿守门，徘徊消瘦。

被抓将官里去的狗儿，下场可想而知。原产局可没设“改造中心”这码子事。本地烹香肉诚属非法，但一针断送狗魂，却有美其名的“好死”。

友人家居对面，近年来红楼兴旺，门牌字号大，灯笼明亮，可说是开门见火。睦邻底下，向来也安然无事。友人家更与邻近猫儿狗儿结缘，反正大伙是邻居，是生命，就没有贵贱，就没有分别。

想到“好死”，友妻慈悲，急电在大使馆工作的先生，先生闻讯，先是电话，要求当局“针下留命”，再飞车赶至甘榜爪哇农粮局动物收容中心，一番唇舌，两只闹事伤人的畜牲，终是救不了，“吉狗天相”，该只受池鱼之殃、蒙上无妄之灾的狗儿，终于脱险。

访友，见此狗在家中自由进出，问之，得此事，故记之。

之三

永乐专访瑞献，我当陪客。一个下午，就在精彩的笑谈间，斜入黄昏了。载送瑞献回家，踏进其兼画室的客厅，见猫三只，一字排开，目光炯炯，蹲伏在一张三连垫沙发上。

妙景也！

记得去年，瑞献太太小菲因一只家猫横遭不测，另一只又下落不明而誓言不再饲养。言犹在耳，路见可怜之猫婴，心生怜悯，还是收而养之。瑞献儿碧臣与女巧篆，对家中三猫一犬，呼喝抚抱，珍爱非常。

谈话间，见一猫戏弄躺卧厅中的黑狗。小菲对三猫一犬之性格，了若指掌，谓此猫顽皮，会呷干醋，狗儿常有让于它。

瑞献有一胶彩画，取材自巴厘岛母狗哺猫图，谁说猫犬仍世代相仇？

前有不愉快的经验，瑞献家将小院中的大铁门底下用木板封密，防猫狗到外游荡。猫会爬墙跃篱，自是难管。狗儿，只有晨昏时套了皮带，才牵它外出散步。不过，观察所得，在堆满油墨画作书籍雕塑品的屋子里，猫犬是绝对自由来往走动的。

瑞献说，有一回，他伏在地上作一彩墨画，一只猫趁不备，施施然地走过画面。“泰然处之。”瑞献说。

这使我想起了雕塑家贾可梅堤的名句：“一间屋子着火，里面若有一只猫和一幅名画，我会先救那只猫。”

在艺术和生灵之间，艺人的选择，无疑是相同的。

春 桃

大桃（宣纸彩墨）
1989，180 x 97cm

1989年02月21日

走向桃
走向日出
门开向
门外暖暖春阳

除夕迎岁
智者画桃
诗光滴滴
染满关怀
后羿，从上古册子里
持弓而来
白箭鸣啸火红乱天
顽阳
留一颗晾万物
滋养人间
（以讹传讹　一颗失了踪）

原来，是奉献给了
王母娘娘
大年初九
开轴赏桃
始觉千年无疑案
心里花笑
道声恭喜
一声平安
吾妻抱女
走向阳，走向
暖暖，仍在生长
生长的
春桃

今年春节，到瑞献家拜年。艺人开轴，邀赏其除夕新作。二桃硕大，几占宣纸面，若两个初阳，煦光暖心。遂诗以记之。

走过甘地

陈瑞献二绘甘地像

甘地像（宣纸水墨）
1992，180 x 97cm

1983年05月19日

枯笔打结
灵光一绳

甘地是昨日
裸向满月的
头颅，沉重一圆环
那孤思
那哀祈
一一转入回肠
把伤痕的印度
把刺红眼睛的
盐，把瘦骨的哲学
裹成宇宙
裹成白纱袍的宁静

微笑的甘地今朝
草柔，劲风
解仇恨之结
枯笔纵横
星光若雨
若陨石
若众生
掬捧的手

长夜被撕成灰烬
黎明被分成格言

甘地走过印度
世上走过甘地

水 晶

贺诗之一

雪・达沃斯（宣纸彩墨）
2004，69 x 138cm

晨光
为雪山戴上一朵
金冠

太阳和雪
温暖地写欢迎词
远自赤道来

一只蜂鸟
在阿尔卑斯山边
诵一段经文

在政经交会的
极峰
水晶
在光中诞生
达沃斯的一道彩虹

钻 石

贺诗之二

白雪·达沃斯（画布胶彩）
2008，140 x 206cm

艺术
把一个小岛
变成了洲陆

像一片雪花
开在镜面上
化成七彩的钻石

附记：2003 年 1 月 28 日，陈瑞献荣获世界经济论坛颁发“水晶奖”。在瑞士滑雪胜地达沃斯，我以《联合早报》记者身份，采访盛典；旅次更得短诗二题，一为亦师亦友之艺术家贺，一与国人分享唯有诗始能表达之喜悦。

左图：陈瑞献在威尼斯圣马可广场挥毫。
右图：Franko B. 滴血为画。

夏天广场

给 Franko B.

一只落单的候鸟
飞来夏天广场
游人依旧拍照
依旧没有人停留
只有正午的太阳
影印厚重的黑影

2003 年 07 月 08 日

候鸟，这正是你曾经徘徊的
历史广场
你回来了
文刺一身红青

长长油画布上
仿佛只有血滴尽天地人间的枯寂

长长油画布上
仿佛友情飞墨点亮你倾斜的翅膀

附记：2003 年 6 月 12 日，陈瑞献参加威尼斯双年展。38 度 C 之圣马可广场，展长布挥毫。我一眼认出人群中意大利裔旅英艺术家 Franko B.，盖曾在电讯报道与图片中领略彼惊世骇俗之人体行为艺术：全身涂白，步行长条画布上，滴血为画。在威尼斯我三人两天三回巧遇，言谈甚笃。墨对照血，Franko B. 为瑞献之言谈动容，竟而下笔为文表谢忱。诗为记。

上图：Franko B. 与潘正镭在威尼斯双年展新加坡展览馆。
下图：陈瑞献与 Franko B. 在威尼斯咖啡座欣赏 Franko B. 的血画。

落霞与孤鹜齐飞（画布油彩）
2010，140 x 206cm

从井冈山飞登滕王阁

井冈山随想（画布油彩）
2010，140 x 206cm

2010 年 05 月 05 日

国之一大字一大裂口
江山烫出血红
染满圣地为胜景
旌旗角鼓的长生殿

　　古典如云语
　　一踏步一登楼一飘升
　　意兴
　　遄飞
　　遥应弱冠的神识大气

相竞折腰的华丽爆闪
英雄踩着英雄的活体
杜鹃澎湃山野
甜果红透里腐朽再生

　　登楼，穿阳过月的水
　　闲荡过月穿阳的微波
　　心中毫端更加明亮
　　白羽掠江呼唤高朋

千年红豆杉
镀金革命一纸门票

　　逆水
　　秋光
　　落霞与孤鹜竞飞

金刚手菩萨（局部）（画布油彩）
2011，140 x 206cm

纹沙花

贺陈瑞献 67 岁生日

荒漠上未见回旋不回旋
字越老越细纹花越纹越如如
肉眼微醉心眼大圆镜
盘坐沙流沙凝串起碧珠

一颗碧珠牵引万千碧珠
羊影牵引鸡鸣牛迹牵引蚤跳
到有鬼的地方与鬼为伍
到有人的地方追踪圣人
含摄一为一切反之亦然

外显纷呈的各各形式意象
是至善妙乐的声色注脚

日高日日高的日记本

鼓动山缘起，钟和水内明

顶峰上，一棵不可能的

挂雪大树，能之不可能

雨来风， 雪一转身

山下去，另一只蜂鸟

雨去，云来四面八方狂喜

后记：2010 年 5 月，偕瑞献之江西，上井冈山，登滕王阁，兴游内熏，感赋此诗。返新，新山南方学院家华院长诸君，于瑞献生日，莅临谈事。席间，诵诗与诸友为师长庆生。

瑞献少起即以笔记为日课，蝇头塞页，架为之倾，部分笔记藏于国家图书馆“陈瑞献藏室”。

“鼓动山缘起，钟和水内明”乃瑞献所撰联，所书悬于德意志银行大厅。

陈瑞献为 2015 年出版的潘正镭诗集《天毯》设计封面，用毛笔在潘正镭任总编辑的《新明日报》跨版大纸上，挥洒图文。

陈瑞献设计《8 人诗集》封面，1975 年。潘正镭为诗集主编，也是诗作者之一。

后记

2011年12月17日

《天行心要——陈瑞献的艺踪见证》这本书，收纳的文章在时间的跨度上计共30年。成书的意愿，起于2009年我被调离服务20年的《联合早报》，转任《新明日报》《联合晚报》联合新闻部总编辑的这项变动。回首主持副刊的岁月，在日流夜逝的新闻滚动中，我问我自己，为大家留下了些什么痕迹？有一道深迹既叫我惊讶，又叫我欢庆，那就是作为一名新闻从业人员，我用报章的字粒和油墨，印下了新加坡一位重要艺术家——陈瑞献，在好多个山坡段和景峰上的艺踪。

当记者的，鲜有剪报习惯，一些年代久远的文稿与图片，我得埋头"挖旧"，这使得编辑本书的工作断断续续，至为费力。在此期间，我偶然读到台湾高雄中山大学外文系张锦忠副教授的一篇文章，谈论华文作家与诺贝尔奖时，在他的"可能"名单上有陈瑞献。张教授治学极其严谨，他对陈瑞献的文学研究，立论精辟，见人所未见。同时作为一名杰出的马来西亚华语作家和编辑，他的眼识从游学中西方的大洲陆，再回到处于马来半岛南端的小岛，具有一般大国学者所欠缺的扫描对焦。瑞献是新马华文现代文学的开创人物，他的文学作品，原创面目炯明，和他其他类型的艺术创作可作等量观。

今年中，旅居印度尼西亚的法裔作家兼记者伊莉莎白到访，带来了甫问世的印尼文译本《陈瑞献寓言》。瑞献用中英文创作的《陈瑞献寓言》，至今已出版了包括法文、印度坞拉雅南文和罗马尼亚文译本共7种版本。这本收集瑞献100篇圆小如珍珠的寓言作品集，是融会他在诗歌、小说、散文和绘画形象语言的精练大成之作。在形式上，他赋予寓言这个几乎让现代作家忘却的文类以现代的血肉，而当世界上大师级的文豪都倾于拷问人类不安的灵魂之时，瑞献的寓言，却穿透焦躁的世道，直指人心本源，为人类寻找平和安谧之乡。你可以说这是反潮流，其实，这本寓言集正征示陈瑞献一路来的创作，根本就是在大潮之前之外。

《天行心要》最早的一篇稿是1980年写的《摆着石子回家》，文章内容是根据瑞献别开中国篆刻传统新貌的印存《陈瑞献印》，逐印细读发而为文的心迹。以文学感应读印，复以禅语和诗文贯串，这是我皮毛地涉足瑞献的凡夫在家修行的起始。当年撰写此文，必须通过大量的阅读和思索才能完篇，对于我此后走入瑞献的艺术世界，确是一块一块往上铺叠的台阶。这一块块的初石，每让我有普鲁斯特在《追忆逝水年华》中对一级台阶那样的怀念。

到了1980年代，身为文艺青年，我已认识到，波涛汹涌的西方艺术与艺术概念，各种主义与艺术行为，已圈不住这位年方30出岁的艺术家。显然的，当时的陈瑞献实在已经逾越了时兴的浪头。这可在他1973年经历了一场宗教上的开悟后，不断在艺术创作上开创新境界的事实找到证明与解释。一只小蜂鸟，从此在他的眼中，成为自由心的一个美妙象征。人一旦在心灵上臻达了高境，一为一切，一切为一，任何的艺术表达形式都成为可能，万物都成为心识外显的一个注脚。我现在回想，为文报道他于1990年举行的个展时，选择《他或在彩虹示现处》这幅画作为题旨的思考点，正出自这个认知吧。

有缘与一位大艺术家同处一个时代，是机缘，就像是亲眼见到梵•高到杂货店去买一瓶亚麻子油那样；而能与这样的一位艺术家往来，更是福分。与瑞献结交的渊源，是在我16岁那年，中四毕业了，请别见笑，早早就想和几个同学计划办份文学报，特到芽笼去叩这位作家的大门。当时瑞献是个文艺青年，无论是在现代文学的推介或创作方面，他都是领航人。那是我们的初次会面。1973年瑞献举行首个个人画展"冥想画展"，我穿着初院的校服，在如今只成追忆的国家图书馆展览厅替他看场。这除了有机会接触许多艺术圈中人士，更是作兴要浸濡在画展中。对当时的作品，那诗画的感觉，至今隐隐然仍会兴起初晤的情怀，至今我还不时会向瑞献问起某张画的下落。在国民服役期间，我连同其他7名诗友，出版《8人诗集》，瑞献设计封面并赐序。那时还是铅字制版印刷，瑞献把我们8个人的照片以负片设计呈现，在波兰诺奖女诗人津玻斯嘉的佳作《底片》还没被他译成中文的好多年前，他已经看到黑瞳变白白眼球变黑的艺术魅力，背景是一片很难用好的浅浅钴蓝，间中隐约有群鹤起舞。那是我们为赋新诗“强出头”的蓝色时期。后来我走进云南园，当起“南大诗社”社长，诗社出版诗刊《红树林》，并举办了许多活动，瑞献都给予实质的支持。诗刊封面皆出自这位学长之手，他的诗文画风，强烈凸出了诗刊的个性。

芽笼，28 巷，34 号。瑞献家的客厅，论者不能不着一笔，这儿是新马现代文学的摇篮地。主人热情好客，国内外文学艺术界人士，还有我们这些文艺青年，时常上门聚谈。瑞献以他的睿智学养与视野，带着、领着我们在“无涯学海”里摇橹，在如沐春风中受益。他带我们寻觅美食，看他与小贩的互动，让我们这些持几分傲气的文艺新兵，在面对手艺之人之时，学习要怎样谦卑。我们不仅由瑞献的作品走入艺术世界，也从日常谈话中，聆听教诲。他辽阔超前的思维，深邃如无垠的苍穹，安静如大海的平波无漾。他对问题的分析，好书的分享，保健品的推荐等，处处是身心的营养素。他总能让你在不经意之间感应到思想灵光的一闪，时时收受他的智慧礼物，而更多时候还是生活与人生的提点与关照。

于是在我进入了报界以后，瑞献自然而然地就成了我采访书写的对象。

《摆着石子回家》是我 1980 年初当记者时，以读书笔记的方式发表在《南洋商报》副刊《窗》的篇章。之后的一连串报道，基本上跟着瑞献的艺术足迹走，作记录，完篇后发表在我当副采访主任的《联合晚报》，尝试以画品作为主轴的报道方式，给读者作介绍。这种特稿的写作风格，当然也因我 1988 年转职《联合早报》后，由于读者群不同，笔法生了变化。这时形式已兼具记者与文学作者的角度，笔触则介乎访问与个人观感之间。尤其到了较近期的《正云楼记》《我带上你的心》《银碗里盛雪》等篇，笔调愈加如此。

更有与艺术家同行发而为文者，如《天地的艺术时间的艺术》。瑞献很欣赏这篇文章，在我编辑本书时，承蒙他亲自当校对，还在版样上眉批：“正镭，对《天行》，我除了为你当一名称职的校对员，就只能默默在心里跟你致谢。对到这里，觉知天地与时间跟我晚年一点一滴的历练一寸寸向前推移，而文章所催发的震动却跟初读时一样强烈，它的辞藻、远见与气魄，叫人读一遍赞叹一遍。”

他总是慷慨地分享他的欣赏，在你衣襟上别上一枚赞美的花朵。

《一本世界上最小的诗集》的写作，源于我当时在金昌印务馆监督一本由阿裕尼文艺创作与翻译学会出版的文艺杂志《同温层》的出版，刚好瑞献在下班后，也到印刷厂来制作他的“微型诗集”，我得以亲身目睹艺术家创造的过程，间中也跟他进行丰富的交谈的这段经历。这本微型诗集引起我敬仰的大诗人兼报人、当时主编台湾《联合报》副刊《联副》的痖弦的注意与惊叹，特邀我为文纪其盛。

诗文辑中的 5 篇散文和 7 首诗歌，都是对与瑞献同行的历程与见闻，以及我对其作品和而鸣之衍生出来的创作。

由于记者的本性，我写瑞献，基本上沿采访特稿这条线进行。我又发觉，欲让读者更贴近艺术家的博大精深，他的思想、艺术观点人生观点，采用“问答”是另一种理想的文类。挖掘记录灵光闪闪的原创资料，精准地保存原味原貌，便是“问答”的殊胜。我喜欢阅读名家的“对谈录"，它总是在理论文章之外，为世间留下诸多名家珍贵的思想原创资料。“问答”有一定的范围，但不拘谨，论阅读兴味，传达功能，它皆具良好效果。

第一篇访谈录《心识中的花朵与晨露》发表于 1996 年。

访问，基本上仍以配合艺术家当下的活动为主。另一方面，出于和瑞献的交往与了解，我也选取特殊的题材与读者分享，如《陈瑞献的法国接触》《让人让自己看到路标》和《往飘来饭香的方向走》等篇。

比如《陈瑞献的法国接触》一篇，缘自那幢曾为法国大使馆馆址的黑白老房子。每年春节，我都路过这里到去拜年，每一回经过，都唤起我对于一位重要艺术家与这座深含历史价值、现被列为传统保留建筑之间数十年交情的探索意识。

瑞献是一个“偷懒者”最好的访问对象，因为他总是十分认真地备稿改稿。但是，在他面前，你又绝对偷懒不起来。每一次的访问，我都做足功课。比如尚未发表的饮食文化篇《往飘来饭香的方向走》，在准备阶段，我得从记忆中唤回与他共享美食的记忆，他平时对美食的点滴谈话，重读他的美食文章，重温作品里涉及的饮食题材等等。访问的方式，以面对面的提问，在日常来往的接触中，不时进行围绕这个主题范围的谈话，到书面问题准备就绪才真正开始工作。虽是问答方式，却具有浓郁的饮食书写（Food Narrative）色彩。问与答之间，对饮食的社会文化现象，中西古今的饮食特点与变化，尤其是对在地化的吃饭内容，都具有很深入的谈论权威性与很强的分析穿透力。

这些年来，访谈的方式，从录音记录，笔谈补充，到了艺术家终于使用电脑之后，也通过电邮，不一而足。一路走来，我已把这事当成超越一个新闻工作者的作业，我在做一件保留一位会传世的艺术家的言论的工作。

我们其实是一起工作。严谨厉求，务必把内容做得翔实丰富。

艺术家都珍惜己出的思想语言，都要求准确传达。著名的《巴黎评论》(Paris Review)，以对名家的访谈录称世，之后汇编成书，已成一个传统。1953年该刊发表第一篇访谈录，对象是著名英国小说家福斯特(E.M. Forster)。他接受访谈的唯一条件是整理出来的稿件必须他本人过目。这从此立下了《巴黎评论》的标准作业模式。诺贝尔文学奖得主日本小说家大江健三郎，凡是自己的演讲记录或访问稿，一定要亲自过目修正。他们都是文字的神雕射手，都惜字如金。台湾“中央研究院”欧美文学研究所所长单德兴教授有一回跟我说：“访谈就是代言，同时也是再现。”我不敢说我善尽读者代言之责，但确信所问所录，本身已反映我作为一个访者的设问位置，以及对对象进行访问的掌握；而以我与瑞献工作的态度与方式，“内容”的再现肯定是准确的。

有一回，国家艺术理事会的朋友在读了我的一篇陈瑞献访谈后问我，要怎么做才能培养出像陈瑞献这样的一个艺术家?

我只能开玩笑地指指头顶云端。

以人口计，挪威是个小国，挪威人自认能拥有3个响当当的艺术家：即是作曲家葛利格(E.Grieg)、剧作家易卜生(H.Ibsen)与画家蒙克(E.Munch)而感到满足自豪。我们已经有了陈瑞献，我说："就先好好认识、善待我们的艺术家吧！"一位标志性的艺术家，他会带领我们的世代走向文化自信的道路。

小国艺术家，面对大国，很多时候是一个很残酷的"政治现实"，眼睛有大小，拗手腕也先敬大胳膊。瑞献平生的一份职业，就是在法国驻新加坡大使馆担任25年的新闻秘书。外交圈的生涯，让他洞察到他作为一个小国艺术家，必须比大国艺术家具有更大的能耐。瑞献说："心净国土就没有了疆界，新加坡是我的出发点，整个世界是我的腹地。"我到青岛小珠山用3个小时游览"一切智园——陈瑞献大地艺术馆"，惊叹他以丰沛惊人的毅力和创造力，在中华文化大陆连绵的山脉上，立起一座艺术奇峰。《联合早报》前总编辑林任君说："翻开他的履历，他在国外多少的大大小小场面和荣誉典礼上，插上多少面新加坡的国旗?"瑞献的艺术成就，读者不难从本书中得知一二。最难能可贵的，瑞献每一回让我们的国旗在国外飘扬时，他始终回到我们的身边。

瑞献接受世界经济论坛颁发水晶奖，我到瑞士达沃斯采访。在会场大厅上，论坛主席施瓦布教授在人来人往中，过来和瑞献寒暄。间中有人要插嘴，教授断然有礼地回应对方："对不起，我正和这位新加坡的艺术家谈话。"对我们的艺术家尊敬有加。然而，转个身，在大会安排的挥毫雅集里，对许多与会者，"陈瑞献是谁? 新加坡的艺术家!"眼神都飘浮着疑惑。但"表演"完毕，瑞献以流利的英语和法语解释他的书法绘画、短文内容和回答提问，即时让连日来与我们一直辩论的，姿态高昂的策展人态度都来了个大转弯。来者皆非等闲之辈，到世界任何地方，瑞献都在恪尽"在野文化大使"之职责。

2004 年，我到威尼斯采访已经有 100 年历史的第 50 届双年展。威尼斯双年展是世界上名气最响亮的展览，更是装置艺术与行为艺术的嘉年华，瑞献却带着一支大毛笔，大碗墨，4 层楼高的大油布条幅，和着如雨汗水，在西方的舞台上挥洒东方的精神。在 38 度 C 之圣马可广场，陈瑞献是史上第一位在这个西方文化中心地带挥毫写中华文字的艺术家。之后，我回居处发稿，在曲折幽深的流水巷里，停步浏览小书店的橱窗，里边满是意大利大作家卡尔维诺（I. Calvino) 的作品。我想起卡氏作过的一个比喻：一个作家，国内人士通过种种活动结合在一起来看他，在国外，他则是通过翻译像陨石从天而降，人们只能透过猜测来想象原来星球的面貌。也许，我可以这么说，在政治纠葛与廉价意识已成艺术糖衣的年代，你来自一个小红点，真的正如一块天外的陨石，人们都在猜测着。然而，带着思想的精灵，光极灿然，发为炫目的彩虹，这一块方外陨石不就是一个岛国的化身？

瑞献从 44 岁入选世上最古老也最具权威性的法兰西研究院，成为 300 年院史上最年轻的驻外院士，到 60 岁获颁世界经济论坛水晶奖，可说是一位在国内外备享尊崇的大师。他的艺术之气象万千，他的思想之大格局，已然超越地理疆域，即使再多一个世俗的名位荣誉，都不能为他提高或加深艺术造诣。但他珍惜这一切荣耀，并“把奖座放在旅途边上当路石，让人让自己看到路标”。但他也说：“人生与文化的道路漫长，一定要把奖座都带上，那同时也得把一匹驴子带上。”

瑞献的艺踪，像我在达沃斯看到的漫天飞舞的纯净雪花，我有幸能拈住水晶在天光之下反射出来的璀璨的一角，而将之凝止成书，把它呈现在大家面前，我不敢自夸，确是尽本分了。书题《天行心要》采自陈瑞献一篇同名文章，典出李白笔下的“飘浮升天行”之境。天行，是瑞献“自由心”的另一种状态与说法，让我们循艺术家的心要而往，一步一脚印，走向他，走向至美，拓展我们的心识一段就有一段的云彩。

关于陈瑞献

陈瑞献，1943 年生于印尼苏门答腊北部的哈浪岛，原籍福建南安。新加坡南洋大学现代语言文学系毕业，通晓华文、英文、法文、马来文 4 种语文，曾任法国驻新加坡大使馆新闻秘书达 25 年，现专事文学艺术创作。陈瑞献于 1958 年写第一首诗，1962 年在《南洋商报·学生》版首次发表诗，于 1967 年开始在梁明广主编的《南洋商报·文艺》版大量发表诗、小说及翻译作品，掀开新加坡文学史上现代主义文学运动。1968 年出版新马文学史上第一部现代诗集《巨人》，1969 年出版第一部现代小说集《牧羚奴小说集》。迄今他在国内外出版了诗、小说、寓言、评论、散文、翻译及艺术作品集共 55 部。

陈瑞献除了是新华文学史上现代主义文学的开山作家兼诗人，也是新加坡艺坛上最负盛誉的多元艺术家。他采用多种媒体创作水墨、油画、胶彩、版画、雕塑、篆刻、纸刻、陶瓷、书法、摄影、服装与舞美设计、公共艺术、行为艺术以及大地艺术。在国内外举行 22 次个人展览，并参加数十次联合展出，作品为世界各地公私机构收藏。1993 年，新加坡收藏家陈典琦建立新加坡历史上第一家私立艺术馆——陈瑞献艺术馆。2001 年，在中国山东青岛小珠山国家森林公园内占 2 平方公里山脉地的“陈瑞献大地艺术馆”亦开始创建。2003 年，新加坡牛车水地铁站永久陈列陈瑞献大型搪瓷壁画及花岗地面书法作品。2005 年，新加坡国家国书馆设立“陈瑞献藏室”。2006 年，新加坡邮政发行 11 枚“陈瑞献艺术系列”邮票。2010 年，新加坡星雅集团主席暨收藏家吴学光创建“正云楼”，委约陈瑞献为此栋大宅创作作品。

陈瑞献曾荣获多项国家级与国际级奖励，包括 1978 年法国国家文学暨艺术骑士级勋章，1985 年法国艺术家沙龙金奖章，1987 年新加坡文化奖章，1989 年法国国家功绩勋章；1995 年台湾“中华书画篆刻学会”“国际艺术典范奖”，1998 年新加坡文艺协会文学奖，1999 年罗马尼亚索列斯库

团结系列（混合媒介）曼德拉
陈瑞献、合作。2004 年，南非国父，前总统曼德拉以手为题画了 5 幅炭笔速写，再加上一段感言，作为他奋斗一生的缩影，邀请世界 39 名艺术家以这组原作为基础，继续创作。陈瑞献为东南亚唯一受邀的艺术家。

国际诗歌奖；2000 年中国陕西黄陵县首位荣誉市民，2002 年韩国日本世杯赛国际书法大展金奖章，印度政府卓越访问艺术家，2003 年世界经济论坛水晶奖；同年亦获新加坡总统颁发卓越功绩服务勋章，此为新加坡文化界最为崇高的荣耀；南洋理工大学颁发名誉文学博士学位，以及联合国心灵导师室利金默依颁发的“一心举起世界”金奖章，2006 年获法语区国际组织“法语区大使奖”，法国国家最高荣誉——拿破仑创设荣誉军团军官级勋章，以及马来西亚南方学院首届南方人文精神奖“南方之鼎”。2007 年获新加坡国家文物局颁发的文化遗产赞助人荣誉奖。

1987 年，陈瑞献与瑞典大导演英格玛 · 褒曼一起入选世界最古老的权威艺术学术机构——法兰西艺术研究院为驻外院士，时年 44 岁，成为该研究院 300 年来最年轻的驻外院士。1998 年，陈瑞献与全球 97 位著名艺术家如霍耐、克利斯多、吕珍斯坦、博依斯、马塔、塔比耶斯等人入选联合国为纪念《人权宣言》发表 50 周年而出版的新版本作插图。2006 年新加坡创意圈出版社汇编出版陈瑞献至今规模最大作品最齐全的《陈瑞献选集》一套 9 大卷。包含译著 3 卷、散文 / 评论 2 卷、诗歌 2 卷、寓言 1 卷和小说 / 剧本 1 卷。

哈浪岛（木板油画）
1961，48 x 74cm

致谢

因为亦师亦友的陈瑞献，本书成为一个真实。

赐序的林任君，在《联合早报》给我信任的发挥空间。

李有成教授、张锦忠副教授、周维介老友的至诚推荐本书。

上海人民出版社总编辑王为松的热心支持，使本书得以顺利出版。

上海人民美术出版社包晨晖为本书精心设计。

《联合早报》副刊的陈鸾珠、黄佩卿、余云，常为我的文章在下版前把关。

为本书提供图片支援的同事朋友：Raymond,Capsule Productions,Simon, 龙国雄、梁金华、庄布忠、方桂香、林得楠、金丽娟、彭慧芳、李白娟。

我的妻子丽丝，她总是我的第一个读者。

图书在版编目（CIP）数据

天行心要：陈瑞献的艺踪见证/潘正镭著. —上海：上海人民出版社,2017
ISBN 978 - 7 - 208 - 14542 - 9

Ⅰ. ①天… Ⅱ. ①潘… Ⅲ. ①陈瑞献(1943—)-人物研究 Ⅳ. ①K833.395.7

中国版本图书馆 CIP 数据核字(2017)第 142023 号

责任编辑 舒光浩 陈佳妮
装帧设计 包晨晖

天行心要
——陈瑞献的艺踪见证
潘正镭 著
世纪出版集团
上海人民出版社出版
（200001 上海福建中路 193 号 www.ewen.co）
世纪出版集团发行中心发行
上海盛通时代印刷有限公司印刷
开本 720×1000 1/16 印张 24.25 字数 403,000
2017 年 8 月第 1 版 2017 年 8 月第 1 次印刷
ISBN 978 - 7 - 208 - 14542 - 9/I·1629
定价 398.00 元